2023 年度媒介素养研究报告

姚　争　宋红岩　刘福州　主编

中国广播影视出版社

图书在版编目（CIP）数据

2023年度媒介素养研究报告 / 姚争，宋红岩，刘福州主编. -- 北京：中国广播影视出版社，2023.12
ISBN 978-7-5043-9177-3

Ⅰ.①2… Ⅱ.①姚… ②宋… ③刘… Ⅲ.①传播媒介—研究报告—中国—2023 Ⅳ.①G219.2

中国国家版本馆 CIP 数据核字（2023）第 252905 号

2023年度媒介素养研究报告
姚　争　宋红岩　刘福州　主编

责任编辑	谭修齐
封面设计	贝壳学术
责任校对	张　哲

出版发行	中国广播影视出版社
电　　话	010-86093580　010-86093583
社　　址	北京市西城区真武庙二条9号
邮　　编	100045
网　　址	www.crtp.com.cn
电子信箱	crtp8@sina.com

经　　销	全国各地新华书店
印　　刷	天津和萱印刷有限公司

开　　本	710毫米×1000毫米　1/16
字　　数	249（千）字
印　　张	14.75
版　　次	2023年12月第1版　2023年12月第1次印刷

书　　号	ISBN 978-7-5043-9177-3
定　　价	85.00元

（版权所有　翻印必究·印装有误　负责调换）

序 言

本报告分三大部分,从第一部分到第三部分,按媒介素养教育与实践、社会人群媒介素养研究、数字素养研究的顺序,在第九届中国西湖媒介素养高峰论坛(2023)的投稿中精选出21篇论文,既包括媒介素养教育实践研究,也包括针对不同人群的媒介素养研究,例如儿童、高中生、农民群体、银发群体、农村中年群体,还包括数字素养教育及实践研究,产生了符合历史国情的"素养"研究成果。本报告还包括社交媒体环境下媒介素养和数字素养的相关素养的拓展分析,运用跨学科的视角分析媒介素养内涵的历史变迁,增进学科融合,丰富了媒介素养和数字素养当前研究的内容和视角,帮助读者了解当前媒介素养和数字素养在不同学科的应用领域,为媒介素养更好地服务社会和个体提供理论支撑。

第一部分 媒介素养教育与实践

从纸质媒体到广播电视,再到当下的互联网智能媒体时代,媒介素养的内涵随着媒介技术的发展不断丰富拓展。回顾媒介素养的发展历史,最早提出相关概念的是英国文学批评家列维斯和汤普生,在其著作《文化和环境:批判意识的培养》中强调了对信息的批判意识,为媒介素养的研究奠定了基础。而后在1992年,美国媒介素养研究中心对媒介素养下了具体的定义:媒介素养为人们对媒介信息的选择、理解、质疑、评估、创造和生产以及思辨能力。我国对媒介素养的研究起步于1997年,随着数字时代背景下数字媒介素养这一意义的拓展,引发了更多国内学者的研究与讨论。

客观科学地认识、解读及运用媒介已然是媒体时代对民众的基本要求。而与媒介素养相对应的则是媒介素养教育,即"指导受教育者能够正确地理解、建设性地接受大众传播资源的教育,其起点和归宿是培养合格公民"。随着媒介的影响已经不断渗透到社会发展的方方面面,媒介素养教育及其实践也愈发成为学术界以及教育界所关注与讨论的方向。中国互联网络信息中心（CNNIC）第50次《中国互联网络发展状况统计报告》显示，截至2022年6月，我国网民规模为10.51亿，互联网普及率达74.4%。面对社会媒介化的潮流与趋势，媒介素养教育已经成为当下不可避免的时代主题。通过媒介素养教育与实践的提升与丰富，既能够满足数字时代下公民对媒介的使用需求，也能为国家"网络强国"的建设打下坚实的基础，是当下社会顺应媒介发展逻辑的必然之途。

西方的媒介普及程度高、发展进程快，对媒介素养也有着更深的认知与把握，拥有较为完善的社会媒介素养教育体系。而我国对媒介素养的研究涉入较晚，尚处于探索阶段，需要更为丰富的理论实践研究成果进一步支撑后续社会媒介素养教育体系的成型与建设。

论文的第一部分收录了八篇媒介素养教育与实践的相关内容，从总体来看，学者们将不同社会角色、不同地理区位以及不同的实践模式等作为切入点，提出在智能媒体时代下丰富的媒介素养教育与实践的路径与价值。

首先，从不同的社会角色出发，学者们进行了关于教师、儿童、高中生以及"Z世代"子女所在的家庭等多元角色的媒介素养教育体系的探讨研究。对教师而言，数字技术的发展渗透到教育界的方方面面，推动教育生态变革的同时对教师的媒介素养也提出了更高要求，应该实现教学场景、教学知识内容呈现方式以及教学评价方式的多维度改变与提升，重点提升教师的媒介道德素养、媒介认知素养、媒介技术素养以及媒介美学素养。对儿童而言，作为"网络时代的原住民"，当代少年儿童不仅仅是信息的被动接受者，更是主动的使用者、参与者与创造者，在"参与"为主题的背景下，儿童的媒介素养教育更应该尊重儿童的主体地位，强调赋权与赋能的结合，引导儿童全面参与，因地制宜因材施教，提升其网络时代的媒介素养教育。对高中生而言，网络的影响远超传统媒体，需要提升高中生媒介素养以更好地面对鱼龙混杂的网络环境。但当下的课程大多仍基于知识与兴趣，针对媒介素养提升的课程还存在空白，成熟完善的高中媒介素养教育体系建设迫在眉睫，需要从语言特征、信息素养、视频文化、流行情感、动画欣赏以及广告辨析等方面进一步提升其安全意识与健康理念，从而搭建起中学生媒介素养能力提升的具体实现路径。对"Z世代"子女所在的家庭而言，"Z世代"父母经历过多次重要的媒介转型，快速掌握新时代的通信工具并让其成为日常行为是存在困难的，这时候需要作为"数字化土著"的"Z世代子女"将知识反哺给父母。而子代与亲代之间存在感情沟，亲子代间感情关系越亲密的家庭情感沟越小,子女对父母的反哺效果也越好;反之,子女所反哺的效果越差。

其次,从不同的地域出发,有学者将内地与香港的媒介素养现状进行了比较,在媒介素养发展前期,中国政府采取不反对也不支持的态度,直到2006年才有了首个由政府牵头的媒介素养教育实践活动,目前内地大多采用家校联动、课程融合的方式。香港的传媒舆论环境错综复杂,香港政府在如何正确引导青少年群体明辨是非的媒介素养能力上起重要作用,香港的媒介素养教育为线下开设通识课程和在线课堂的方式。研究表明,近几年内地与香港对家庭媒介信息素养的重视程度趋势都处于上升阶段,但在具体活动实践中,二者各有异同。在机构类型上,内地政府机构的类型更多元化,香港社会机构的类型更为丰富;在活动类型上,内地的政府机构大多以政府出台政策、地方落实政策的形式在中小学开展实践活动,香港开展活动以教育局为主,与其他社会企业或非政府组织合作为辅;在活动目标上,香港主要集中于培养家长对媒介信息的核查,内地则主要解决数字时代家庭教育的困惑和社会问题。此外,还有学者对美国的媒介素养情况进行了分析探讨。美国的媒介素养演进经历了萌芽与探索时期,在2016年开启了其黄金时代,从联邦到各州政府都加大了媒介素养教育立法力度,通过强化立法的方式为媒介素养教育事业的发展提供了强有力的政策背书。在数字化时代背景下,美国的媒介素养立法体系主要体现为多元主体协调合作、多维内容持续发展、咨询委员会提供示范经验进行保障,美国当下的媒介素养立法结合自身国情开辟出了一条一脉相承又推陈出新的道路,各州因时、因地制宜,其媒介素养立法显现出自己的特征,也为我国的媒介素养教育发展提供了丰富而宝贵的经验。基于我国的现实情况,并结合美国媒介素养立法的经验及教训,我国可以通过出台顶层设计、重视学校教育、强化落实保障机制的方式推动媒介素养的发展。

最后,部分学者基于媒介素养的细化方向进行深入研究。有学者就"视觉-媒介信息素养"的内涵与价值进行了深入的探索,"视觉-媒介信息素养"(V-MIL)是一种以视觉素养为先导的融合 MIL 的新综合性素养,有机融合了视觉素养(Visual Literacy)、媒介素养(Media Literacy)和信息素养(Information Literacy)。视觉-媒介信息素养的培养与训练可从认知领域、行为领域和情感领域进行剖析。从认知维度剖析,具有 V-MIL 的人能通过视觉感知视觉媒介信息,具有利用信息媒介技术获取视觉媒介信息的意识，能对获取的信息进行视觉解读分析，能够对信息等进行创作和传播。从行为维度剖析，V-MIL反映出个体在参与获取和创造视觉媒介信息的行为活动中，被赋予的各种学习与参与权利，V-MIL教育理念下教师主动把学习的权利赋予学习者，学习者则是知识的主动获取者与创造者。从情感维度剖析，人们应该同时具备科学与人文两方面的价值伦理素养，具有一定的社会责任感、使命感和道德伦理意识。V-MIL教育能够促进媒介素养的进一步发展与提升，三种素养的有机融合能够促进知识的建构，素养意义的融会贯通能够激发文化传承，新综合性素养教育也能实现人的全面发展，因此，V-MIL教育理念契合核心素养的概念和新文科建设。同时，有学者就思考"跨媒介阅读与交流"学习任务群的实践路径进行了探索与挖掘。教育形态随着技术的发展呈现出多媒介的走势，对高中的课堂教学提出了更高的要求，而"跨媒介阅读与交流"学习任务群是能够创新课堂教学、顺应时代发展的路径。而当下建立其完善的"跨媒介阅读与交流"学习任务群仍面临着教学资源模式难把握、语文学科素养易忽视、多媒介信息干扰难抵御的困境，需要通过认识多媒介、善用多媒介和辨识媒介信息这三个主要任务搭建起"跨媒介阅读与交流"学习任务群的实践路径，注重不同类型文本的"编织"和重组，推动语文深度学习的产生与维系。

第二部分　社会人群媒介素养研究

根据《新媒体蓝皮书：中国新媒体发展报告 No.12（2021）》显示，中国公民数字素养总体水平偏低，但是由于国家逐渐重视，信息化基础设施建设迅猛发展，数字化生活持续渗透，国民数字素质正在步入快速提升时期。

针对青少年群体来说，目前我国青少年媒介素养具有网络接触率高、媒介思辨能力弱的特征，青少年正经历着由少年发育到成年的过渡时期，其身心都在加速度发展和变化，叛逆心理增强、寻求群体归属、主体理性缺乏，需要对其进行媒介素养教育以正确引导其发展。对大学生群体来说，当代大学生总体上媒介参与积极性较高，持有基本正确的政治立场，在具备一定媒介认知基础上能够掌握满足日常所需的媒介信息获取和创作能力，也具有基本的媒介法制意识；而落实到具体的媒介行为上，大学生群体也存在对媒介资源的有效利用程度不高、辨析能力不足、媒介失范行为较为普遍、媒介道德和安全意识不强、媒介综合素养存在各种缺失短板等问题。

数字鸿沟并没有因为媒介发展而产生减小的趋势，相反，在城镇与乡村之间依然存在着明显的数字化差距。中国互联网络信息中心（CNNIC）发布的第50次《中国互联网络发展状况统计报告》显示，截至2022年6月，我国城镇地区互联网普及率为82.9%，农村地区互联网普及率为58.8%。在媒介技术快速发展的今天，老年人作为弱势群体，逐渐成为互联网边缘人。数据显示，我国非网民规模为3.62亿，农村地区占比为41.2%。从年龄来看，60岁及以上老年人是非网民的主要群体，占非网民总体的比例为41.6%，较全国60岁及以上人口比例高出22.5个百分点，我国农村老年群体在全体网民中仍处于弱势地位。相较于城市老年人，农村老年人在媒介素养方面还有一定差距，存在媒介选择和接触信息单一、媒介认知和评判能力薄弱、媒介参与和使用热情不足等问题。

本论坛的第二部分收录了八篇关于社会人群媒介素养研究的相关内容。从总体来看，学者们将媒介素养的实践发展、媒介素养对社会的影响、技术对媒介素养提升的作用作为切入点，深入探讨了针对不同社会人群的媒介素养研究，以寻求提升公众媒介素养的路径。

首先，学者们在不同视角下研究了媒介素养的实践发展。提及媒介素养的教育问题，学者傅婷玉从情感教学心理学和数字素养教育的视角出发，从教学理念、教学内容、教学策略与教学评价四个方面，提出了数字化转型的播音主持教学实践路径优化。数字素养与专业课程、技能类课程的融合教育建设是数字化转型的核心目标之一，而数字生态催生的播音主持教学在积极与数字技术融合实践的同时，显现出"情感脱域"的困境。因此，数字素养培养应融入播音主持情感教学理念，在以情优教的理念指导下，促进播音主持教学创作情感的引发、强化与触发，形成良性教学情感回路；同时，数字时代融合情感教学与数字素养的播音主持教学活动可以从教学模式与教学评价两个方面进行优化，通过建构情感教学模式的结构—程序，以情感作为目标贯穿播音主持教学始终，以及对学生进行个性化、定期化、追踪式的情感教学测评记录，进一步促进情感教学的实施，从而赋能新文科教育的多元纵深发展。

针对县市基层与农村中年人两类社会群体，提升其媒介素养的工作更应不断加以实践和发展。尤其是党的十八大以来，习近平总书记就宣传思想工作面临的新挑战新任务作出了一系列重要论述，为县市基层对外宣传工作审时度势创新发展提供了根本遵循。学者高玉飞认为，当前"互联网+"发展潮流不可逆转，全媒体形态的融合报道呈现锐不可当的趋势。新时代县市对外宣传工作必须树立用户至上服务理念，坚持移动优先量化考核标准，创新对外宣传产品样态，运用大数据云计算技术细分受众、按需供给。对县市对外宣传工作来说，在建设一支具有互联网思维、适应并熟悉新的传播业态和舆论生态外宣人才队伍的基础上，通过深入研究互联网时代受众心理和微传播话语表达规律及表现方式的同时，主动策划生产针对不同受众和不同载体，采取不同的传播策略、表现形式、叙事方法和语言风格的外宣产品，是非常迫切的现实任务。现如今，我国县域经济已经进入了高速发展的快车道，农民生活水平总体大幅提高，大多农民的家庭经济状况呈现出稳定且持续增长的趋势，乡村居民作为乡村主体，其整体媒介素养水平在互联网时代具有一定的能量和价值。在此背景下，王莹等学者选取了农村中年群体为研究主体，对"抖音"这一媒介平台的使用行为进行媒介素养研究。抖音短视频起初是为年轻人打造的互动平台，在其不断下沉四五线城市的同时慢慢渗透到了农村，其与生俱来的社交功能将乡村推向社会性的互联网空间。农村中年群体出于各种心理接触抖音，并在抖音平台进行自我呈现、线上销售、社交、学习技能等，但在媒介素养方面存在媒介参与度不高、媒介使用普遍失衡、媒介使用能力不足等问题。乡村地区拥有庞大的人口，其媒介素养一定程度上可以反作用于乡村振兴战略的实施；同时，对农民而言，农民媒介素养的高低影响农民生活水平高低、影响农民生活幸福指数。因此，提升农民媒介素养、推进新农村稳步建设成为国家发展转型的重要一步，这也事关乡村振兴战略推进的整体步伐。

其次，学者们从媒介素养对社会的影响出发，探究了媒介素养的价值所在。学者崔波认为，如今中国的社会治理正在经历从弱社会到强社会的转变，在这过渡中社会组织民间组织发挥了较大的作用。绿色浙江作为浙江较大的环保民间组织，曾推动浙江水资源治理，将河流治理从公共话题扩大成媒体议程，最后转化为政策议题，和公众企业家、媒体和政府间形成承上启下的互动网，将环保理念带入千家万户。绿色浙江从草根到被认可，离不开其善于设置议题，借助政府党建力量、媒体专业力量和民间企业独立力量，以及组织者的情怀、长远目光和组织能力。环保社会组织参与到社会治理中是未来的一大趋势，保持独立性的同时被认可、收获资源是重要一步。与此同时，随着新媒体技术的普及，直播带货、产品宣传等风起云涌的出现，也为社会建设提供了重要的传播途径。对此，学者周友杰以广西广播电视台"党旗领航·乡村振兴·我为家乡代言"活动为例，探究了媒介素养对乡村振兴和社会建设的影响。广西广播电视台整合多方资源，构建媒体电商助力乡村振兴新模式、借助媒体讲好家乡好故事、深入基层、密切联系群众，这都是在媒介素养支持下乡村振兴和社会建设的有效路径。这些活动的开展有利于推动党建工作与乡村振兴同频共振，推动电商经济和特色产业持续发展，实现经济效益与社会效益双丰收。为此，有关部门及人员应当深度理解媒介素养核心理念、自觉树立并践行媒介素养，为乡村振兴活动的开展注入活力和创造力。

最后，学者们探究了传播技术对媒介素养提升的作用。学者段琳提出，在当代舆论场和信息网络环境中，技术创新与素养提升是最重要的影响因素。人类社会的文明进步与科学技术的发展进步紧密相连，从语言的产生，到文字的创造，到印刷术发明和广泛利用，再到电磁科学与技术的发展，再到互联网的兴起，人类社会不断跨越自我，从而构建起以传播技术不断创新为支撑的传播环境和模式。传播技术的创新，为现代社会传播素养的提升提供了物质基础和技术根基，使传播素养的内涵更加丰富和复杂，给传播素养带来新课题新挑战，从而使传播素养提升成为一项系统工程。随着传播技术的不断发展，新媒体给传统媒体带来越来越大的挑战和竞争压力，也对社会公众的传播素养提出了更高的要求。而在新冠疫情防控背景下，以短视频平台为代表的新媒体成为健康教育主渠道，健康科普类短视频成为传播健康知识、提升健康素养的新风口，也是社会各界了解医院、医务工作者及涉医服务平台的阵地和窗口。利用短视频、直播等方式进行健康知识普及、中医药文化传播已成规模且颇具潜力，但仍需优化内容、扩大渠道、加强技术培训、注重科学权威，通过技术赋能实现传播效果的最大化和最优化，以促进医药行业短视频的健康、可持续发展，进一步推动健康中国建设。做好疾病预防和健康管理是实现全民健康的一项经济、有效的措施，其中健康科普类短视频是最优途径之一。在疫情防控工作愈来愈重要的当下，切实提高公众健康素养，健康科普短视频大有可为。

第三部分　数字素养研究

2021年10月，《提升全民数字素养与技能行动纲要》印发实施，为我国公众在新时代拥抱数字文明规划了发展蓝图和行动纲领。这是我国首项关于全民数字素养的专门国策，体现了数字素养得到党和政府前所未有的重视，对数字素养能力的培养也具有里程碑式的意义。数字化已经成为21世纪最明显的底色，数字素养是实现数字化转型的关键支撑。提升公民数字素养的目的显而易见，适应数字社会的发展进步。

本书的第三部分收录了九篇关于数字素养研究的相关内容，大致可以分为以下几类：数字素养及相关概念研究；弱势群体在当前数字化环境下的现实困境以及数字素养能力培养策略研究；在新媒体环境下，媒介技术快速发展带来的现代交往问题；数字素养教育实践等。

首先，数字素养作为媒介素养在数字时代的内涵扩展，与媒介素养有着密切的联系。洪长辉通过梳理媒介素养的历史话语发现媒介素养作为一种生存能力从古至今就被强调。大众传播时代，大众传媒作为信息发布者传递信息，个体接受和处理信息，信息与人处于主客体二元对立，媒介素养的核心目标成为获取准确、有效、完整的信息。在传播主体泛化的移动互联网时代，媒介素养对公众的要求变得更严格了，不仅需要公众具备信息接收能力、辨别能力和对媒介文化的批判能力，还需要公众能制作符合广泛传播、适合传播的信息。随着数字时代的来临，媒介素养的能力又有了新的变化，包括新媒体技术"驯化"能力、自我形象管理能力、公共传播话语能力。申灵灵和吴文涛同样站在历史的角度认为技术的发展只是改变了传统文化的器物层面——即符号的演变，但是在理念层面，并未发生实质性的改变，传统文化在传播过程的"器"与"道"发生背离。将中国古代服饰文化、古建筑作为案例，历时性分析其符号演变，横向阐释文化内涵，全面立体地展示了教材《视觉文化与媒介素养》如何利用传统文化来培养学习者的视觉－媒介信息综合性素养。媒介素养与视觉文化的研究亦密不可分，媒介技术不仅拓展了视觉素养的内涵，也催生了媒介素养的需求。只有将视觉素养与媒介素养的培养紧紧地结合在一起，才能更好地通过视觉来认识、理解和把握世界。

其次，随着我国社会老龄化与数字化持续并行以及智能媒体时代的强势崛起，以"银发数字鸿沟"和"智能鸿沟"为主要特征的新内涵使得数字鸿沟问题上升为影响国民健康发展、社会治理的首要挑战。数字化生存背景下的"老年困境"成为亟待解决的关键议题。父代、老年人、农民等群体是数字技术创新与应用的非主流、弱势群体，这些群体的大部分人被隔离在享受数字红利的彼岸，甚至还会遭受媒介污名化。

瞿叶清等人通过研究抖音平台，发现银发群体由于缺乏数字素养，在过度的网络使用下容易成为"网瘾老年"，在"数字沉迷"中，实现对他们的情感补偿。在数字化的背景下，媒介对社会群体对形象建构影响深远，老年人群体作为数字移民，在媒介素养的区隔之下，老年人容易遭到污名化的攻击。安利利等人在抖音平台选取关于"奶奶带娃"的短视频文本为研究对象，用文本分析法和深度访谈相结合的质性研究方法分析"奶奶带娃"污名化现象，以及奶奶们在日常生活真实的带娃现状与对污名化媒介形象的认知和处理方式，发现网络媒体污名化视频将奶奶这一群体塑造为脸谱化的负面形象，作者通过半结构式访谈发现奶奶的现实形象与媒介建构出来的形象存在着很大的出入。"奶奶带娃"污名化现象主要是因为家庭代际矛盾难以解决，自媒体账号为了流量污名化展现奶奶这一群体，同时带娃奶奶群体作为数字移民无法完成自我言说，因而造成集体失语的媒介困境。

在乡村振兴的战略背景下探讨提升农民群体显得尤为重要，更是社会发展的诉求。王润等人实地参观走访了"淘宝第一村"临安白牛村，发现农民媒介素养的高低与自身发展的需要、政策支持、专业人士的指导密切相关，虽然农民普遍接受数字乡村建设，但是通过分析问卷调查的结果发现他们缺乏参与互联网的积极性、辨别有效信息的能力、主动应用技术的意识，提升农民的媒介素养也就迫在眉睫。

媒介化时代的加速来临，给身处媒介化环境中的大众也带来诸多负面影响，张钦皓也提到在氪金游戏大行其道的当下，受到游戏系统机制影响，玩家游玩现状存在"自我剥削"趋向。还有用户对媒介的依赖程度愈来愈明显，依赖程度越强，人的主体性就越丧失。在媒介素养视阈下，反媒介依赖实践需要主体的内在思考，通过思考重新掌握对媒介的控制权，随着对媒介的逐渐祛魅，从而完成人的主体性回归。

数字素养作为人们的一种通识素养，出现在我们日常生活中的方方面面，形塑着数字时代的社交关系。"美图素养"决定自我形象的建构，为了呈现出一个完美的社交形象，人们通常会采用"美图秀秀""醒图""轻颜"等美颜软件去进行数字美颜从而建构一个"理想自我"，数字美颜技术的运用在一定程度上体现了个体对媒介技术的使用能力和数字信息的创造能力，同时个体的数字素养水平也在一定程度上影响着个体卷入数字美颜改造的深度和承受审美霸权钳制的程度。数字素养背景下带来的创造与"改造"、识别能力以及自我约束心理能够帮助个体厘清虚拟与现实之间的自我界限、平衡线上线下自我呈现的尺寸，形成良好的"美图素养"。

最后，数字素养教育作为数字时代培育全方位人才的必然要求，意义重大，也是提升国家科技创新能力的重要抓手。从教育公民的视角来看，数字素养培育必须以缩小数字鸿沟、促进均衡发展为基本原则，让每个人都具备数字化生存和实现全面发展的能力。然而当前的现实困境是数字素养教育在我国面临着边缘化、碎片化、滞后化等多重挑战，严重制约了数字素养培育效果的提升。

在学校、家庭、政府、社会组织以及图书馆多位一体建构的数字素养教育体系中，公共图书馆占据着重要的位置，因为其面向人群最为广泛。美国大多数公共图书馆在提供数字资源，提升公众数字技能都已经十分完善，这也为数字素养教育的开展提供了基本的保障条件。在数字素养教育内容方面，主要包括计算机基础技能、数字化学习技能、就业培训技能。纽约公共图书馆作为美国最重要的图书馆之一，早在2005年就推出了"热点借阅"计划，另外也非常重视技术教育，相关的课程包括计算机基础、软件应用、针对特殊受众三大类，同时针对儿童也推出了早期识字计划。由此为我国数字素养教育体系的完善提供参考价值。

目 录

第一部分 媒介素养教育与实践

论视觉-媒介信息素养的内涵特色与教育价值 …… 赵　丽　张舒予（2）
儿童参与式网络素养教育的理念与实践
　　——以广东省地方课程教材《网络素养》实施为例 ……… 张海波（15）
中小学生家庭媒介信息素养（MIL）教育现状研究
　　——基于内地与香港的比较 …………… 叶　霓　袁先鸣　苏媛媛（39）
"跨越"与"编织"："跨媒介阅读与交流"学习任务群实践路径探究
　　………………………………………………………… 赵能君（56）
"Z世代"子女反哺家庭媒介素养教育的在地实践研究
　　——以智能手机使用为例 ……………… 余育霖　黄睿彦　石　玥（64）

第二部分 社会人群媒介素养研究

多源流视角下环保社会组织在环境治理议程中的互动研究
　　——以浙江省"绿色浙江"为例 ……………… 崔　波　潘秋艳（84）
运用互联网思维，探索新时代地方对外宣传工作新路径 …… 高玉飞（93）
短视频：提升公众健康素养的"利器" …………… 孙海苗　周慧娜（99）
乡村振兴背景下基于农村中年群体抖音使用的媒介素养研究
　　………………………………… 王　莹　崔倩娴　何新雨（103）
传播技术创新与传播素养提升 ……………………… 段　琳　张延美（113）
数字化时代基于"情感转向"的播音主持教学研究 ……… 傅婷玉（121）
媒介（数字）素养对于乡村振兴和社会建设的影响研究
　　——以广西广播电视台"党旗领航·乡村振兴·我为家乡代言"
　　　活动为例 ……………………………………………… 周友杰（128）

1

拥抱与裹挟：数字媒介时代老年群体的媒介素养研究
　　——以抖音平台老年主播为例……… 陈　旭　陈楚君　赵　莉（132）

第三部分　数字素养研究

数字时代媒介素养的内涵拓展 …………………………… 洪长晖（144）
数字移民的困境：抖音平台"奶奶带娃"污名化现象研究
　　………………………………………… 安利利　王晶莹（151）
器以载道：技术视域下传统文化符号传播的现代调适
　　………………………………………… 申灵灵　吴文涛（168）
数字时代乡村振兴战略中的农民媒介素养
　　——以临安白牛村为例 ……… 王　润　王熙婕　刘雨娟　邹　鑫（176）
美国公共图书馆数字素养实践研究及启示
　　——以纽约公共图书馆为例 … 王　琼　周雨晴　丁梓珂　宋　艳（183）
反媒介依赖下个体的主体性回归研究
　　——以豆瓣反技术依赖小组为例 ……… 刘梦薇　陈丛玥　王满荣（193）
数字美颜：数字素养背景下自我形象的建构与管理
　　………………………… 刘秀彬　杜正文　陈婉婷　张艾末（202）
"真"情假意：短视频平台"网瘾老年"的情感依恋分析
　　——以抖音平台为例 ……………… 瞿叶清　李知博　舒　眉（213）

第一部分

媒介素养教育与实践

论视觉-媒介信息素养的内涵特色与教育价值

赵 丽 张舒予

摘要：媒介融合背景下信息素养、媒介素养和视觉素养融合趋势日益凸显。三者内容互有交叉重叠，教育目标方向一致，并且融合发展趋势愈发明显。"视觉-媒介信息素养"（V-MIL）是一种以视觉素养为先导的融合MIL的新综合性素养。从认知、行为与情感维度中可以剖析V-MIL的内涵与特色。V-MIL教育价值旨在实现问题指向与价值定位的深度融合，有助于学习者建构和创新知识，响应了中国学生核心素养的培养目标，也契合了当前高等教育中新文科的建设要求，实现人的全面发展。

关键词：视觉-媒介信息素养；内涵特色；教育价值

素养最初被认为是"读与写的技能"，强调对技术工具的操作与应用。2005年，联合国教科文组织（UNESCO）重新定义了素养并强调了其情境的应用性。2008年，卡尔曼·朱迪认为素养早已超越单一的操作技能，认识到素养具有情境性和多样性特征。2019年，UNESCO将素养重新定义为：素养是一种发展性的能力，能够以互动方式调动和道德地使用信息、数据、知识、技能、价值观、态度和技术，在21世纪的环境中有效地参与和行动，以实现个人、集体和全球的利益。由素养内涵演变可知，单一离散的知识、技能和价值观培养已不能满足21世纪学习者的需求，最重要的是学习者能够智慧地建立不同素养要素之间的联系，综合地使用素养要素以应对复杂多变的社会情境。人们对素养的认识从单一层面走向了多元维度，对素养的培养则从单一性技能型训练进入了多种素养融合培养。社会发展与技术演进，催生了各种新素养概念：媒介素养、信息素养、视觉素养。有学者提出，为应对现在及将来的社会情境、促进知识社会的发展，应该提出一个融合多种素养的综合素养概念。"视觉-媒介与信息素养"即V-MIL（Visual-Media and Information Literacy）概念的提出，以视觉素养为先导，有机融合了视觉素养（Visual Literacy）、媒介素养（Media Literacy）和信息素养（Information Literacy），回应了综合性素养培养的需求，顺应了当前复杂多变的数字信息化社会环境，也为适应当下观看语境的大众素养培养提供新的视角与培养路径。

一、媒介素养、信息素养与视觉素养的融合趋向

"形而上者谓之道，形而下者谓之器。"时代的发展变化，促使媒介素养、视觉素养与信息素养发生了从"重道轻器"或"重器轻道"走向"道器合一"的转变。多种素养内涵逐渐趋同化，其培养方式不断融合化，新的综合性素养不断被提出，如媒介信息素养（MIL），力求多维度彰显人的素养培养要求。在当前多种素养融合培养的需求背景下，以视觉素养为先导并融合视觉素养和 MIL 的"视觉－媒介信息素养"的提出正是对综合性素养的一种新的诠释。

（一）媒介素养、视觉素养与信息素养的历史发展

20 世纪 30 年代，报纸、电影成为主流媒体冲击着传统文化的社会地位，英国学者为了捍卫文化价值开始质疑媒体和媒介文化。1933 年，英国学者欧·奥尔特曼和马·切默斯为了强化青少年对媒介及其文化的甄别和批判意识，保护其免受缺乏文化价值的媒体的伤害，提出了媒介素养教育理念，并将媒介素养定义为，一种能对媒介信息的作用与价值作出科学的判断和评价，能对媒介信息进行有效开发与传播的素养。1960 年后，在大众文化背景下成长起来的年轻教师视媒介为流行艺术，认为文化展现应该是多元化的，主张不能一味地抵制大众文化，而是要让学习者学会分辨媒介呈现方式的优劣。此时，媒介素养的研究焦点开始由媒介信息的传播者转向媒介信息的接受者，媒介素养的"道"（媒介信息）被横向扩展，但对其"器"本身的认识还没有被重视，媒介素养仍处于"重道轻器"阶段。近几十年媒介素养教育有效融合信息与传播技术（ICT），要求学习者能够学会使用 ICT 工具来提升学习效率，改善学习质量。当今社会信息传播的重要工具和载体是大众媒介，媒介素养教育不仅要鼓励学习者致力于建设风清气正的高质量的大众传播环境，更要培养学习者使用和应对各种大众媒介的能力。因此，文化要借助"器"为载体来表征其"道"的内涵和精神，即媒介素养教育需要兼顾"道"与之"器"的媒介作用。

高度发达的数字影像与日渐普及的多媒体和互联网促成了"读图时代"的到来，视觉文化成为当今文化的主要形态。视觉信息的直观易感性使得人

脑处理视觉信息的速度比印刷文本信息快得多，但多样化的视觉信息包围着人们的生活，令人眼花缭乱、目不暇接，人们过多依赖"快餐式"的视觉文化，易沉迷于感性娱乐而摒弃理性思维，可能造成思辨能力、读写能力、独立思考能力、个性创作能力等的下降。于是，人们认识到眼睛不再是简单的器官，它还事关人的文化素养与生活质量；观看不仅仅是一种通过眼睛"看见"的生理行为，同时还包含了情感、理智和认知等复杂的"看懂"的心理行为，是一种"从眼睛到心灵"的"唤醒"过程。"看的能力"是"视觉功能"，是一种生理功能；"看懂的能力"是"视觉性"素养，是一种文化与思想的能力和修养。美国学者约翰·戴伯斯于1966年提出视觉素养，随后将其定义为：人们通过观看，同时汇集其他感官经验而形成的一组视觉能力，这组能力能帮助人们分辨与解读周遭环境中自然的或人为的视觉行为、视觉物体、视觉符号等；通过创造性和欣赏性地使用这些能力，能与他人进行交流、欣赏并解读视觉传播的作品。视觉素养在看的能力基础上更强调看懂的能力，体现了"道器合一"的理念，是搭建眼睛与心灵之间的桥梁。

"图书检索技能"在美国得以发展，进而催生了信息素养的产生。当信息技术逐渐演变为美国的主导产业，面对大量的信息人们却不知如何处理和获取，因此美国学者保罗·泽可斯基在1974年提出信息素养概念："为解答问题，利用多样的信息工具及主要信息资源的技术和能力"。此定义中，信息素养被认为是一种技术和能力。此后的一段时间里，出现了多个关于信息素养的经典概念，这些概念共同点是强调信息素养是信息社会的人需要具备的信息检索、信息获取与信息处理等一般性使用技术工具的能力，关注对信息技术本身作为"器"的描述。随着对信息素养的不断深入研究，学者们认识到信息素养教育除了要关注学习者信息知识与技能的达成情况，更重要的是渗透人文素养，注重培养学习者面对信息的自主创新、道德品格、团结协作等方面的能力。在这种认识下，信息素养的内核体现在技术和人文两个层面：在技术层面指人们使用信息的技术和能力；在人文层面反映的是人们面对信息的内在心理，即面对信息的修养。从最初对信息本身检索、获取和处理的研究，到考虑信息对人们三观的影响；从最初关注技术层面的研究，到如今基于技术兼顾人文层面的研究，反映出信息素养超越了信息技术本身作为工具的思想，追寻基于"器"（信息技术）之上的"道"（观念、行为、心理状态和修养）的发展。

简而言之，随着大众媒介的发展、观看内涵的改变和信息技术的推广，媒介素养、视觉素养和媒介素养的内涵和外延也发生了演变，媒介素养在拓展信息之"道"的同时，开始强调对"器"之工具的作用，视觉素养的提出实现了由"器"向"器以载道"的突破，信息素养经历了由"器"追寻基于"器"之上的"道"的发展。三者素养的发展打破了"重道轻器"或"重器轻道"的教育理念或倾向，其教育逐渐将技术教育和人文教育融合培养，践行了"道在器中""器以载道"和"道器合一"的教育理念。

（二）媒介–信息素养（MIL）的由来与发展

20世纪60年代，加拿大学者马歇尔·麦克卢汉提出："没有一种媒介能独立存在，任何媒介的内容都是另一种媒介；随着ICT的发展，媒介本身成为信息的一种，媒介即信息。"从字面意思简单推理，可以将媒介素养等同于信息素养。但就信息传播的侧重点来说，媒介素养关注信息的传播渠道与环境，而信息素养的研究则聚焦信息传播的主客体，并不能简单地将二者画上等号。无论是从概念还是培养方式来看，媒介素养和信息素养都存在着紧密联系。就概念层面而言，媒介素养包含对媒介信息的应用、分析、评判、创作的能力；而信息素养是一种能检索、筛选、评价、生产、应用与交流信息、解决问题的能力。二者均强调对媒介或信息的获取利用、评价判断和生产创造的能力，其概念具有一致性。从培养方式层面而言，原本侧重于关注信息本身的信息素养教育走向强调批判性思维和人文素质的培养，信息素养内涵的扩大包含了媒介素养，成为一种"综合素养"；而媒介素养教育经过多年的探索，逐渐意识到在培养人批判能力的同时要引入ICT，以技术为切入点提高人们应对媒介信息的能力，在这一点上媒介素养与信息素养联系密切，目标趋同。媒介素养与信息素养的研究在内核之"器"与"道"之中存在重叠，尽管研究的视角、关注的内容、侧重点有所差异，但彼此融合趋势明显。且在媒介融合的时代背景下，信息日益数字化，必须借助数字媒介作为传播载体，媒介素养与信息素养的融合是媒介环境发展的必然。

媒介素养和信息素养二者概念内容交叉重叠、教育目标方向一致、联系紧密相辅相成，因此学界时常出现两者混乱使用的现象。为解决媒介素养和信息素养之间的竞争与冲突问题，UNESCO提出媒介信息素养（MIL）概念："MIL以尊重人权为前提，是一种能够创造性地、合理合法地获取、分析、评价、使用、生产和传播信息与知识的综合能力（包含知识、技能、态度）。"UNESCO为打造一个帮助人们获取MIL的知识与学习环境，提出和制定了一系列关于MIL的战略规划，其中包括教师的MIL课程模型、为国际合作搭建平台、为国家层面培育MIL提供政策与战略指导、提出全球MIL指标框架、建立MIL网络大学、构建MIL国际信息交流所等。值得注意的是，MIL的主旨并不是将媒介素养与信息素养进行简单相加，而是积极普及媒介素养与信息素养的融合理念，奠定理论研究基础，并提供具体的实践路径。MIL不仅是信息素养与媒介素养的融合，还包含数字素养、ICT素养等多种素养内容，是一种综合性素养。由此可见，MIL克服了单一素养的片面性，超越了单个素养的内涵将多种素养融合形成综合性素养，为素养教育提供了有益的理论参考，开启了素养教育的新篇章。

（三）以视觉为先导"视觉－媒介信息素养"的产生

为适应社会发展，不同的素养分别在不同的时期被提出；信息激增和媒介多元化并不会淘汰任何一种素养，而是促使各素养慢慢发展成熟；现代社会对人的素养要求一定不是单一素养，而是多元素养所构成的多个构面而形成整体。其中各个素养之间的关系日益紧密，融会贯通，互为转化，形成合力，如媒介素养和信息素养融合成MIL。由前文对视觉素养、媒介素养和信息素养的内涵与发展分析可以看出，三者都是强调应对视觉媒介信息的能力，其理念内核具有趋同性，走向融会贯通是必然趋势。从传播过程来看，传者、信息、媒介、受者与传播效果各要素均影响整个传播过程。视觉素养侧重信息的呈现方式，媒介素养关注信息的传播环境，而信息素养关注信息传播的主体，三者都关注信息传播的能力。在媒介融合、信息共享与视觉经验丰富的环境中，视觉素养、媒介素养和信息素养在信息传播过程中缺一不可，具备三种素养才能保证传播过程的完整。

UNESCO提出MIL备受热议，视觉素养作为读图时代的基本素养与MIL融合也是必然趋势。视觉素养是人们通过观看并整合其他感官体验而发展出的一组综合能力。感觉经验的获取是人们认知发展的先决条件。读图时代的到来和互联网的冲击，日益凸显视觉观看在人们认知过程中的重要性，体现视觉传播媒介的重要性。人们通过视觉方式感知信息占83%以上，不需过多复杂背景和知识，一看图片或者视频就能懂其所传播的事件，并直接产生相应情感反应和价值判断，这是观看的力量。然而，随着媒介环境的复杂化，看不再是一个简单的生理行为，人们开始对观看的内容产生迷茫、对观看质量产生高的需求。视觉信息的传者和受者作为传播过程中的要素，也必然影响视觉信息的传播效果。传播者必须借助合适的媒体以生产、创造并传输对受者有价值的视觉信息；而受者则能主动地认识和获取由媒介传输的视觉信息，从批判的视角分析和解读视觉信息。在传者和受者的共同努力下，视觉传播过程才能建立起来。视觉素养正是对视觉观看的深层解读，良好的视觉素养促进传播者编码能力和受众解码能力的提高。因此，作为传播的主客体，传者与受者，都迫切需要提升各自的视觉素养，V－MIL 新综合性素养培养则是一条同时提高传播者和受众视觉素养的有效途径。V－MIL 融合也必然首先注重视觉，依赖视觉、以视觉素养为先导，MIL 紧随其后，打开三种素养融合培养的途径。

以视觉素养为先导的、融合视觉素养和 MIL 的"视觉－媒介信息素养"（V－MIL）的提出正是在当前多种素养融合培养的需求背景下，对综合性素养的一种新的诠释，也为适应当下观看语境的大众素养培养提供新视角与培养路径。V－MIL 是视觉素养、媒介素养、信息素养的有机融合，指利用视觉感知信息，培养一种以视觉感知为起点，借助媒介信息工具理解并创造信息，恰当地使用媒介来传播信息，并对媒介所产生和传递的信息进行选择、分析、评价和创造的能力。V－MIL 的培养落实在教育教学中，则体现了"道器结合"的培养理念。具体而言，以中华优秀传统文化为学习资源，借助媒介与信息技术，以视觉表征为方法，培养学习者对视觉、媒介信息的获取、理解、评价、创作的能力，提升学习者在媒介融合与复杂技术环境中的胜任力，传承和弘扬中华优秀传统文化，提升学习者的文化自信，促进中华优秀传统文化的对外传播，并与世界多元文化交融共生。

二、视觉－媒介信息素养的内涵特色分析

在"人人皆学、处处可学、时时能学"的社会，每位学习者必须掌握终身学习能力，才能使其具备适应与生存的基本可能，进而为社会的构建和发展作出贡献，体现自身的社会存在意义。视觉－媒介信息素养的培养与训练，根据布鲁姆教育目标分类理论，可从认知领域、行为领域和情感领域进行剖析，具体表现为视觉媒介信息的综合认知、参与赋权和价值伦理，V－MIL 教育的内在逻辑分析有助于对学习者终身学习能力的培养。

（一）从认知维度剖析 V－MIL 的综合认知

美国大学与图书馆协会（ACRL）将"视觉素养"定义为：一组能够有效地发现、解释、评估、应用与创造图像及视觉媒体的能力。美国媒介素养研究中心（CML）认为，媒介素养是人们面对各种媒介信息时的获取、分析、评价、创造，以及通过印刷、多媒体以及网络等多种途径参与信息的能

力。ACRL将信息素养定义为：对信息的反思性发现，对信息如何产生与评价的解读，以及利用信息创造新知识，合理参与学习团体的一种综合能力。从视觉素养、媒介素养和信息素养的定义来看，显而易见，可以发现三者存在一定的重叠关系。从名词上来说，素养一词均可用素养能力来解释。从其语句结构来说，均以"能力模式"出现，相同的核心词语有评价和创造等。媒介技术发展与多元文化素养相融合，使视觉素养、媒介素养和信息素养呈现相互渗透、相互贯通甚至相互转化的趋势，V–MIL将三者各自分别关注的视觉认知、媒介认知和信息认知的割裂状态融合形成综合认知素养。

  具有V–MIL的人首先能通过视觉感知视觉媒介信息，即认识到视觉媒介信息与个人、社会发展的密切关系，明确自身对视觉媒介信息的独特需求，对信息有敏感性和洞察力。其次，具有利用信息媒介技术获取视觉媒介信息的意识，能够熟练利用信息技术工具寻找、筛选、获取，整理和储存各种有用的信息。接着，能对获取的信息进行视觉解读分析，即能进行视觉感悟与解读视觉对象索要表达的意义，实现从外在表征到内涵意义的解读。在对视觉媒介信息的解读过程中，能够客观对比、评价来自不同渠道的信息，即能遵循准确、科学、有效、完整、公正的原则，来评价所获得信息的出处和性质。最后，能够对信息等进行创作和传播，即基于自身的理解以及整合自己已有的知识，以可视化的方法将信息知识以媒介符号的方式表现出来，符合道德规范和法律法规地对信息知识进行传播以共同创建丰富的世界。从V–MIL对视觉媒介信息的感知、获取、解读、分析、评价和创作等一系列过程中，可以看出V–MIL是一个认知逐步提升的学习过程，在个体V–MIL认知提升中实现人人既是消费者，也是贡献者和创作者的知识共享社会。

  （二）从行为维度剖析V–MIL的参与赋权

  媒介的多样化与融合化改变了人们的生存空间与生活方式，信息获取方式的多元使得受众从被动接受信息的地位转变为主动地、合法地参与视觉媒介信息的获取和生产，从而获得媒介话语权。人工智能技术推动智能社会的形成，新技术革命对人才培养提出新要求，教育应当培养具有能够适应不确定的未来社会的具有综合素养的人才。因此，要激发学习者学习的自发性、主动性，使其在实现和展示学习目标的过程中享有发言权和选择权，赋权学习正是智能社会的教与学方式，是落实学生素养发展的根本途径，是教育信息化2.0时代信息技术与教学融合创新的指导框架。V–MIL反映出个体在参与获取和创造视觉媒介信息的行为活动中，被赋予了各种学习与参与权利。V-MIL教育理念下的教师不是一味地充当知识的提供者和控制者，而是主动把学习的权利赋予学习者，给予学习者充分学习的机会，是学习者的指导者和支持者；今天的学习者早已不再是知识的被动接受者，而是知识的主动获取者与创造者，在参与信息知识的获取、解读和创作的学习过程中，享有设问权、选择权、自我学习权、表达权、评议权和决策权，成为学习的真正主人。

一方面，V-MIL通过参与获取视觉媒介信息，赋予个体设问权和选择权。个体可以畅所欲言地提出问题并针对自己感兴趣的问题，通过信息技术的支持从浩瀚的信息海洋中遴选出价值观正确、符合自己需求、满足个人偏好的视觉媒介信息，实现主动解决问题的自我参与价值。另一方面，V-MIL通过解读视觉媒介信息行为，赋予个体自我学习权，即个体在参与视觉媒介信息的解读过程中，根据已有的认知对信息进行建构，实现自我学习。此外，V-MIL通过参与视觉媒介信息地开发与创造，赋予了个体表达权、评议权和决策权。个体整合能解决问题的视觉媒介信息，通过各种信息技术工具将其进行表征，与他人合作分享、交流沟通、协商评价，不断修正与完善信息知识。此时，个体在与他人分享和交流信息的过程中拥有了表达权；在对其他作品地评价和自评过程中获得了评议权；在对表征的知识进行协商和修正使其作为社会的新资源过程中，一定程度上反映了个体决定了社会信息的质量，是社会环境建设的决策人。在整个V-MIL教育的活动学习过程中，学习者被赋予的设问权和选择权越多，其内部动机越强烈，参与热情越持久；被赋予的自我学习权越大，学习越深入，自我发展越好；越多地参与表达和评议，其自知就更清晰；参与决策与建构的机会越多，自主建构的知识越系统。

（三）从情感维度剖析V-MIL的价值伦理

科学与人文合一是当代文化发展的主导趋势及人类发展的必然结果。然而，科学技术愈发达，人们愈加关注科学与技术理性，极易忽视强调人类精神、意义与价值的人文精神。此外，数字化媒介的发展，人和媒介互动已成为常态，人获取信息更加便捷，但往往因为人缺乏自制力和媒介批判意识，人被媒介技术"绑架"与信息"捆绑"，走向人媒互动过度的雷区。"人-媒"关系中人的批判性、创造性思维极其重要，这是解决复杂问题的根本技能，也是能够适应社会发展的基本素养。因此，仅仅掌握科学技术或某项技能是远远不够的，还需要培养在各方面都具有的社会责任感、使命感和道德伦理意识，自觉维护媒介营造的风清气正的公共空间。因此，在科学技术发达和文化多元化的信息时代，人们应该同时具备科学与人文两方面的价值伦理素养。科学精神层面的价值伦理素养主要表现为理性思维、实证精神、批判精神和开放意识；人文精神层面的价值伦理素养主要表现为有利于人类及社会发展的思想、观念与意识。

前文从"道器结合"角度对 V-MIL 的分析，也可以说 V-MIL 是科学技术与人文的交叉融通。V-MIL 的情感构成则体现了"善用器"的科学精神和"道在器中"的人文精神的价值伦理素养。具有合格 V-MIL 价值伦理的公民，是具有批判性思维、创造性思维、有责任、有担当和有奉献精神的人，熟悉一系列与视觉媒介信息有关的经济、法律、社会和文化问题，自觉遵守视觉媒介信息相关的伦理道德和相关法规。作为受传者能主动关注社会信息，尊重知识产权，通过合理的方式负责任地使用媒介信息技术获取信息资源，通过控制和约束自我行为不过多沉迷于信息技术、对获取的信息进行理性的、批判的分析；作为传播者能够具有为学习型社区、组织和社会做出积极贡献的意识，能借助符合道德规范和遵循法律法规的技术手段创造性地将所想表达的信息进行表征，并有意识地监控所传播的信息。V-MIL 教育以传统文化为表征，依托信息技术，兼顾对学习者科学精神与人文精神两方面的价值伦理素养的培养，使他们既有理性、批判性和规范性的科学精神，又有继承和发展中华优秀传统文化的有责任、有担当和有为人类及其社会发展做贡献的人文精神。

三、视觉-媒介信息素养的教育价值实现

"教育的本质应该是传承文化、创造知识、促进人发展的活动。"视觉-媒介信息素养的培养与训练，既要能满足当下社会发展的需要，也要能培养学习者具备与未来社会需要相匹配的素养要求。V-MIL 的教育价值在于通过素养内涵的有机融合以达成知识建构的目的，通过培养目标的融会贯通传承和发扬中国优秀传统文化。这是解决当前主要问题的逻辑起点。而 V-MIL 教育理念契合核心素养的概念和新文科建设，则从长远价值定位上，关注人的全面发展，以培养信息时代终身学习者为价值追求。

（一）三种素养的有机融合，促进知识建构

媒介融合模糊了各个素养间的界限：在视觉素养方面，视觉信息的传播以来媒介环境，信息主题需要借助媒介技术获取、创作和传播视觉信息；在

媒介素养方面，媒介融合环境下信息传播与表达的渠道多元、方式多样，对媒介与信息的甄别与评价，从而获取恰当的媒介信息的能力至关重要；在信息素养方面，需要重视和加强使用批判性思维对获取的信息进行批判，有效将视觉、媒体与世界联通，建立高质量的信息环境。将视觉素养、媒介素养和信息素养三者内在关联，其目的就在于培养主体作为信息的接收者和创造者双重角色所应具备的综合能力，强调对媒体消息与信息的获取、理解、评估和生产创造能力；打破壁垒将视觉素养、媒介素养和信息素养有机融合成 V – MIL，培养人们的综合素养，将促进个人或集体对视觉、媒介和信息知识的建构，满足个人学习、生活和工作的需要。

"从共享到共生"的教育理念是在数字化环境的支持下，体现从"共享—蕴育—共生"循环往复的知识建构理念。V – MIL 教育提供给学习者丰富的信息资源，学习者通过视觉感知信息资源的物理过程，运用先前已有的知识经验从所看见的视觉形象中，通过解构其所蕴含的丰富内涵，获得对视觉、媒介和信息的理解，实现初步的"知识共享"；其次 V – MIL 教育基于同伴交流互动对视觉、媒介和信息知识进行理解和批判，学习者重构内部知识结构，达到个体和群体知识内化和深化，实现"新知蕴育"；最后 V – MIL 教育以知识可视化的方式将思想、观点、信息等表征为可供他人分享、交流的知识，通过协商、评价等不断修正与完善知识，构建出新的知识，从而形成一个个新的起点和生长点，汇聚为集体知识，供学习者进一步地学习与探索，实现"知识共生"。从对视觉、媒介和信息知识的解构、建构与再建构，学习者的角色不再是单纯接受知识和获取知识的被动接收者，而是对知识进行分析、把知识转化为智慧、进行知识创新的主动开发者和贡献者。V – MIL 教育让每一个学习者都经历知识的"共享 – 蕴育 – 共生"的个人与集体智慧构建过程，有效地践行"从共享到共生"理念，促进了个人或集体对视觉、媒介和信息知识的建构。在知识建构的基础上向"文化传承"的理想前进。

（二）素养意义的融会贯通，激发文化传承

"只看到知识，而看不到创造知识的人及其蕴含知识的整个文化"，显然是对教育狭隘的认识。"知识是文化的一部分"，而文化则是知识外在表征的精神内涵，是知识现实价值的理想追求。21 世纪核心素养 4C 模型更新为 5C 模型，新增"文化理解与传承素养"，在 5C 模型中承担这重要的价值枢纽作用（刘妍等，2020）。

对文化的传承具体包括文化理解、文化认同和文化践行，V－MIL教育活动在文化传承中发挥着独特且有效的作用。首先，文化具有一定的隐匿性，在教育中需要通过一定的手段和方式将其表征出来，在V－MIL学习活动中，借助现代化媒介技术将中国传统文化进行视觉表征作为学习资源，将隐性知识转为显性知识，将抽象文化形象化，帮助学习者更直观形象地理解文化。其次，对传统文化的继承不应机械照搬，而应批判性地吸收，V－MIL教育以中华优秀传统文化为主题开展视觉资源的解读与创作，培养学习者的批判性思维，提高鉴别能力，同时能够促进学习者在理解中华优秀传统文化的基础上认同并传承中华民族优秀文化，增强文化自信。再次，全球化的进程飞速前进，跨地区、跨民族、跨文化的交流与互动在此进程中愈发频繁，V－MIL教育则鼓励学习者从中华优秀传统文化中挖掘素材，充分发挥媒介信息技术的优势，开展视觉创作和表达，以更加生动、现代、立体的形式展现优秀传统文化的魅力，推动中华优秀传统文化资源的现代开发与对外传播，为世界文化注入中国民族的优秀资源。

（三）新综合性素养教育，实现人的全面发展

核心素养是在知识社会中发展自我、融入社会及胜任工作所必需的一系列知识、技能和态度的集合。V－MIL的能力要求中包含了在当今社会须具备的与视觉、媒介和信息相关的知识、技能和态度，这与核心素养的概念契合。因此，V－MIL是在理论知识层面对核心素养的具体阐述。中国学生核心素养的培养与发展要以文化为基石，把自主发展作为关键，达到社会参与的目的，最终实现人的全面发展，综合表现为六大素养，分别是：人文底蕴、科学精神、学会学习、健康生活、责任担当和实践创新。V－MIL教育以传统文化的视觉表征为途径，注重培养学习者对媒介信息的审美、解读和批判能力，这与核心素养"文化基础"层面的"人文底蕴""科学精神"要点契合；同时，V－MIL教育强调促进学习者积极主动地观看、以符合道德规范的方式获取知识、表达自我能力以及协同能力等终身学习能力，这与核心素养"自主发展"层面的"学会学习""健康生活"要点契合；此外，V－MIL教育培养的是能够正确地对信息进行创作、传播和监控，具有创新能力、实践能力和有社会责任心的人，这与核心素养"社会参与"层面的"责任担当""实践创新"等要点契合。由此可见，V－MIL培养能在实践应用层面作为核心素养"文化基础""自主发展""社会担当"要点的主要切入点。总体来说，V－MIL在理论和实践层面契合核心素养理念和培养，最终的目标是培养全面发展的人。

2019年5月教育部"六卓越一拔尖"计划2.0正式启动，强调新时代新形势下的文科建设与人才培养，新文科的建设势不可挡。新文科指把现代信息技术融入哲学、文学、语言等诸如此类的课程中，为学习者提供综合性的跨学科学习，使学习者在学习构成中形成其"核心竞争力"，达到知识扩展和创新思维的培养。有学者指出当下新文科需要着重解决坚持以人为本，突出跨界融合，强化实践导向，探索范式创新等问题。处在历史新节点，如何传承中国优秀文化、促进多元文化交流交融，如何跨界融合建设新专业、新方向，如何突出人文社科与教育同新的科技变革、社会实践深入结合等，都值得深思和探索。V–MIL教育始终聚焦人，培养学习者的批判思维和表达能力，使其懂得摒弃文化糟粕，传承和弘扬中国优秀传统文化，提升文化自信。其次，自视觉素养、媒介素养和信息素养的研究出现以来，相应的研究领域、学者独立开展相关的教育理念和实践路径研究，长期以来分散在不同的专业或领域里被关注。V–MIL教育则打破了各素养割裂培养的状态，实现了跨学科跨领域的素养交叉融合培养。最后，V–MIL教育下的学习者利用现代教育技术手段，在视觉、媒介信息获取和创作过程中提高应用实践能力和创新意识，提升在复杂多变的技术环境中的胜任力。由此可见，V–MIL教育理念契合新文科培养目标，通过跨学科跨专业实现对学习者多种素养能力的融合培养，提高学习者的核心素养，促进学习者的全面发展，而以发展V–MIL为目的的"视觉文化与媒介素养"课程则能为新文科建设提供有效实践参考。

核心素养的提出和新文科建设呼唤融合的教育以及模式来培养全面发展的人以适应当代社会环境，V–MIL教育正是将多种素养融合内化为学习者在未来社会工作、生活、学习所必备的知识、技能及态度，有助于学习者对知识的获取、理解、评价与创新，实现人的全面发展；从知识建构到文化传承，提升文化自信，促进中华优秀传统文化的对外传播，以及与世界多元文化的交融。

随着大众媒介的发展、观看内涵的改变和信息技术的应用推广，媒介素养、视觉素养和信息素养的内涵和外延都发生了一定的演变。素养教育的发展不是孤立的，而是与社会发展需求紧密联系在一起，V–MIL教育理念正是社会发展呼唤多种素养融合培养的产物。以视觉为先导，将视觉素养、媒介素养和信息素养融合成综合性的V–MIL，拓展了素养的内涵，契合了核心素养概念。V–MIL教育理念拓展了素养的教育领域，响应了国家对学生培养的素养要求，为高等教育新文科建设提供了新视角。如何正确面对当前素养融合的教育环境,完善该课程建设,在当前的新形势下更好地开展和普及 V–MIL 教育,是进一步研究的新课题。

参考文献:

[1] 卜卫.论媒介教育的意义内容和方法 [J].现代传播,1997 (1).

[2] 彭兰.社会化媒体时代的三种媒介素养及其关系 [J].上海师范大学学报(哲学社会科学版),2013 (3).

[3] 耿益群,黄偲.联合国教科文组织有关媒介素养政策之演变分析 [J].现代传播,2018 (7).

[4] 郭文革.教育的"技术"发展史 [J].北京大学教育评论,2011 (3).

[5] 约书亚·梅罗维茨.消失的地域:电子媒介对社会行为的影响 [M].北京:清华大学出版社,2002.

[6] 2009 最佳科学照片揭晓:美元流动图入选 [EB/OL].(2010-02-21).http://tech.sina.com.cn/d//09233866052.html.

[7] 严蔚刚.习近平"坚持把教师队伍建设作为基础工作"重要论述的战略思维 [J].东北师范大学学报(哲学社会科学版),2020 (5).

[8] 中共中央国务院关于全面深化新时代教师队伍建设改革的意见 [EB/OL].(2018-01-31).http://www.gov.cn/zhengce/content_5262659.html.

[9] 教育部等五部门关于印发《教师教育振兴行动计划(2018—2022 年)》的通知.[EB/OL].(2018-03-23).http://www.moe.gov.cn/srcsite/A10/s7034/201803/t20180323_331063.html.

[10] EDUCAUSE. 2020 EDUCAUSE Horizon Report TM (Teaching and Learning Edition) [EB/OL]. https://library.educause.edu/resources/2020/3/2020-educause-horizon-report-teaching-and-learning-edition.html.

[11] UNESCO. Workshop on the Use by Teachers of the Mass Media in the Educational Process [EB/OL]. (2016-11-15). http://101.96.8.164/unesdoc.unesco.org/images/0005/000545/054595eb.Pdf.

[12] 杨欢.如何加强高校教师的媒介素养教育 [J].西部素质教育,2018 (6).

[13] 赫伯特·马歇尔·麦克卢汉.理解媒介:论人的延伸 [M].北京:商务印书馆,2000.

[14] 马丁·海德格尔.海德格尔选集 [M].孙周兴,译.上海:三联书店,1996.

[15] 加强和改进新时代学校美育工作建构德智体美劳全面培养教育体系 – 教育部有关负责人就《中共中央办公厅国务院办公厅关于全面加强和改进新时代学校美育工作的意见》答记者问 [EB/OL].(2020-10-16).http://www.moe.

gov. cn/jyb_ xwfb/s271/202010/t20201016_ 494880. html.

[16] 马克思恩格斯文集：第一卷 [M]. 北京：人民出版社，2009.

[17] 习近平. 深入学习中国特色社会主义理论体系努力掌握马克思主义立场观念方法 [J]. 求是，2010（7）.

[18] 杨晓慧. 习近平关于教育重要论述的思想定位、逻辑体系、理论特质 [J]. 思想理论教育导刊，2018（12）.

[19] 十九大以来重要文献选编（上）[M]. 北京：中央文献出版社，2019.

[20] 杨晓慧. 习近平关于教育重要论述的思想定位、逻辑体系、理论特质 [J]. 思想理论教育导刊，2018（12）.

[21] 杨兆山. 素质教育的政策演变与理论探索 [J]. 教育研究，2018（12）.

作者赵丽系南京师范大学教育科学学院副教授，硕士生导师，教育学博士；张舒予系南京师范大学教育科学学院教授，博士生导师，视觉文化研究所所长。

儿童参与式网络素养教育的理念与实践
——以广东省地方课程教材《网络素养》实施为例

张海波

摘要：如何面向"网络时代原住民"有效开展网络素养教育？近年来，广州市少年宫网络素养教育团队以全国首本进入地方课程的《网络素养》教材为依托，全面开展儿童参与式网络素养教育实践，充分发挥青少年主体作用，全面引导儿童自主参与，加强师资培训、注重家校社协同，取得了突出的成效。

关键词：儿童参与；网络素养；地方课程

一、儿童参与式网络素养教育课程建设的背景

（一）超越保护主义范式是世界媒介素养教育发展的趋势

随着媒介技术与媒介文化的发展，世界媒介素养教育大致经历了防御范

式、甄别范式、批判范式和赋权范式等四个阶段，总体呈现出不断超越保护主义的趋势。

防御范式强调媒介素养教育的目的是帮助孩子吸取精英文化，抵制大众文化的腐蚀。甄别范式基于媒介文化本身存在优劣之分，强调媒介素养教育的目的在于帮助受众接受好的媒介文化。批判范式主张媒介素养教育的首要任务是培养受众批判解读的能力，将重点转向对媒介文本的批判性解读。

媒介素养教育理念向着超越"保护主义"范式的理念发展，与媒介技术的演进及媒介信息接受者和使用者的角色变化相关。防御式的媒介素养教育在理念上受到"魔弹论"的影响。"魔弹论"又称"皮下注射理论"，这是一种关于媒介具有强大效果的观点。它认为，传播媒介拥有不可抵抗的强大力量，它们所传递的信息在接受者身上就像子弹击中身体、药剂注入皮肤一样，可以引起直接速效的反应，能够左右人们的态度和意见，甚至直接支配他们的行动。在这样的理论影响下，教育者视媒介受者为单向的、被动的个体，媒介素养教育的目的在于强力灌输和全力保护。

随着媒介技术的不断发展以及研究带来的理念变化，媒介素养教育从保护范式向赋权范式的理念发展。赋权范式认为"媒介素养是一种权益"，媒介素养教育的本质内涵就是要教导大众正确、正向地使用自己的权利，主张媒介素养教育的目的在于通过分析、推理、传播和自我表达技能的发展来提升自主权。当然人拥有自由选择的权利，就应承担自由意志带来的道德责任，并根据选择时的自由度来衡量和决定选择的道德责任，因此媒介素养教育也是一种道德教育，是为了让公众知晓并遵循信息传播过程中的相关规范，以更好地处理自己与媒体的关系。除了提高公众对媒介信息的辨识力，增强其对信息的自主控制力之外，媒介素养教育中还应当明确公众在与媒体打交道过程中的道德责任，要强调赋权和赋能相结合。在这样的理念下，针对儿童的媒介素养教育，尊重儿童的主体地位，在赋予"媒介接近权、有益信息的知晓权和参与权"的基础上，引导儿童全面参与，就成为网络时代媒介素养教育的应有之义。

（二）儿童参与是未成年人网络保护工作和网民素养教育工作的要求

近年来，随着未成年人网络保护工作特别是立法进程的全面展开，儿童参与成为未成年人网络保护工作的关键词之一，参与权作为未成人的基本权利被广泛认可和不断确认。

参与权是联合国《儿童权利公约》（1989年11月）规定儿童享有的四

大权利之一。参与权是指参与家庭、文化和社会生活的权利，儿童有参与社会生活的权利，有权对影响他们的一切事项发表自己的意见。

我国新修订的《未成年人保护法》（2020年10月）中也明确了儿童的参与权，其中第三条指出：国家保障未成年人的生存权、发展权、受保护权、参与权等权利。其中第四条也指出：保护未成年人，应当坚持最有利于未成年人的原则。处理涉及未成年人事项，应当听取未成年人的意见。

儿童参与的理念也体现在我国开展网民素养教育的工作中。2016年10月，全国少工委、中央网信办联合下发了《关于开展"从小争做中国好网民"活动的通知》（以下简称《通知》）中，明确提出了"自主讨论"等工作方式，将引导儿童自主参与教育活动作为重要的工作理念。

该《通知》旨在深入贯彻落实习近平总书记关于"培育中国好网民"的重要指示精神，加强少年儿童网络安全教育，提高少年儿童网络素养，引导少年儿童从小争做有高度安全意识、有文明网络素养、有守法行为习惯、有必备防护技能的中国好网民。《通知》指出，各地网信办和少工委要发动学校少先队组织，积极开展"从小争做中国好网民"主题活动，用好少先队活动课，帮助少先队员了解网络安全知识。组织少先队员围绕"爱国、守法、文明、自律、安全"相关主题，自主讨论如何在互联网上做一名"少年好网民"，广泛开展"参与一次网络爱国分享交流活动""分享一个文明上网小知识""制定一个自律上网的小计划""下载使用一次适合少年儿童使用的网络安全软件"等主题活动。这些活动内容都体现了积极发挥少年儿童作为"小主人翁"的态度，通过主动参与提升素养的工作理念。

（三）儿童参与网络素养教育是网络时代儿童成长的需要

当代少年儿童是网络时代的原住民，他们是从小在屏幕前滑动指尖、连接世界的"秀"一代。对网络新媒介，他们从小就不只是被动的信息接受者，更是主动的使用者、参与者和创造者，参与本来就是当代"网络原住民"们网络生活的真实写照。

据张海波主持的中国教育学会"十二五"重点课题《儿童和媒介——中国城市儿童媒介素养状况研究》中关于儿童数字化成长的研究报告显示，当代儿童从小就开始使用QQ和微信等社交媒体（QQ拥有率：31.8%；微信拥有率：26.2%）。到了11岁，超过半数（57.9%）的孩子已经有了自己的QQ号，到了14岁的比例更达到84.7%。他们积极加入各种QQ群、微信群，结交网友（25.6%）。从8岁开始，已经有10%以上的孩子曾经主动加过网友、QQ群等，到了12岁，这一比例已超过半数（51.1%）。还有8.5%的儿童会利用社交媒体和自己的偶像或明星交流，这一比例在14岁达到了26%。他们从小就会在网络上发声，他们中有31.0%会在网络上发表内容（如文字、图片视频等），14岁时的比例更是增长到69.7%。不仅如此，他们还创建了自媒体，并拥有了自己的粉丝，在3—9岁已达到6.3%，到了10—14岁则达到了21.6%。

在这次研究中，还发现了"数字代沟"现象。《2017年世界儿童状况：数字时代的儿童》中称：越来越多的证据表明，儿童接触互联网的年龄越来越小。在一些国家，15岁以下的儿童使用互联网的比例很可能与25岁以上的成年人相当。张海波团队的研究显示：14岁儿童的数字化技能超过了他们40岁左右的父母（如表1）。

表1 14岁儿童与其40岁左右的父母的数字技能情况

	儿童	家长
研究过网络游戏攻略	60.0%	16.9%
在手机或平板电脑下载安装自己喜欢的游戏、视频和音乐	90.8%	86.2%
在网络上主动加过网友或QQ群、微信群或其他社群	66.2%	56.9%
在社交媒体上和偶像或明星交流过	20.0%	10.8%
在自己的社交媒体账号（朋友圈、微博、QQ空间）上发布分享个人的照片、视频或者观点	76.9%	73.8%
在自己的社交媒体账号（如微博、美拍等软件）上拥有粉丝	27.7%	15.4%
安装APP的时候限制软件读取联络人与信息等权限	70.8%	70.8%
及时更新手机或电脑里的杀毒软件	90.8%	87.7%

调研显示，在许多重要的数字技能方面，14岁的儿童都超过了他们的父母。当问及"关于上网的知识，是儿童懂得多还是父母懂得多"时，有43.6%的14岁儿童表示自己懂得多，而他们的父母更表示"自愧弗如"，63%的14岁儿童的爸妈说，孩子懂得多。

面对"数字代沟"，作为教育者的大人正在丧失信息时代前的"知识权威"地位，更应在教育中尊重儿童网络参与生活实践，在教育中改变观念，变"传授"为"引导"，变"被动保护"为"主动参与"，满足儿童数字化成长的需要，在参与中不断提升素养。

二、儿童参与式网络素养教育的基本理念和课程教材设计

如前所述，参与权是儿童的一项基本权利，儿童参与不仅是儿童在网络

时代的基本权利，也是儿童数字化成长的客观现实和自身需要。因此，网络时代的网络素养教育也理所应当遵循"参与"的理念。同时我们也看到，作为儿童的基本素养之一，网络素养也是儿童作为网络时代小公民应该必备的能力。因此儿童参与式网络素养教育应是"赋权+赋能"相结合，达到"权能"相配的目标。

儿童参与式网络素养教育的内容和目标是什么？通过研究和实践，我们认为是：尊重儿童主体地位和参与权利，教育引导儿童善用网络，趋利避害，养成安全、健康、文明法治上网的行为习惯，从小争做中国好网民。

在这样理念和目标下编写的广东省地方课程《网络素养》教材以习近平新时代中国特色社会主义思想为指导，全面落实和贯彻习近平网络强国思想，根据我国信息化发展战略和争做中国好网民工作的相关要求，依据我国网络科技的发展最新成果和有关网络空间治理、未成年人网络保护的相关法规，针对近年来出现的未成年人网络安全突出问题，吸收了近年来我国信息技术教育、媒介素养教育和德育课程的教学成果，以"从小争做中国好网民"为主题，以全面提升少年儿童网络素养为目标，推动清朗网络空间治理。

下面我们结合教材课程的设计进行具体表述。

（一）单元设计的思路和主要内容

通过教学实践，我们认为网络素养包括三个方面：知识、技能和价值观。价值观应该体现在具体行为习惯中，即安全、健康和文明法治的上网行为。为此，本教材也依照这三个方面的内容设置了三个单元的内容，分别是：

第一单元，学历史，懂网络。侧重的是知识内容，即文化基础方面。本单元全面介绍了网络时代以及前网络时代的信息传播技术发展历史，突出了人在创造网络科技中的主体地位，让学生充分了解和全面掌握网络时代科技的基本历史发展知识，为下一步学习趋利避害、善用科技打下基

图1 广东省地方课程《网络素养》教材

础。同时通过本单元的内容，学生也学习运用"历史"的思维方式，即不是机械静态地看待科技发展，而是运用动态发展的观点去认识事物。

第二单元，讲功能，用网络。侧重的是技能内容，即自主发展方面。本单元让学生全面了解网络的各种功能应用，回顾自己网络生活各方面技能的相关体验，从而懂得网络生活中的利与弊，学会善用网络，利用网络健康地学习、娱乐、社交、消费等。同时通过本单元的内容，学生也学习运用"辩证"的思维方式，即不是非黑即白地片面看待科技给人类带来的用处，而是运用利弊共存并相互转化的观点去认识科技对人的影响；

第三单元，去行动，做好网民。侧重的是意识、态度和价值观内容，即社会参与方面。围绕着好网民的六个意识，从安全上网、健康上网和文明上网三个方面，引导学生们主动参与"从小争做中国好网民"的行动中来。让学生了解在网络参与中可能遇到的风险，学习必备的技能。同时，在引导学生进行网络参与中，既重视发挥法律的规范作用，又重视发挥道德的自律引导作用。通过案例展示、法规介绍、倡议行动，让学生树立安全上网、健康上网、守法上网，文明上网的意识、态度和价值观，学会责任担当，记住要求，形成愿望，树立"小主人翁"的意识，主动参与清朗网络空间的建设。同时通过本单元学习，学生也学会运用"系统"的思维方式，即某一问题的产生，不是简单归于谁对谁错，而是从多角度分析，求得各方的共同参与和努力来系统解决社会问题。

在这三个单元的课程设计中，我们一直贯彻自主参与的理念。在网络科技发展的相关历史知识的教育中坚持马克思主义科技史观，运用辩证唯物主义和历史唯物主义的观点讲解科技，引导学生从小认识人在发明技术和创造历史过程中的主体地位。在网络功能使用方面，引导学生从小学会趋利避害，做网络媒介合理使用的主人，而不是被动沉迷的奴隶。同时，在网络发展历史和功能应用介绍方面，充分介绍我国网络科技发展的最新成就，培养学生对建设网络强国的自豪感、荣誉感和使命感。

在课程教学中，我们采用"儿童自主参与"的方式，强调儿童的主体地位；"保护"与"发展"并举；充分保证儿童各种网络使用和参与的权利，在"赋权"的基础上全面"赋能"。网络素养教育围绕"争做中国好网民"这一主题目标，前提是"争"，关键在"做"。"争"体现是个人的主观愿望，强调网民自身的主观能动性，如何通过教育使学生产生"争"的强烈愿望和持续"做"的行为习惯是教育取得实效的根本，使学生从"要我做"变为"我要做"。从课堂上的"学"落实在生活中的"做"。不但自己学习，还要积极传播创造，参与清朗网络空间的建设，实现每个人的全面发展。

（二）单元实践探究的设计

网络素养教育的目标是"培养好网民"，好网民的核心素养包括哪些核心知识、关键能力和基本品格，如何去实现？我们通过三个单元的设计，从知识、技能和价值观的三维目标来落实，通过文化基础、自主发展和社会参与三个方面去实施，以"懂"（学习）、"用"（运用）、"做"（创造）的方式，达到"知"（我了解）、"情"（我喜欢）、"意"（我想做）、"行"（我去做）的效果，内化于心，外化于形，实现知行合一。把提升素养从个人学习层面落实在争做好网民的行动中来，在行动中不但自己践行，还影响带动身边的人一起参与。为此，我们在教材的三个单元学习中，都安排了"单元实践探究"的部分，让学生在课堂学习后，充分利用实践探究去主动参与网络生活实践，内化、深化和外化素养教育的成果。

本教材三个单元的实践探究部分，是按照"儿童参与"的理念，实施"自主教育"的方法。让学生们通过小讲师、小调研员和小代表三种不同的角色模拟，参与到e成长计划和儿童互联网大会等"从小争做中国好网民"的实践活动中来。素养强调的是育人目标，强调的是"内化于心、外化于形"的"知行合一"，素养的展现和评价不仅是在课堂内，更重要的是课堂外，体现在学生平时真实的社会生活中。因此，实践探究是素养培养路径上的重要一环，也是"关键一环"。课堂的教材内容是基于学生平时的生活经验，课堂所学所获的知识能力和价值观，还要学生落实在课堂后的生活实践中。这样才能实现素养教育的教学，源于生活，回归生活和社会，形成从生活中来到生活中去的有效衔接。

第一单元的实践探究是做"小讲师"，让学生们将所学到的网络知识充分吸收内化，再创造性地去宣讲。"教"是更好的"学"。在教材的实践中，我们看到小讲师的授课任务，激发了学生们强烈的学习愿望，他们组织宣教和支教小组，分工合作，在同伴教育中，教学相长。教师在本单元的实践探究中，可以充分感受到学生自主学习的探究精神被充分调动起来后所产生的学习热情。教师可以采用翻转课堂的形式，把课堂的主人还给孩子，自己当"参谋""教练"。在实践活动中，既可让学生单独在班上宣讲，也可以组成小组上课；既可以让同年级的同学们互讲，也可以让高年级给低年级学生上课，还可以到社区、到其他学校宣讲；还可以参与e成长计划中，选拔公益小讲师，让城市的学生为乡村学生支教宣讲。

　　第二单元的实践探究是做"小调研员"。学生们在调研中充分了解自己在日常网络生活中，网络带给我们的利与弊。本单元的课程学习，打下基础的同时又是利用课程所学，通过调研形成在生活中运用网络趋利避害的方案。另外，调研也使得老师更全面地了解和掌握学生们网络实际运用以及其生活经验的宝贵素材，用于指导自己的课程设计。小调研员活动的开展，既可以在课前布置，作为教师课堂导入的重要内容，也可以在课后布置，作为将课程所学运用实际的活动。小调研员活动，也是孩子们开展自主式探究性学习的重要方式，在调研中，孩子们学会了如何提出问题，分析问题，并制定解决方案，找到科学依据。教师在调研前可以给学生们进行相关的专题培训；在调研过程中，可以让学生请求家长的帮助；在调研成果完成后，可以举行相关的报告展示会，让同学们互相研讨，老师进行点评。

　　第三单元的实践探究是做"小代表"，在学校中开展红领巾小提案活动。学生们学习撰写红领巾小提案，是少先队特色活动，也是从小学习参与民主议事的重要内容。要让学生们以"从小争做中国好网民"为目标，通过模拟小代表，撰写小提案。教师可以和少先队辅导员一起，提前为学生们进行红领巾小提案撰写的相关培训，在提案撰写过程中，组织学生们参与相关的实践活动，同时邀请家长和校外辅导员进行指导；在提案撰写完成后，可以举行红领巾议事堂等活动，并且在学校的少代会上进行提案的发布和行动的倡议。

　　在"三小"的实践探索中，小讲师学知识，去分享；小调研员善运用（知利弊），去发现，找问题；小代表，展素质，去行动。充分调动学生的主观能动性，团队合作、自主探究、完成任务、解决问题。

　　学生们在实践探究中的表现和成果展示，是对教师教学效果最好、最直观的评价，也是对学生素养提升的外化体现。教师在实践前，提供材料，引导学生自学准备；活动过程中要充分发挥学生的主观能动性，通过知识案例讲解分析，引发共鸣，提出问题，寻求方案；在活动后，要及时总结反思。

　　在教学实践中，单元的实践探究根据教学的时间和内容安排，既可以作为学完整个单元后的综合社会实践活动，也可以作为主题实践活动。先将任务布置，组建任务小组，再结合具体每堂课的学习，分阶段实施。既可以让每个学生独立完成，也可以通过小组完成、跨班级完成；既可以在网络素养的专题教育中独立实施，也可以结合学校的少先队活动、信息技术课、道德与

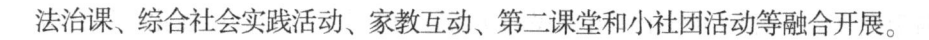

法治课、综合社会实践活动、家教互动、第二课堂和小社团活动等融合开展。

三、儿童参与网络素养教育课程的教学建议

教师如何依据教材更有效地实施儿童参与式网络素养课程教学？根据长期的教学实践，我们提出如下建议：

(一) 树立儿童参与观念，贯穿教学全过程

在儿童参与网络素养教育中，教师首先应该树立正确的儿童网络角色观。不只将儿童视作网络信息接收者和课堂上被动的学习者，而是视其为网络信息自主的使用者、传播者，课堂的积极参与者、对话者，网络空间积极的参与者和建设者。学生作为未成年人和成年人一样，都是网络空间建设的一分子，有责任有义务主动参与建设。在课堂上激发动机，通过"明理""知情""生意"，最后通过单元探索去引导行动，再通过行动在社会评价和验证中获得更坚定的持续行动的意愿。

儿童参与要求教师思考，如何在教学的设计、实施、评价的各个环节让学生充分参与进来。在课堂设计时，教师就可以"问需于童""问计于童"，通过调研，了解学生目前网络使用状况以及遇到的问题，从儿童的生活经验和问题需求入手，结合教材内容，切入主题；在课堂教学中通过设定任务、设立项目小组、研讨方案等形式，让学生主动参与到教学之中。在问题式情景中，讨论调研设计方案，同伴互助启发，教师适时"退居幕后"成为组织者、支持者。在课堂作业和单元探究中都要考虑如何充分发挥儿童自主参与的积极性和创造性，在教学评价中如何引导儿童参与进来。教师要重视学生在参与实践活动中获得的社会评价，并且将这种社会评价以及在参与过程中体现的自豪感、满足感，转化为学生参与自我评价和对同伴评价的动力和源泉。教师要及时地将教师的评价、同伴的评价，转化为学生的自我评价上来。

这就要求教师在发挥引导作用的前提下，要特别注意发挥学生的主动性。在教材使用上，要充分发挥单元探究的引领作用和教材作为儿童带着任务进行自学的"学本"作用，让孩子们在真实的任务中去主动学习，在解决真问题的过程中获得解决问题的能力；在真实的社会交往和参与过程中，体验道德的力量；在真实的案例和场景中习得对法律的尊重；让学生在任务和实践活动中去自我实现、自我探索，自我感悟。通过"小讲师""小调研员""小代表"等角色扮演，让学生们学以致用，知行合一，将网络素养的

提升落实到具体的争做中国好网民的实践行动中来，在行动中强化意识，增长才干，提高本领。

自主教育和实践活动结合起来，也使得课堂的教学成果可以直接放到社会实践活动中进行检验和评价。老师最大的成就就是学生的成长成才，学生在课堂外的实践表现和成果也是对教师教育效果最直观的评价。通过实践活动，老师的课堂成果得以在学生身上进行集中的展现。教师从孩子们获得的成就中看到了自己的教学成果，从家长社区社会的积极反馈中看到了自己的成就，在孩子们参与社会实践活动中遇到的困难和表现出的不足，看到了应调整和改进的方向。

（二）吃透"两头"，因地制宜，因材施教

"两头"即指教育目标和教育对象。教师首先要全面整体地理解本教材的教学目标，网络素养的目标是育人。培养好网民，素养教育要落实到行动中，要引导学生积极参与到从小争做好网民的行动中，主动参与建设清朗网络空间。也可以说，我们网络素养的教育目标是为了培育清朗网络空间和网络社会的好网民。好网民既是育人规划，又是行动指南，还是社会要求。有了这个大目标，再看单元目标，再细化到每节课的目标，小目标既是大目标的分解步骤，同时小目标中又蕴含着大目标的实现方向。

要实现这样的目标，教师就要充分了解自己教学对象的实际情况。了解校情、级情、班情，每个学生的"生情"。要了解他们平时在课堂外的实际生活，特别是家庭中上网用网的实际情况和知识能力、意识水平。要积极开展了解学生网络生活和素养状况的调研，了解作为"网络原住民"的学生们的网络潮流文化，展开积极对话、激发共鸣、取得共识、采取共同行动。在此基础上，再围绕目标更有针对性地设计教学的重点和难点：一是确定和调整教授内容的重点，这个重点主要是"兴趣点"和"痛点"，比如在功能应用方面，学生们的"兴趣点"可能是玩网游或刷短视频，那就可以从这个点切入，引起学生们学习的兴趣；比如在安全上网方面，学生们遇到网络问题的"痛点"是受到网络欺凌怎么办？比如在健康上网方面，学生们烦恼的"痛点"是因为网络沉迷常在家里和父母发生冲突；二是根据教学目标和学生目前素养状况的差距、离"好网民"要求的差距，在好网民行动实现过程中的薄弱环节找到教学设计中"难点"。在素养教育的教学实践中，难点往往不在于知识和技能的传授，而在于动机的激发、行动的自觉、习惯的养成和意识态度价值观的内化生成。这些不是一堂或两堂课所能解决

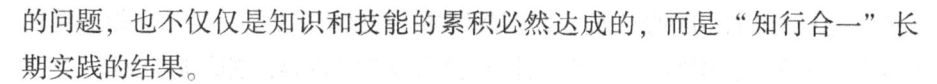

的问题，也不仅仅是知识和技能的累积必然达成的，而是"知行合一"长期实践的结果。

（三）明确自身定位，活用教材，教学相长

在儿童参与式教育中，教师要清醒地认识到自己作为教育者一方的角色以及学校课堂教育的局限性，要善于调动教学对象的自主性、积极性，同时调动更多课堂外、学校外的教育资源和环境因素，将课堂和教材作为联结生活与社会的媒介或工具，将自己和学生作为学习共同体，将自己和学生、家长及可调动的社会力量，作为争做好网民行动中的伙伴和同盟。

在网络素养主题教育中教师的作用是什么？我们可以视教师为在"争做中国好网民"这场活动中的"指导员"，我们平时的课堂教学就是一次次的活动演练。课堂学习的目的，最终是要让学生能在课堂外，在真实的社会生活中参与到清朗网络空间建设的社会活动中来。指导员的作用不只是传授知识技能，更是激发动机、鼓舞士气、指引方向、总结反思、制定奖惩规则、做好表率。也就是说，教师本身不只是"坐而论道"，还要"起而行之"。

因此，从这样的教师定位来看教材的话，那么教材不仅是教学内容的集中体现，还是围绕教学目标开展教学活动的行动指南，更是围绕育人目标的规划思路。我们看待教材不只是看重它内容方面涉及的基本知识和基本能力这样的"双基目标"，还有围绕素质构成的知识、技能、价值观这样的"三维目标"，更有围绕培育做好网民需要的文化基础、自主发展、社会参与的"行动逻辑"。

一本好的教材及其影响的教学活动，要成为联结学生从家庭生活到社会生活的中介，成为联结教师与学生开展对话、引发共鸣形成共识、共同行动的中介。要发挥好这个中介和跳板的作用，学生经由这样的中介和跳板，可以更好地生活，更好地参与社会，否则教材只是静态为课堂教学服务，老师和学生只在课堂上光说不练，教材不能反映和指导家庭和社会生活的实践，造成校内外脱节，家校相逆，教材不但不能成为中介，还成为人为的阻隔。教材既是教师上课的指引和素材，也是学生学习行动的指引和素材。教材是"指导员"和"战士"共同使用，在实践中不断完善的行动纲领和操作指南。教师上课的过程应该是基于生活经验的对话，通过话题的分享讨论、问题的提出和分析，引起共鸣、寻求共识、开展行动的过程。

好的教师应该吃透了教材现有的素材及其背后的方法思路后，在教学实践中大胆取舍，灵活使用。教材只是提出一种战略的思路、方法和案例，教师要按照这样的思路引导学生们一起围绕目标，找到更多更好的方法，创造更多的案例，并及时根据形势的变化，补充完善新案例新内容，创造新方法。

（四）善用资源，多元实施，形成合力

儿童参与式网络素养教育也对教师的能力提出了更高的要求，要求教师不只上好课，还要善用资源，多元实施，形成合力。

网络素养教育作为一种网络社会的公民素养，它的培养方式不同于以学科知识技能为核心的自然科学以及实验室中的科学探索，它总是在一定的社会行动中，在人与人相处和交流的关系中得以体现。因此网络素养的培养要求教师应该更多地关注学生在素养形成中的环境影响因素，特别是各种人的因素。教师要充分调动这些人的因素，将其作为网络空间的"命运共同体"和网络社会建设的"同盟军"。在教学实践中，特别应该重视同伴和家长资源。在学校里，我们要充分发挥班级、少先队组织、兴趣小组和学校社团所形成的组织架构，将教育目标转换成学生团队需要完成的任务。完成共同任务的行动小组就是一个小的学习共同体，要发挥集体、团队的组织力量，在协作中学习。要注重同伴教育的力量，倡导互帮互助，及时树立榜样，比学赶帮，形成争做好网民的氛围。

要充分发挥家长的作用，特别考虑到学生们平时自由使用网络的主要时间和空间都在家庭，就特别需要家长成为网络素养教学的重要伙伴。在课前可以让家长配合协助学生开展小调研，在课后可以让学生与家长讨论相关问题，在家庭中开展约定活动。还可以邀请有政府、企业工作背景的家长作为志愿辅导员，为孩子们进行知识的讲解，到家长所在单位里去参观考察，邀请家长代表参加学校组织的红领巾议事堂活动，同时与家长、孩子对话交流。

网络素养教育作为一种主题教育，它可以采用多种方式开展。我们在实践中探索总结出"专题开展、学科融入、家校互动，校内外衔接"等多路径开展方式。专题教育，就是利用学校的班队课、假前安全教育、第二课堂以及小社团组织来开展网络素养教育，辅导员老师可以把"单元探索"作为主题，单元具体内容可组织学生家庭自学和小组自学结合，也可以邀请家长协助，然后开展"做小讲师""做小调研员""做小代表"的活动，组织学生参加，进行展示评比活动；学科融入，就是利用各学科中有关网络素养的内容融入进行开展。现在的网络素养教育相关的一些知识和内容，散见于中小学的道德与法制课、信息技术课、安全教育课等，相关的学科教师可以

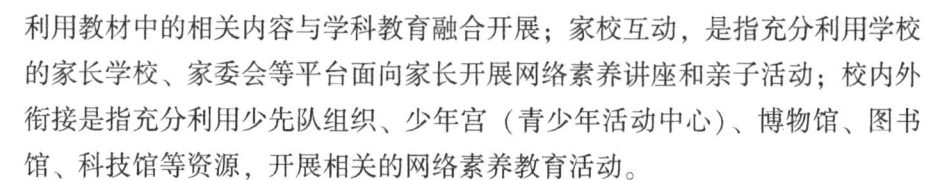

利用教材中的相关内容与学科教育融合开展；家校互动，是指充分利用学校的家长学校、家委会等平台面向家长开展网络素养讲座和亲子活动；校内外衔接是指充分利用少先队组织、少年宫（青少年活动中心）、博物馆、图书馆、科技馆等资源，开展相关的网络素养教育活动。

教师不但要成为教学活动的设计者、实施者，还要成为立足学校，面向家庭、社区，以及更大范围的社会活动的参与者和组织者。好的教师要充分调动各方的力量，运用多元方式，形成教育行动的合力。此时，参与主题教育的优秀教师往往能成为一名出色的"社会活动家"，不只是课堂教学的能手，还是社会活动的能手。这样的过程也极大锻炼了教师在课堂"教学力"之外的"组织力""领导力"，实现了教师从"学校教育者"到"社会教育者"的专业发展和社会成就，迈上其职业发展和个人成长的新台阶。

四、儿童参与式网络素养教育的实施案例

下面我们以《网络素养》教材"实践探究三"为例来看看儿童参与式网络素养教育在教学中的具体运用。

【课程目标】

① 学会撰写小提案；

② 了解儿童互联网大会和红领巾议事堂；

③ 培养议事论事的小主人意识，争当儿童互联网大会小代表。

【课程重难点】

① 掌握撰写小提案的要求，能完成一份比较合理的小提案；

② 参加模拟儿童互联网大会或红领巾议事堂，积极发表小提案。

【课程结构】

本内容是第三章的最后一个内容，是一个综合性实践类型的活动。在学习完第三章的所有内容后，通过组织开展实践探究活动，可以让学生更好地从生活实际出发，以网络安全、网络健康、网络法治等多个角度表达自己如何做好中国好网民的观点。

本内容由两大块组成：第一块是撰写一份以"共筑网络清朗空间 争做中国好网民"为主题的小提案，为下一块内容做好铺垫和准备；第二块是根据学校、班级的实际情况组织开展一次模拟儿童互联网大会或红领巾议事堂，为学生构建平台，使其充分发表在日常生活中应该如何成为好网民的观点和倡议。

【教学建议】

图 2　教材第三单元的实践探究活动

① 本实践探究是一个主题活动，教师可根据实际情况来策划开展，既可以通过少先队的主题活动形式贯穿于整个学期，也可以通过班队会的系列活动形式于某时间段内组织完成。

② 教师可先让学生学会小提案的撰写步骤与方法，然后引导学生贴合自己的生活实际情况找一个切入点撰写提案。学生可以个人完成，也可以小组完成。

③ 教师可根据实际情况组织学生进行一次模拟儿童互联网大会或红领巾议事堂，让学生充分发表自己的提案，然后一起商议提案的合理性、可行性和实效性等，最终形成有质量的小提案。

【课程实施】

一、撰写提案

(一) 提案内容

案由：提出提案的理由，要有事实作为根据。

案据：提出提案的根据，对提出的事项做出分析。

方案：解决问题的具体办法。

（二）找热点

提案，应该根据主题要求围绕自己关心的问题提出自己的想法、建议。这些问题包括：时事热点、微信等新媒体上热议的话题、学习和生活中遇到的带有普遍意义的问题等。这些往往是大家关注的热点。所以我们要养成关心时事的习惯。当然，热点不仅藏在媒体新闻里，也藏在我们的身边。所以，大家要关心身边的人和事，才能发现大家的困难和需要。

（三）充分调查

当我们发现问题后，怎样才能知道这个问题有没有普遍性呢？其实办法很简单，可以通过调查来确认。比如问问身边的人，和大家聊聊天，听听大家的意见。如果很多人都碰到同样的烦恼，都关心同样的问题，就说明这个问题带有普遍意义，那么这个问题写出的提案就有普遍性。

（四）收集意见

提出了问题，接下来要提出解决问题的办法。可以在网上、书籍等各种媒介中寻找可行的办法，或者邀请身边不同的人一起讨论，收集他们的意见，并整理出来。

做了前面几项工作后，就可以动笔写提案了。

表2　优秀提案范例

姓名	xxx	性别	x	年龄	x
学校	xxxxxxx					
题目	加强儿童媒介素养教育				
案由	1. 现今媒介空前发达，接触媒介，是儿童的需要，也是儿童的权利。 2. 正确使用媒介，可以促进儿童的学习，也可以了解到人生百态。 3. 禁止孩子接触媒介，会剥夺孩子获得信息的权利和机会。				
案据	1. 少年儿童缺乏必要的媒介素养，对媒介的使用比较单一，容易媒介上瘾，影响学习和健康。 2. 很多家长反映，自己不懂怎么样教孩子读懂、辨别那些不断涌现的、陌生的、夸张歪曲的信息，避免受其伤害。 3. 学校是儿童接受教育的主要阵地，学校加强对学生的媒介素养教育，能有效地提高儿童的媒介素养。				
方案	1. 家长应该重视对孩子媒介接触的指导，培养孩子良好的媒介使用习惯。让孩子知道大众传媒所提供的信息只是现实的片段而不是生活的全貌，有的甚至是虚构的，提高他们的媒介判断能力。 2. 学校可借助校讯通，把少儿媒介素养的相关知识发到家长手机，提高家长的素养，家长才能更好地教孩子用好媒介。 3. 学校多开展媒介素养教育课程以及相关活动，帮助学生认识媒介，学会选择和使用媒介，甄别和判断媒介信息，学习如何充分有效地利用大众传媒来进行学习，为生活提供便利。 4. 编写少儿媒介素养手机报，发到学生手机，帮助学生增长媒介素养知识。				

二、儿童议事堂

（一）具体流程

1. 筹备

① 围绕调研报告的主题确定议事堂活动主题；

② 设计议事堂活动模式；

③ 邀请参加活动的大人观察员，可以是社会知名人士、来自不同职业领域的家长、校外辅导员等。

2. 撰写研究报告和小提案

3. 挑选报告发言人，建议 2—4 人

4. 开展议事堂活动

发布调研报告（通过 PPT 展示调研数据）→议事讨论（确定一种讨论模式开展讨论，寻求解决办法）→大人观察员发言（帮助队员开阔视野，深入思考）→辅导员总结（点评、总结和反思）

5. 再次修订报告，提出倡议或解决方案

收集并整理议事堂活动中大家提出的建议，对报告进行修改完善，并通过校园广播站、红领巾电视台等少先队宣传阵地进行宣传。

（二）红领巾议事堂活动讨论模式

【模式一】世界咖啡：用对话的方式解决问题

① 根据活动主题，从不同角度、不同层次设计讨论话题。

② 布置讨论区，根据人数设置几个讨论桌。组织参与讨论的全体成员进入讨论区，分组坐好。每组 4—6 人最合适。

③ 每组选出一名小组长和秘书，小组长负责组织小组成员进行讨论、维持秩序，秘书负责用思维导图记录发言成果。（时间建议 5—8 分钟）

④ 围绕几个讨论话题开展讨论。每一轮讨论一个话题。讨论结束后，除小组长和秘书外，小组其他成员离开本组，加入新的小组，并在前一轮讨论的基础上，进行下一轮讨论。

⑤ 根据活动时间，讨论结束。每位组员回到原组，协助小组长和秘书整理小组汇报。

⑥ 小组长进行小组总结发言，阐述本组几轮讨论后的观点和建议。

"世界咖啡"模式适用活动：活动主题范围较大。如：关于网络监管的议事堂活动，可以设计网络信息安全、上网保护软件、网络防沉迷系统等几个话题。

【模式二】辩论会：正反双方就某一问题进行辩论的一种讨论活动

① 述词阶段：正方一辩发言、反方一辩发言。

② 提问回答阶段：按照辩论规则提问和回答。

③ 盘问阶段：正方二辩发言、反方二辩发言。

④ 自由辩论阶段：由正方首先发言，然后反方发言，正反方依次轮流发言。

⑤ 总结阶段：反方四辩总结陈词，正方四辩总结陈词。

"辩论会"模式适用的活动：活动主题具有争议性。如："陌生网友危险吗？"等主题。

【模式三】角色扮演：将参与讨论的队员分成三个小组（政府组、企业组、家庭组）展开商讨。

① 政府组：从政府的立场，针对活动主题提出改善问题的建议和措施，着眼于宏观，有关相关政策的提出、改良、具体措施等。

② 企业组：针对企业方向，提出改善儿童网络环境加强儿童网络保护的措施。着眼在是否有更好的方法，改良旧的措施或研发新的措施等。

③ 家庭组：针对家庭方向，讨论与提出儿童议案。着眼在亲子约定，相互监督与帮助，共建和谐家庭等。

"角色扮演"模式适用活动：活动主题具有普遍性。如：网络游戏，网络短视频等。

三、儿童互联网大会

① 儿童互联网大会是在更大范围内邀请儿童代表参与。儿童互联网大会前，组织者广泛征集儿童调研报告和儿童议案，同时邀请政府、企业、学校等相关代表参会。成人观察员在听取儿童报告和小提案后，积极反馈。在会上，儿童代表还会与来自政府、企业和社会各行业、各部门的代表，就网络空间治理相关话题进行讨论，并发出联合倡议。

② 儿童互联网大会遵循《联合国儿童公约》中关于儿童参与权的基本理念以及联合国 YIGF 青少年网络管制论坛的会议原则，尊重儿童的主体地位，充分赋权，让儿童发声。通过活动引导广大少年儿童提升网络素养，树立新时代中国好网民意识，并通过亲子共约定，呼吁全社会携起手来，共创网络文明和清朗网络空间。

③ 大会议程包括：儿童议案颁奖、发布《儿童的网络生活》调研报告及讨论交流环节、专家沙龙、发表儿童网络安全倡议等。

④ 2019年儿童互联网大会活动实录。

儿童互联网大会，儿童是主角。为了广泛发动大湾区的少年儿童为本次大会建言献策，从2019年5月开始，大会面向大湾区11个城市举办了"儿童提案征集"活动。专家评委从征集的上千份儿童提案中，评选出200名优秀的儿童代表来到了现场。

图3　领导为获奖儿童颁奖

随后，大人和儿童研究者共同发布《儿童的网络生活》调研报告及进行讨论交流环节。

图4　专家和儿童代表共同发布调研报告

图 5　专家和儿童代表共同发布调研报告

图 6　专家们在沙龙上发表建议

专家沙龙环节中，来自联合国儿童基金会、中国教育学会、广东省青少年宫协会等专家以及有关部门负责人就"网络空间治理"和"网络素养教育"发表了看法。专家们表示：当代青少年儿童不只是网络上被动的接受者，还是主动的使用者和传播者、创造者。因此，青少年儿童应更主动地参与清朗网络空间的建设。儿童互联网大会是很好的平台，通过各种方式聆听儿童的意见，促进政府、企业和社会各界完善相关法律法规，加强平台管理，加大教育力度，为儿童提供更好的网络成长环境。

在儿童互联网大会上还表彰了一批公益小讲师。在公益机构组织发起的"e成长"公益计划中，公益小讲师为乡村小伙伴网络安全教育贡献自己独特的力量。在网信部门指导下，近年来，广东省的相关公益机构开展了"e成长计划"乡村小学网络素养支教计划。该活动以"城乡儿童手拉手，约定齐做好网民"为主题，招募培训儿童小讲师组成支教小组，到乡村学校传播分享网络安全和素养知识。跟随前往的专业志愿导师，还会为乡村小学的教师和家长开展讲座和培训。

图7　成长小讲师到乡村小学分享网络安全知识

大会还表彰了一批优秀儿童调研员，他们被授予了儿童互联网小使者的光荣称号。他们作为中国"儿童互联网小使者"带着这些调查报告，去到世界各地举办的联合国网络管治论坛以及各种儿童会议上，代表中国儿童发声。近年来，他们的足迹走过了新西兰、芬兰、泰国、瑞士、美国、俄罗斯等地。他们与当地少年儿童交流，还在当地进行儿童和互联网的调研。有关领导在会上为新一批的"互联网小使者"颁发了证书，期待新一批的"互联网小使者"继续在国际舞台上为中国少年儿童发声。

图8　CRO 儿童互联网小代表出席 APRIGF 亚太联合国管治论坛，
并作为论坛最小的儿童代表发言

图9　参会互联网企业代表共同宣读倡议，约定共建网络清朗空间

在大会上，听完儿童代表的报告，来自国内知名互联网科技企业的代表们，也表示要积极承担社会责任。为了保障广大少年儿童的网络安全，更好构建有利于少年儿童成长的清朗网络空间，参加儿童互联网大会的科技公司和相关单位共同发起公约，并倡议全行业联合行动。

五、成效与展望

儿童参与式网络素养教育工作实施以来，得到了党政部门的高度重视和好评，也受到了教师家长和学生的欢迎，在实践中取得了较为满意的成效。

（一）纳入党政工作，开展大范围的教育行动，儿童参与网络生态治理成为工作亮点

以儿童参与式网络素养教育理念为主旨的《网络素养》地方课程教材，得到广东省委网信办、省教育厅等党政部门的高度认可和大力扶持。在2019年3月19日，由中共广东省委网络安全和信息化委员会办公室、广东省教育厅、广东省总工会、共青团广东省委员会、广东省妇女联合会等单位联合印发的《2019年争做中国好网民工程工作方案》中，专门将"开展少年儿童网络素养教育进校园、进家庭活动，推进网络素养教材修订、数字化应用和教师全员轮训及家庭教育工作，把网络素养教育纳入中小学课程体系和教师信息能力提升工程培训体系，切实提升师生和家长的网络素养水平"纳入其中，明确了网络素养教育作为公共教育课程在广东省范围内大力推广普及的实施路径和方法。

广东省教育厅在网安校园"百千万"三年行动计划（2019—2022）中专门提出：通过相关培训和主题活动，以省网络素养地方课程教材为基础，推动校本、园本课程和主题教育活动的普及和深化，提升学校、家庭的网络安全教育指导能力，做到网络素养教育进课堂、有教材、定课时、会教研。

儿童参与式网络素养教育也开始成为未成年人网络生态治理工作的重要内容。在连续召开的儿童互联网大会上，一大批经过选拔培训的小调研员、小代表们发布他们的调研报告，提出倡议，并与现场来自政府部门、企业和学校代表们交流讨论。他们的建议被政府、企业采纳，优秀代表作为互联网小使者，还参加在世界各地举办的联合国网络管制论坛，代表中国儿童发声。

（二）开展师资培训，让广大学校幼儿园教师掌握方法，儿童参与理念扎根一线课堂

2017年以来，为全面推动全国首套进入地方课程的教材的使用，教材团队和广州市教师远程培训中心开始联合制作面向中小学教师的在线教育课程，率先在国内开展中小学教师的网络素养线上培训，为一线教师在中小学深入开展网络素养教育课程提供详细示范和指引。目前，该课程已在广东、江西、河南、广西、山东等省的中小学教师信息技术应用能力提升工程、"国培计划"——示范性网络研修与校本研修整合项目，以及当地中小学教师全员培训中使用，并结合了中小学教师的继续教育学分，课程好评率达97.4%。2019年以来，已经有2万多名教师参加了该培训。

为了推动地方课程重点基地学校的教师开展教研活动，自2019年至今，团队和广州教师远程培训中心面向广州市重点学校和幼儿园的骨干教师专门开展了广州市中小学幼儿园教师专题教育工作坊。研修采用线上学习和线下研讨相结合的方式，突出了参与式教学方式的运用，以研修的基地学校带动本区域学校，为在广大一线教师中普及儿童参与式媒介素养教育的理念和方法，起到了很好的科研引领和示范推动作用。

配合地方课程推广，广东省有关教育主管部门和教研单位还积极推动各种形式的公开课、示范课及教师研修工作。2019年3月25日是第24个全国中小学生安全教育日，广东省教育厅举办中小学校园（幼儿园）网络安全教育示范观摩课，当天全省21万个班级的老师和学生同时在线收看了安全日主题教育活动的示范课。根据广东省教育厅2020年发布《网安校园"三年行动计划"》，以网络研修和教师工作坊为主要形式，线上学习和线下集中培训相结合，面向全省21个地市，分三批培训3000名安全教育管理者和30000名骨干教师。通过培训，推动校本、园本课程和主题教育活动的普及和深化，提升学校、家庭的网络安全教育指导能力，探索形成校园网络安全和网络素养教育的长效机制。目前活动已覆盖了全省2万余所中小学、幼儿园，有超过1000万人次的学生参与了活动。

（三）实施教育活动，培养了一大批小讲师、小代表，育人成效受到学校家长欢迎

从2015年开始，由广东省委网信办、省教育厅、省妇联、省总工会等联合开展的青少年网络素养教育"双进"（进校园进家庭）活动中，一直都结合网络素养地方课程，把争当网络文明小卫士、小讲师和儿童互联网大会小代表等活动，作为主要活动形式来开展。

乡村留守儿童缺乏关爱和引导，更易沉迷网络，并受到不良信息等侵害，是容易被忽视的群体和网络素养教育工作的难点。近年来"e成长计划"以"城乡儿童手拉手，约定齐做好网民"为主题，招募培训儿童小讲师组成支教小组，到乡村学校传播分享网络安全和素养知识。跟随前往的专业志愿导师还会为乡村小学的教师和家长举办讲座和培训。目前e成长计划

已经在200多间小学建立了学校小讲师分队，对口各自的手拉手学校开展支教活动，并且开始陆续在支教的乡村小学培养"乡村小讲师"。这些乡村学校的网络素养小讲师，利用学校的第二课堂、安全教育课、少先队活动课、国旗下的讲话等，在学校为本校的学生进行网络安全知识的宣讲，让网络素养知识扎根在乡村学校。目前已到广东清远、湛江、恩平，以及贵州、四川、广西等多地进行了上百场支教活动，通过这些活动，受益乡村儿童超过10万人次，也培养了上千名小讲师。小讲师践行公益传播知识，自身能力也不断提升，育人效果受到学校和家长的广泛好评。

诺贝尔文学奖获得者、印度大诗人泰戈尔曾说：不要用自己的学识限制孩子，因为他出生在与你不同的时代。这句话对现在科技日新月异的时代显得尤为重要。

尊重儿童的主体地位，不断引导儿童参与教育实践，参与社会生活，教育工作者要时刻保持自己对时代前沿教育和科技的求知欲，切不可故步自封，永远保留初学心态。我们要与孩子一起与时俱进，共同学习，一起成长。

参考文献：

[1] 张海波. 苹果世代："00后"儿童的媒介化生存及其媒介素养教育研究［M］. 广州：南方日报出版社，2013.

[2] 张海波. 媒介素养（小学生读本）［M］. 广州：南方日报出版社，2013.

[3] 张海波. 媒介素养：亲子读本（家庭用书）［M］. 广州：南方日报出版社，2013.

[4] 张海波. 媒介素养（教师读本）［M］. 广州：南方日报出版社，2013.

[5] 张海波. 媒介安全教育（小学生读本）［M］. 广州：南方日报出版社，2013.

[6] 张海波. 媒介素养（小学生读本）［M］. 广州：南方日报出版社，2016.

[7] 张海波. 家庭媒介素养教育［M］. 广州：南方日报出版社，2016.

[8] 张海波. 小学生网络安全教育［M］. 广州：南方日报出版社，2016.

[9] 张海波. 学校中的媒介素养教育［M］. 广州：广东省教育出版社，2016.

[10] 张海波，何薇. 图说媒介故事系列丛书13本［M］. 广州：广东省教育出版社，2016.

[11] 张海波. 中国城市儿童网络安全研究报告：互联网+时代儿童在线风险及对策［M］. 广州：南方日报出版社，2016.

[12] 儿童网络安全教育盒子［M］. 广州：广东省音像教材出版社，2019.

[13] 张海波. 广东省中小学生网络安全及媒介素养教育研究和探索实践 [J]. 中国信息安全, 2019 (10).

[14] 张海波. 网络素养（中学读本）[M]. 广州：南方日报出版社, 2020.

[15] 张海波. 网络素养（小学生高年级）[M]. 广州：南方日报出版社, 2020.

[16] 张海波. 多措并举重素养 培养"中国小网民"——广东省校园网络安全教育实践分享 [J]. 中国信息安全, 2020 (9).

[17] 张海波. 推动网络素养进入我国基础教育课程体系——以广州市少年宫网络素养教育团队实践探索为例 [J]. 中国校外教育, 2021 (1).

[18] 广东省教育厅.《省网络安全示范校联盟成立！广东这样增强学生网络安全素养》[EB/OL].（2021 - 11 - 30）. http：//edu. gd. gov. cn/gkmlpt/content/3/3683/post_ 3683682. html.

作者系《网络素养》教材主编，广州市未成年人网络生态治理基地主任，中国青少年宫协会媒介与教育工委会常务副主任。

中小学生家庭媒介信息素养（MIL）教育现状研究
——基于内地与香港的比较

叶　霓　袁先鸣　苏媛媛

摘要：本研究从三个维度出发，对近几年内地与香港有关中小学生家庭媒介信息素养教育实践案例进行对比，尝试为内地提供更优策略的经验参考。对比发现：在政府层面，香港政府大多与其他社会机构合作；内地则是政府出台政策，地方进行落实。在社会层面，两地活动类型差异不大，但香港地区更关注青少年对互联网的使用与家长在疫情下提升事实核查的能力。在高校层面，两者活动类型、实施主体类似，但内地实验室规模小于香港地区，实践目标更偏理论。在媒体层面，两者均通过小记者项目培育儿童媒介信息素养，但内地还会通过沙龙的形式探讨家庭媒介素养教育的现状，香港地区媒体则主要以专家讲坛、文章分享等形式开展。

关键词：中小学生家庭；媒介信息素养；内地；香港地区

一、引言

随着互联网的不断普及，数字媒介在日常中的持续显化，人们的认知方式与行为习惯都受到了不同程度的影响。2021年7月，《2020年全国未成年人互联网使用情况研究报告》显示我国中小学网民普及率分别为92.1%、98.1%。疫情时期，在"停课不停学"的学习新景观下，50.1%的家长认为家庭是监督引导未成年人上网的最重要因素。与去年年底相比，未成年网民及48岁以上中高龄网民群体占比均有所增长，互联网进一步向这两个年龄群体渗透。对媒介信息素养教育的命题已在包括中国在内的多个社会情境下展开了理论与实证研究，本文旨在通过对比内地与香港的实践案例，试图为内地探索更优的本土化家庭媒介信息素养教育发展策略。

二、媒介信息素养教育及其相关概念界定

（一）媒介信息素养（MIL）

"媒介素养"（Media Literacy）这一概念起源于20世纪30年代，由英国学者李维斯及其学生提出，力求"使学生免受媒介所传播的不良文化、道德观念或意识形态的负面影响"。"信息素养"（Information Literacy）一词由美国信息产业协会主席泽考斯基（Paul Zurkowski）于1974年提出，他认为信息素养是利用信息工具和主要信息源解决问题的技能。目前，"媒介素养"主要指受众获取、分析、评估和传播各种媒介信息的能力，以及利用该信息实现自我发展与社会进步的能力。"信息素养"则是一种合理合法利用各种信息工具，确定、获取、分析、应用、传递、创造及使用信息来解决实际问题的综合能力。

基于当前信息传播移动化与互动化的发展背景，联合国教科文组织（UNESCO）自2008年起，提倡将"媒介素养"与"信息素养"合二为一。后于2013年发布《全球媒体与信息素养评估框架》（Global Media and Information Literacy Assessment Framework），将"媒介信息素养"（Media and Information Literacy，MIL）界定为一种公民运用多种工具，以批判、道德和有效的方式获取、检索、理解、评估、使用、创造和分享各种形式的信息和媒体内容，并融入个人、职业和社会行动的综合能力。本文拟采用联合国教科文组织对媒介信息素养的定义。

（二）媒介信息素养教育

由于媒介信息素养包含人类可持续发展的多项核心素质，联合国教科文组织数次在《媒介与信息素养课程计划（教师用）》等多个文件中强调，个体的终身学习应囊括媒介信息素养教育。媒介信息素养教育是以媒介信息来源及传播机构为实施主体，以全体公民为教育对象，以理解、获取、传播、评价、整合、创建媒介和信息能力为教育内容，来提升公民媒介信息素养的一系列教育实践活动的总和。本文主要探讨的是家庭中的媒介信息素养教育问题，因此，媒介信息素养教育的主要对象为核心家庭中的成员，即一对夫妇及其未婚子女组成的家庭。

三、家庭媒介信息素养教育现状分析

2021 年，联合国教科文组织（UNESCO）在全球媒体和信息素养周上展示了其针对中国孩子、家长和老师制作的、以媒介信息素养为主题的图画书和动画视频，表明其对提升家庭媒介信息素养教育的重视。早在 2012 年，香港浸会大学教授李月莲最先在其论文《Promoting Media and Information Literacy in Hong Kong：A Network Model Strategy》（促进香港的媒介信息素养：一个网络模型策略）中论述中文语境下的媒介素养教育。随后，香港的学校、青年组织、社会团体、宗教组织和媒体公司等都逐渐成为媒介信息素养教育网的节点。同年，通过香港学者的概念引进，内地也开始以高校为主体逐渐展开对媒介信息素养教育的研究，后将主体扩展至教育部、少年宫、家长学校、中小学、报纸杂志等。随着《中华人民共和国家庭教育促进法》的施行、疫情带来的居家办公与线上学习，家庭教育愈来愈受到人们的关注。要帮助培养媒介信息素养与智能健康的下一代，家长团体是媒介信息素养教育的主要利益相关者与参与者之一。因此，本文近几年实践案例为分析对象，以政策提出者——政府机构、推广配合者——社会机构、培育推进者——高校、信息传播者——媒体机构四个对比维度，来分析两地家庭媒介信息素养教育现状。

（一）政府机构的实践案例

1. 内地

在媒介素养发展前期，中国政府采取不反对也不支持的态度，因而当时主要靠热心人士将媒介素养教育传入学校和儿童中心。后来随着媒介技术的发展，政府开始积极支持媒介素养教育。内地首个由政府牵头的媒介素养教育实践活动启动于 2006 年，中共上海市闸北区宣传部和复旦大学联合举办为期两年的实践活动，该活动包含培训、实践和调研三大板块，其中培训对象包括青少年、家长和教师群体。随着数字时代蓬勃发展，我国政府也同时开展信息素养，教育部印发《教育信息化十年发展规划（2011—2020 年）》《教育信息化 2.0 行动计划》等文件，强调通过制定学生信息素养评价指标体系来实施针对性培养。不过内地并未将二者融合培养，大部分时候这两种素养仍是"各自为营"。

（1）家校联动

教育部一方面通过创办中国家庭教育网、全国网上家长学校、联合中华全国妇女联合会儿童工作部开通"好妈好爸好孩子"微信公众号等多个平台，将家庭作为儿童媒介素养教育的起点和重要场所，引导家长掌握正确的媒介信息素养与科学的教育理念，构建家校协同育人的格局；另一方面，通过推动各地落实《综合防控儿童青少年近视实施方案》要求，印发预防青少年沉迷网络的《致全国中小学生家长的一封信》，制作《家庭教育指导手册》，提醒并指导广大家长陪伴孩子时应履行监护职责。

（2）课程融合

2022 年，共青团中央维护青少年权益部发布 18 集短视频《团团微课：青少年网络素养公开课》。课程着眼于网络技能素养、网络安全素养、网络规范素养和网络学习素养 4 个方面，聚焦青少年在互联网使用过程中遇到的主要问题，为其健康上网提供指引。同年，联合国教科文组织驻华代表处与瓜瓜龙英语签署了合作协议，双方将展开深度合作，增强中国儿童、家长以及教师的媒介信息素养。

2019 年，广东省网信办、广东省教育厅等单位联合印发《2019 年争做中国好网民工程工作方案》，指出要通过继续开展少年儿童网络素养教育进校园、进家庭活动的形式，切实提升师生和家长的网络素养水平。此前，广东省少年宫探索媒介素养融入式发展的模式，主编《媒介素养》（小学生用书）教材被列入广东省地方课程教材目录，成为国内首套进入省级地方课程体系的媒介素养教材。成都市金牛区教育局也研发了"促进中小学生媒介信息素养发展融合课程"，以自创的"多多媒素"（来源于"多霉素片"）的课程形态推进中小学生媒介信息素养教育。

2. 香港

香港的传媒舆论环境错综复杂，社交媒体凭借其低门槛和公开性等特点，形成去中心化的舆论场，青少年在多方角力的传媒舆论环境中成长，香港政府在如何正确引导培养青少年群体明辨是非的媒介素养能力上起着重要作用。香港特区政府在1998年就建立优质教育基金，邀请媒介素养教育专家对相关教师实施培训，并定期举行媒介素养教育研讨会。在开展媒介素养教育的同时，教育局也推出了一系列信息技术教育策略，帮助学生识别对信息的需求；定位、评估、提取、组织和呈现信息；以合乎道德的方式使用信息。教育局在针对香港学生的信息素养文件指出，"在持续的课程更新后，教育局进一步加强了信息素养（IL）的作用，这对终身学习和自主学习至关重要。"除了组织教师专业发展项目和焦点小组，教育局也为家长举办相关会议，支持促进 MIL 的教育部门，将媒介信息素养元素纳入更新的框架中。

（1）线下开设通识课程

香港教育局于2009年实施新高中学制，加入"通识教育"为必修科，而每名学生要在三年内，主要是中五及中六（中五、中六等同于内地的高二、高三），完成一份"独立专题研究"报告，其中一个选项是传媒，这也是传媒教育进入学校正规课程的重要一步。随后，香港教育局在各校开设关于媒介与信息素养的通识课程，并自行编制课程出版教科书。如上水官立学校（Sheung Shui Government Secondary School）和嘉诺撒圣方济各书院（St. Francis′Canossian College）以及世界龙冈学校刘皇发中学（Lung Kong World Federation School Limited Lau Wong Fat Secondary School）等资助学校均开设了资讯及通讯科技课程。

（2）在线课程

香港教育局开展了相关支持家长进行电子学习的课程，加强对新常态下家长对电子学习的关注，满足他们需要的技能以及为家长提供支持的知识。课程主要在以下几个方面进行：新常态下的混合式学习模式概述；帮助父母了解支持孩子进行电子学习的作用；就适当使用移动计算设备以及与电子安全、版权、移动计算设备的健康使用、身心健康问题、网络成瘾和网络欺凌有关的问题提供建议；根据孩子的年龄阶段为父母提供的理论、建议和良好做法；支持社区组织提供的有关健康和合乎道德地使用电子学习的服务和资源等。在疫情尚未结束时，香港教育局还开设课程培养学生积极健康地使用资讯和资讯科技的态度，有效运用电子学习模式在家学习。针对家长，举办网络研讨会如"携手童行e世界"讲座，内容涉及健康均衡的网络生活，保护子女隐私，电子学习与网络文化、明辨真假信息及安全上网等。

综上，从政府机构的类型出发，内地政府机构的类型更多元化，包含教育部、共青团中央及少年宫，大部分时候是通过政府出台政策，地方落实政策的形式开展教育；而香港则集中于政府与教育部主导。从关注对象上看，两地政府机构对家庭中父母和孩子的关注度都较高，且都有在疫情下通过线上讲座进行家庭媒介信息素养教育的意识。值得关注的是，内地在对象上还很关注官员干部媒介素养的培养。从活动类型来看，内地双管齐下，不仅利用新媒体平台传播正确的网络素养视频、媒介信息素养知识，还通过向地方落实方案、通知的形式，开展媒介素养教育，甚至产出了媒介素养教材与课程体系。而香港则以线下加入高中必修课、线上提供课程与讲座相结合的方式传输电子设备的健康使用、网络信息辨明等媒介信息素养知识。从实践目标来看，内地部分省份有较为系统的课程体系、部分省份成功孵化教材，但并未辐射到其他地区，也未形成全国的通识体系；香港政府在多个学校开设媒介信息素养的通识课程，而教材则由各校自行编制。针对这一点，内地应继续耕耘寻找适合大部分学校运行的媒介信息素养通识课程体系。

（二）社会机构的实践案例

1. 内地

内地机构基本集中于群众性工作组织与文化活动机构，如1990年成立的中国关心下一代工作委员会等，大多以关心、教育、培养家庭中的青少年健康成长为目的，媒介信息素养属于其部分工作内容。成立于21世纪的浙江省媒介素养教育研究会、中国广播电视社会组织联合会媒介素养学术研究基地等非营利性组织更注重学术性，故不在此赘述。

（1）关心下一代工作委员会

自2020年6月以来，中国关心下一代工作委员会与中国教育电视台共同主办九期《家校共育，立德树人——家庭教育公开课》。专家在第三期公开课《媒介素养与儿童手机使用习惯》中为家长提供了许多有用的建议，如引导家长在陪伴孩子时与其一起讨论、辨别、分析网络信息，在培养孩子独立思考的同时，也逐渐建立其理智对待网络复杂现象的能力，从小建立起良好的媒介素养。

(2) 妇女联合会

中华全国妇女联合会一直倡导加强家庭媒介素养教育。江苏盐城射阳县妇联聚焦"家庭新媒介素养教育",通过在新媒体上发布积极教育作品的形式,发挥对青少年的"保护""赋能"的双重教育功能。广西壮族自治区妇联联合教育厅举办家庭教育骨干师资培训班,培训上通过讲授《家庭媒介素养与亲子共读》等专题课程来推进家庭媒介素养教育。

(3) 中国儿童中心家长学校

2021年1月,中国儿童中心家长学校以《孩子如何健康合理"玩"手机?》为公益讲座专题,为家长讲解如何在家庭生活中开展媒介素养教育,并分享国内外家庭媒介素养教育的案例。

2. 香港

至于社会层面,香港多间青年机构都积极开展传媒教育工作。拥有强烈社会责任感的学者以及社会人士,他们在推动媒介素养教育发展的同时还建立研究和实践组织,如2000年建立的香港传媒教育协会等。它们主要致力于推广媒介素养教育工作,并请来一些国际上的媒介素养教育专家讲解媒介素养教育推行时的经验,帮助更多的家庭和学校进行媒介信息素养教育。香港媒介素养教育协会(HKAME)也在21世纪初成立。该协会通过与媒体倡导者们相互合作、相互学习,其目标是提高年轻人的媒介素养,并教育他们成为具有"批判自主性"的负责任的公民。

(1) 香港青年协会

香港青年协会于2002年初已开始研究及分析青少年上网趋势,2016年推行"Benet Wise"新媒体素养教育计划、2018年推行"Project NET 新媒体素养提升计划",鼓励学生、老师及家长共创美好的新媒体生活。该协会持续关注青少年使用新媒体的习惯、操守及态度,并专门为家长开设了专栏,设有"家长锦囊"和"家长教育手册"版块,同时开设家长讲座。在2022年香港第五波疫情的影响下,青协为提升疫情下家庭成员核查事实的能力,家长教育子女分辨虚假资讯以及网上亲子沟通等技巧,邀请相关专家举办分享会。在未来,香港青年协会计划于2021—2023年推行为期三年的"Project MAIL 媒体及人工智能素养拓展计划"(M代表媒体 Media,AI代表人工智能 Artificial Intelligence,L代表素养 Literacy),以期支援全港约55所中学提升初中学生的数码能力。

(2) 香港家福会

香港家福会针对家庭开设了健康上网支援热线以及 WhatsApp 的咨询服务，任何网上问题及困难均可咨询。该会还针对家长开设"家长锦囊"模块，一方面帮助家庭利用网上学习资源，弄清孩子沉迷上网的缘由，增强家庭辨认真假信息的能力，另一方面为家庭提供健康咨询和个案分享等。并举办一系列活动来促进家庭中传媒信息素养的教育的进行，如"信息素养吉祥物设计比赛"，APP 世代健康上网亲子分享会、健康网络游戏摊位等活动。

(3) 突破机构（Breakthrough）

2001 年到 2002 年，突破机构进行了一项大型的传媒素养教育计划——"传媒及资讯素养教育计划"。该计划获资历基金拨款 600 万元。通过一系列媒体素养教育方案和资源，包括讲习班、教材包、书籍、学生媒体教育营和培训师项目，在学生、教师和家长中促进媒体素养教育。随后，突破机构出版了多套"传媒教育教材套"，协助中小学教师及社工进行传媒教育。

(4) 宗教组织

在国外，宗教团体是推广传媒教育的重要力量，香港也与之类似。2003 年，香港基督教服务处出版了《把传媒带入课堂——传媒教育教案及经验分享》一书。香港的明光社通过前往各大学校介绍传媒教育重要性、举办监察传媒学习班，设立传媒教育资源中心以及制作有关网页，在官方网站及 Facebook 等平台通过视频或图文结合的方式分享有关传媒素养的内容等方式支持香港的媒介信息素养教育。

对比发现，从社会机构的类型来看，内地社会机构更多的是群众性工作组织或者文化活动机构；香港社会层面的主体则更加多元化，包括非政府组织（NGO）和社会企业（Social Enterprise），基本以非营利的形式面向社会开展媒介素养教育活动。此外，相比于内地，香港的宗教色彩相对浓厚，因而部分基督教也会参与传媒教育。从关注对象上看，内地的社会机构更针对家庭中的儿童，而香港的社会机构有专门针对家庭间的媒介素养的实践活动，主要涉及儿童、青少年及其家长，但总体来说更关注青少年使用新媒体的习惯、操守及态度。从活动类型来看，内地有家庭媒介素养教育坊、亲子活动等。香港的社会机构一方面向公众开设家长专栏、亲子分享会等活动；另一方面，香港的社会机构还与中小学合作，在学生、教师和家长中促进媒体素养教育。总的来说，内地和香港都做到"学中做"与"做中学"。但相对来说，香港的形式会更为丰富。从机构的实践目标上来看，内地社会机构

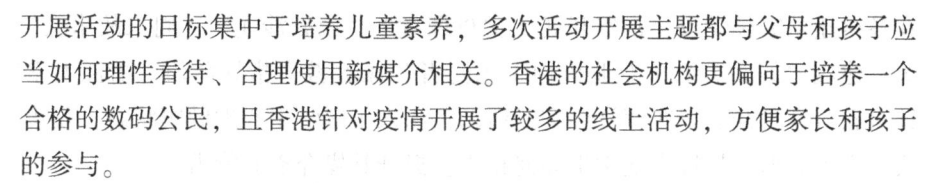

开展活动的目标集中于培养儿童素养，多次活动开展主题都与父母和孩子应当如何理性看待、合理使用新媒介相关。香港的社会机构更偏向于培养一个合格的数码公民，且香港针对疫情开展了较多的线上活动，方便家长和孩子的参与。

（三）高校机构的实践案例

1. 内地

中国的第一波媒介素养教育在本质上是"大学驱动"的，许多大学创建了关于媒介素养的普通教育课程。大学还举行了一些会议，如复旦大学的传媒教育论坛和浙江传媒学院的西湖媒介素养峰会。浙江传媒学院作为内地研究媒介素养的代表性高校，于2007年成立中国广播电视协会媒介素养浙江传媒学院研究培训基地、浙江传媒学院媒介素养研究所。

（1）亲子活动

2021年4月29日，浙江省媒介素养科普基地在浙江传媒学院（下沙校区）举办开放日活动。活动面向家长和孩子，内容包括"面对摄像机做一次主播""数字游戏制作展现""动画片设计创作""电商网络直播如何生产""编程机器人在生活中的应用"等。

（2）学术论坛

浙江传媒学院自2007年召开首届西湖媒介素养高峰论坛以来，至2020年已举办八届。此次论坛发布了《面向未来的孩子——儿童数字权益与数字素养》报告，内容涉及家庭媒介素养相关话题，介绍了儿童数字权益和数字素养的探索。2020年，该校还召开了"中国媒介素养教育二十年"座谈会，其中，卜卫教授就儿童媒介素养教育问题，提出了"新家庭教育文化节"的概念，主张要关注留守、流动儿童的教育内容及方法。

北京师范大学针对青少年媒介素养教育，举办了"赋权与赋能：新媒体时代青少年媒介素养反思"论坛，并发布《新媒体时代家庭媒介素养认知现状调查报告》。报告关注家长和孩子使用新媒体的动机，提出在家庭场域提升新媒体素养的有效途径。

（3）社会实践

中华女子学院文化传播学院与铜梁区妇联联手打造了首家"家庭媒介素养教育基地"，开启妇联与高校合作共建家教基地的新模式；联合中华女子学院文化传播学院打造"家庭媒介素养教育基地"，重点加强农村留守儿童、隔代教育等问题的研究和指导，提升对农村家庭的家教指导服务水平；

在各村建立家长学校，常年开展"父母课堂""家教沙龙""周末故事会"等，建成"妇联组织+专业机构+志愿者"家庭教育指导队伍。浙江大学针对农村家庭开展了寒假社会实践活动，深入了解学生心理健康状态，收集典型样本数据，教授当地学生如何相机，提升其媒介素养能力。

（4）媒介信息素养相关的MOOC在线课程

北京理工大学、中山大学、武汉大学分别开展《大学生媒介素养提升课程》《新媒体素养课程》《信息素养与实践课程》，旨在帮助大学生提升媒介信息素养。此外，中山大学还针对及各行各业、各年龄段有意提升信息素养的社会人士开设《信息素养通识教程：数字化生存的必修课》课程，帮助所有人群快速学会各类信息获取技能，有效提升信息素养。

2. 香港

香港高校参与家庭媒介信息素养教育的方式一方面是与政府机构或社会机构等联合展开的，主要为协助香港的中小学传媒教育的课程设置或改革以及为社会机构助力媒介信息素养教育提供专业意见等。在此基础上，部分高校会免费提供关于新闻素养教育的在线课程，与此同时，香港大学、香港中文大学以及香港浸会大学等均开设事实核查实验室，帮助父母和孩子以及更多社会公众辨别网络信息。

（1）协助学校开展课程

鉴于公众教育对新闻批判性思维的需求，香港大学新闻及传媒研究中心通过edX和Coursera分发的大规模开放在线课程（MOOC）率先开展了在线新闻素养教育。截至2017年1月的统计数据，香港大学新闻及传媒研究中心的两门MOOC课程为来自145个国家的4500名学生提供了教育。

（2）开设事实核查机构

香港大学新闻与媒体研究中心（HKU Journalism）与非营利组织ANNIE（亚洲新闻与信息教育者网络）合作，共同建立了每日事实核查新闻编辑室专注于亚洲的新闻素养教育。Annie Lab提供了一个模拟工作新闻编辑室的实验室环境。它是专业新闻机构和学生培训计划的混合体，基于ANNIE开发的教学模式，由香港大学新闻学院的教员监督，他们都是曾在亚洲多个国家工作过的前记者。

香港中文大学知识转移基金支持火星媒体（Mars Media Academy）是一家致力推广媒介与信息素养的社会企业。它的前身是香港中文大学新闻与传播学院自2012年起每年暑假举办的传媒教育计划"Mars Media 火星媒体夏令营",为对新闻传播与媒体有兴趣的学生提供互动工作坊学术讲座以及多媒体制作训练班。火星媒体以香港为出发点,通过教育课程、活动及产品,与海外教育机构的交流,以专业的传媒经验应对未来急剧变化的资讯科技和传媒环境。开设的课程如醒目读新闻,在讲求速度和Like数的"后真相"年代,如何洞悉资讯陷阱,追寻真相,避免成为谣言的帮凶。

香港浸会大学大事实查核由香港浸会大学传理与影视学院运营,在虚假新闻正以前所未有的体量和速度传播,并对社会造成危害之际,应对香港的虚假新闻和错误讯息问题、提高公众的媒体素养,浸大事实查核为大众提供独立运作、流程透明、财政健全的事实查核服务,从而增强香港的专业事实查核的力度。此外,为应对日益严重的错误讯息传播问题,也将举办事实核查工作坊,并发表相关的研究成果。

综上,从关注对象上对比分析发现,内地多所高校均针对中小学生的家庭媒介素养研究开展了相关社会实践活动。香港高校的针对主体比较泛化,课程面向在校大学生和社会群体,专门针对家庭媒介信息素养的实践活动较少。另外,内地更关注于贫困区青少年的家庭媒介素养教育,而香港则开设MOOC课程,为全球学生提供家庭媒介素养。从活动类型来看,两者的活动类型种类都很丰富,有相似的模拟实验室,尽管内地的实验室规模小于香港的。两者不同点在于:香港的家庭媒介素养教育基地的建立与中小学合作实践的项目活动要少于内地,而内地的论坛举办更多。因此,在活动类型上,二者可以互相借鉴,取长补短。从活动目标上来看,香港高校的开展目标主要集中于提高媒介信息核查能力,涉及提升家庭媒介素养教育的活动较少。内地高校则更针对家庭媒介信息素养教育,例如让学生与家长了解媒介应用,学习媒介素养的含义;疫情期间教育家长如何判断海量信息的真伪,帮助孩子建立生命坐标和公民意识成为新的挑战。

(四)媒体机构的实践案例

1. 内地

在内地,大多传媒集团或新闻网站会通过开设项目的形式培养青少年的媒介信息素养。此外,也有部分家教类的学术期刊推动社会对家庭媒介素养教育的关注与思考。

(1)杂志

《中华家教》是一本家庭教育学术期刊,致力于推进家庭教育科学发展与学术建设。该刊不仅与高校共同举办"家庭教育沙龙",如第三期沙龙充分探讨数字媒介时代儿童发展的新特征及家庭教育的新问题，还刊发《家庭新媒介素养教育的热话题与冷思考》《新媒体时代下的家庭媒介素养教育》等相应文章传播家庭媒介素养教育的新思考。另外，内地还有一本面向家庭与孩子的媒介素养刊——《中国少年儿童（小记者采访与写作）》，致力于在无形中提高孩子的媒介素养。

（2）传媒集团及新闻网站

浙江广播电视集团报刊出版总社围绕"媒介素养"和"责任教育"两大关键词，创设蓝媒小记者项目，以《蓝媒教育》等栏目、蓝媒教育微信公众号以及中国蓝新闻客户端、人民日报客户端"浙江广电蓝媒教育"为平台，培养青少年的媒介素养基础能力。北京教育新闻网站《教育头条》也打造了专业的校园小记者媒介素养课程，通过培训、社会实践等形式来提高学生的核心素养。

2. 香港媒体机构的实践案例

香港的媒体也参与传媒教育的行列，早期新闻教育基金及记者协会会举办认识媒体及记者行业的传媒教育活动，报纸、电台、杂志等也会根据各自不同的特色进行新闻教育。

（1）杂志

黄巴士是一本香港本土的一份儿童杂志。它也致力于帮助父母在家庭中进行媒介信息素养教育。通过邀请专家学者撰文分享的方式，帮助父母在数码年代更好地培养孩子的媒介信息素养。

（2）香港电台

香港电台网站"传媒透视""传播研究""传播科技"等专门开设"传媒教育"板块，在这部分内容中，香港电台邀请相关领域专家向社会公众普及传媒知识教育，如邀请香港浸会大学李月莲教授撰写"临界时刻"的媒介信息素养，向公众普及国外的媒介信息素养教育，并提出批判思维；邀请许汉荣和李立峰等人传授在信息碎片化时代如何辨别信息真假等。

（3）报业

香港的报业也会通过多种形式参与传媒教育，《明报》的"明校网"是明报专门为家长而设的学校资讯网，除了分析基础升学知识外，在明校网上也会有很多传媒教育相关的文章，帮助家长和孩子掌握媒介信息素养。明报专讯也有关于修炼媒介信息素养，加强传媒教育的相关文章。除此之外，《明报》一直有"明报校园记者"计划，近年来邀请社会企业如"火星媒体

Mars Media"，免费为高小及初中学生设计"小记者传媒教育工作坊"，培养学生辨别信息、独立思考的能力。

通过对以上几家内地与香港的媒体机构开展的有关家庭媒介信息素养的实践案例进行多维度的对比后发现，从关注对象上来看，内地媒体更关注青少年，针对家庭的媒介信息素养教育较少；香港媒体的主要受众为家庭，包括家长与孩子。从活动类型上对比，两地媒体都会通过创办小记者项目来培养学生辨别信息、新闻采访的能力。不同的是，内地会通过沙龙的形式探讨家庭媒介素养教育的现状，香港媒体则主要以专家讲坛、文章分享等形式开展。从活动目标的角度分析，内地的开展目标较片面化，主要集中于主要培养青少年的媒介素养基础能力，诸如新闻采写能力；香港媒体则更针对家庭中亲子双方的媒介信息素养，如批判思维、核真意识等。

四、结论

本文通过搜集内地与香港地区针对家庭媒介信息素养开展的实践活动案例，以内容分析法和对比分析法对两地政府机构、社会机构、高校机构、媒体机构所开展的实践案例进行分析，分别从机构类型、活动关注对象、活动类型、活动目标等多元维度展开对比分析。研究表明，近几年内地与香港对家庭媒介信息素养的重视程度趋势都处于上升阶段，但在具体活动实践中，二者各有异同。

在机构类型上，内地政府机构的类型更多元化，香港社会机构的类型更为丰富，如香港部分基督教也会参与媒介信息素养教育。在关注对象上，除媒体机构外，内地所关注群体年龄层集中于儿童，大部分活动都是以儿童为中心开展的提升家庭媒介信息素养活动。香港整体关注的群体年龄层集中于家庭，主要涉及儿童、青少年及其家长，针对儿童的活动比例较小。

在活动类型上，二者均有丰富的活动形式。内地的政府机构大多以政府出台政策、地方落实政策的形式在中小学开展实践活动；香港开展活动以教育局为主，与其他社会企业或非政府组织合作为辅。香港的社会机构与内地社会机构所展开的活动类型较为相似，主要有开设家长专栏杂志、创办亲子分享会、设计游戏比赛等。香港的高校机构与内地在活动类型上有较大差异，香港高校开设有在线课程、模拟新闻编辑实验室等适合与更高年龄层的群体接受媒介素养教育，并且模拟实验室相较于内地规模更大，但与提升家庭媒介信息素养的结合度并不高。而内地的活动类型则更适合与年龄层更小的群体，并且对家长与孩子提升家庭媒介信息素养更有针对性，如有亲子游戏类、模拟直播、虚拟演播室、建立基地等。两地的媒体机构都会通过创办小记者项目来培养中小学生及儿童辨别信息、新闻采访的能力。不同的是，内地会通过沙龙的形式探讨家庭媒介素养教育的现状，香港媒体则主要以专家讲坛、文章分享等形式开展。

在活动目标上，香港具有较为统一的目标，就是主要集中于培养家长对媒介信息的核查，希望能够提升家长和孩子辨别信息、追寻真相的能力。内地则针对提升家庭媒介信息素养教育的活动，主要解决在数字时代家庭教育的困惑和社会问题，为维持稳定和谐的家庭关系出谋划策。

参考文献：

[1] 中国互联网络信息中心. 2020 年全国未成年人互联网使用情况研究报告 [EB/OL]. (2021 – 07 – 20). http://www.cnnic.net.cn/hlwfzyj/hlwxzbg/qsnbg/202107/t20210720_71505.htm.

[2] 中国互联网络信息中心 CNNIC 发布第 49 次《中国互联网络发展状况统计报告 [EB/OL]. (2022 – 02 – 25). https://www.cnnic.cn/gywm/xwzx/rdxw/20172017_7086/202202/t20220225_71724.htm.

[3] 大卫·帕金翰，宋小卫. 英国的媒介素养教育：超越保护主义 [J]. 新闻与传播研究，2000 (2).

[4] 肖新祥. 信息素养的理论缘起、内涵及构成要素略论——兼论信息素养教育国际经验 [J]. 电化教育研究，2021，42 (8).

[5] 吴淑娟. 信息素养和媒介素养教育的融合途径——联合国"媒介信息素养"的启示 [J]. 图书情报工作，2016，60 (3).

[6] 钟志贤. 面向终身学习：信息素养的内涵、演进与标准 [J]. 中国远程教育，2013 (8).

[7] 李兴旺. 高职院校媒介与信息素养教育体系构建研究 [D]. 昆明：云南大学，2018.

[8] 程萌萌，夏文菁，王嘉舟，等.《全球媒体和信息素养评估框架》（UNESCO）解读及其启示 [J]. 远程教育杂志，2015，33 (1).

[9] 张淼. 国内媒介与信息素养研究述评 [J]. 新世纪图书馆，2019 (1).

[10] UNESCO. UNESCO Launches Media and Information Literacy Resources for Children and Parents in China [EB/OL]. (2022 – 04 – 21). https://www.unesco.org/en/articles/unesco – launches – media – and – information – literacy – resources – chil-

dren – and – parents – china, 2022 – 04 – 21.

[11] Lee A Y L, So C. Promoting media and information literacy（MIL）in Hong Kong：A network model strategy ［C］//International Conference of the Media and Information Literacy for Knowledge Societies, Moscow. 2012：24 – 28.

[12] Lee, A. Y. L. (2017). Promoting ML in China：the agency effort. The Journal of ML 64 (1&2)：70 – 73.

[13] LEE, Alice Yuet Lin (2020). The development of media literacy in Chinese societies：From grassroots efforts to institutional support. In D. Frau – Meigs, S. Kotilainen, M. Pathak – Shelat, M. Hoechsmann and S. R. Poyntz (Eds.). The Handbook on Media Education Research. Hoboken, NJ：John Wiley & Sons, Inc.

[14] 上海搞试验 40 学生一周不看电视不上网 ［EB/OL］. (2006 – 01 – 11). https：// news. sina. com. cn/c/2006 – 01 – 11/10307953000s. shtml.

[15] 教育部关于印发《教育信息化 2.0 行动计划》的通知 ［EB/OL］. (2006 – 01 – 11) ［2018 – 04 – 18］. http：//www. moe. gov. cn/srcsite/A16/s3342/201804/t20180425_ 334188. html.

[16] 教育部. 关于政协第十三届全国委员会第四次会议第 4271 号（教育类 437 号）提案答复的函 ［EB/OL］. (2021 – 10 – 14). http：//www. moe. gov. cn/jyb_ xxgk/xxgk_ jyta/jyta_ kjs/202111/t20211104_ 577687. html.

[17] 好妈好爸好孩子. 什么是媒介素养？父母可以怎么做 ［EB/OL］. (2019 – 09 – 23). https：//mp. weixin. qq. com/s/2Q1M6HpQLKx8RIzB – V7SFw.

[18] 小学生将智能手机带入校园？教育部这样回应！［EB/OL］. (2020 – 11 – 14). https：//mp. weixin. qq. com/s/iwRJOfdmFWEm_ Av7gqW72Q.

[19] 中国青年网. 牢牢把握育人根本任务 切实维护未成年人合法权益——共青团贯彻新修订未成年人保护"两法"一周年纪实 ［EB/OL］. (2022 – 05 – 31). https：//baijiahao. baidu. com/s？id = 1734290231847117397&wfr = spider&for = pc.

[20] 瓜瓜龙英语成为联合国教科文组织合作伙伴，合力提升中国儿童英语素养 ［EB/OL］. (2021 – 02 – 09). https：//baijiahao. baidu. com/s？id = 1691204520213627870&wfr = spider&for = pc.

[21] 张蕾. 公共场域中的自我存在：香港青年的媒介素养特质研究 ［J］. 现代传播（中国传媒大学报），2019, 41 (1).

[22] Cheung, C. K. Education reform as an agent of change：the development of media education in Hong Kong during the last decade ［M］. In D. Meigs, & J. Torrent (Eds.), Mapping media education policies in the world. New York, NY：UNESCO, 2009：95 – 110.

［23］Information Literacy for Hong Kong Students［EB/OL］. https：//www. edb. gov. hk/attachment/en/edu – system/primary – secondary/applicable – to – primary – secondary/it – in – edu/Information – Literacy/IL20180516E. pdf.

［24］Education Bureau. (2018a). Information literacy framework for Hong Kong students［EB/OL］. www. edb. gov. hk/attachment/en/edu – system/primary. secondary/applicable – to – primary – secondary/it – in – edu/Information – Literacy/IL20180516E. pdf.

［25］Education Bureau. (2018a). Smart – e – Master［EB/OL］. www. edb. gov. hk/attachment/en/edu – system/ primary – secondary/applicable – to – primary – secondary/it – in – edu/Information – Literacy/ Seminar – 201812/il – seminar – 201812 – ite – tc. pdf.

［26］中国青年报. 粤港澳大湾区儿童互联网大会举行［EB/OL］. (2019 – 08 – 02). https：//baijiahao. baidu. com/s? id = 1640743735362688402&wfr = spider&for = pc.

［27］面对网络风险，青少年媒介素养如何提升［EB/OL］. (2020 – 09 – 18). https：//baijiahao. baidu. com/s? id = 1678132831336905259&wfr = spider&for = pc.

［28］成都市金牛区7年探索"促进中小学媒介与信息素养发展的融合课程"成果推广［EB/OL］. (2021 – 05 – 28). http：//www. scpublic. cn/news/wx/detail? newsid = 463208.

［29］Lee, A. Y. L. ME, Public Sphere and Citizen Responsibility［J］. Hong Kong Economic Journal，26.

［30］莫蔚姿.《传媒教育博览会》［M］. 香港：突破出版社，2000.

［31］李少南.《香港传媒新世纪（第二版）》［M］. 香港：香港中文大学出版社，2003.

［32］中国关心下一代工作委员会. "家校共育，立德树人——家庭教育公开课"第三期上线啦！［EB/OL］. (2020 – 07 – 13). https：//www. zgggw. gov. cn/gedixinxi/jicengshichuang/13446. html.

［33］中华全国妇女联合会. 重庆妇联与中华女子学院签订合作共建框架协议［EB/OL］. (2019 – 05 – 01). https：//www. women. org. cn/art/2019/5/7/art_ 20_ 161355. html.

［34］射阳县妇联：小小家庭瞭望哨 架起共育连心桥［EB/OL］. (2022 – 05 – 07). https：//m. thepaper. cn/baijiahao_ 18296014.

［35］中华全国妇女联合会. 让家庭教育指导服务更专业、更科学——2017年第二期广西家庭教育骨干师资培训班在邕举办［EB/OL］. (2017 – 10 – 19). https：//www. women. org. cn/art/2017/10/23/art_ 211_ 155694. html.

[36] 浙江省媒介素养科普基地举办开放日活动 [EB/OL]．(2021－05－07)．https：//baijiahao. baidu. com/s？id ＝1699108864708550304&wfr ＝ spider&for ＝ pc．

[37] 2020 年第八届中国（西湖）媒介素养高峰论坛成功举办 [EB/OL]．(2020－07－14)．http：//media. people. com. cn/n1/2020/0714/c14677－31782408. html．

[38] 研究数据显示赋权与沟通使孩子在新媒体时代受益 [EB/OL]．(2019－05－08)．http：//edu. people. com. cn/n1/2019/0508/c1006－31073999. html．

[39] 中华女子学院宣传部．中华女子学院与重庆市妇联举行合作共建协议签署仪式 [EB/OL]．(2019－4－29)．http：//www. cwu. edu. cn/xcb/xxxw/40d1473a4f80 4e9097b4ef2fa0854986. htm．

[40] 浙江大学传媒与国际文化学院．我院开展"关心桥蜂巢站营走进丽水龙泉"寒假社会实践活动 [EB/OL]．(2016－01－23)．http：//www. cmic. zju. edu. cn/2016/0123/c35554a1469964/page. htm．

[41] 中国儿童中心．活动回顾｜数字媒体时代下的家庭教育——"家庭媒介素养教育"主题沙龙 [EB/OL]．(2021－04－29)．https：//mp. weixin. qq. com/s/5V6bT02rbEK4nKz3AEL70Q．

[42] 中国少年儿童．杂志介绍 [EB/OL]．(2022－06－14)．http：//www. ccppg. com. cn/baokan/zhongguoshaonianertong/us/2018－11－19/183427. html．

[43] 蓝媒教育．当小记者，看大世界｜2021 浙江广电蓝媒小记者招募启动！[EB/OL]．(2021－12－06)．https：//xw. qq. com/cmsid/20211115A0D75200．

[44] 北京教育头条．10. 1－10. 3 教育头条小记者媒介素养训练营开始招募啦！[EB/OL]．(2021－09－17)．https：//www. 163. com/dy/article/GK4OEST305169L98. html．

[45] 掌握媒体资讯素养助建慎思明辨能力 [EB/OL]．(2022－01－14)．https：//school. mingpao. com/%E5%B0%88%E9%A1%8C%E6%B4%BB%E5%8B%95/%E6%8E%8C%E6%8F%A1%E5%AA%92%E9%AB%94%E8%B3%87%E8%A8%8A%E7%B4%A0%E9%A4%8A－%E5%8A%A9%E5%BB%BA%E6%85%8E%E6%80%9D%E6%98%8E%E8%BE%A8%E8%83%BD%E5%8A%9B/．

[46] 修炼 MIL：传媒教育的价值 [EB/OL]．(2022－01－16)．http：//www. ming-paocanada. com/TOR/htm/News/20200116/hk－gfl1_er_r. htm．

作者分别系上海师范大学、香港浸会大学、安徽师范大学硕士研究生。

"跨越"与"编织":"跨媒介阅读与交流"学习任务群实践路径探究

赵能君

摘要:学生已经适应了在各大网络学习平台开展学习活动,同时各类媒介平台之间交叉传播、融合共生,微信、微博、短视频等网络媒介成为高中生课内外学习的辅助手段。《普通高中语文课程标准(2020年修订)》提出的"跨媒介阅读与交流"学习任务群,既是顺应时代发展的需要,也是创新语文课堂教学的有效路径。教师在实践跨媒介阅读任务群教学时,不能满足于外在媒介文本的跨类使用和阅读,而要注重不同类型文本的"编织""跨越"和重组,使之产生新的教学文本,运用互联网思维重塑高中生的语文核心素养与媒介素养,从而促进深度学习的产生。

关键词:"跨媒介阅读与交流"学习任务群;媒介素养;实践路径

在《普通高中语文课程标准(2020年修订)》(以下简称《课标》)正式修订后,"学习任务群"一时成为教师讨论学习的热点内容。跨媒介阅读交流,不仅仅是信息技术、介质手段发生变化,更是高中生在学习方式和思维能力方面的转变。如何帮助学生在围绕文本内容进行语言学习的基础上,借助多元媒介获取信息、筛选信息,从而达到课程标准所规定的学习目标,是当前一线教师必须思考的问题。

一、为什么提出"跨媒介阅读与交流"学习任务群

智能时代下的教育形态发生了不同以往的改变,对高中语文课堂教学也提出了新的要求。《课标》提出了"跨媒介阅读与交流"学习任务群,并对此提出了具体的学习要求,充分表明这一任务群在高中语文教学中的必要性。实践跨媒介阅读教学,不仅呼应了高中语文教学内容变革的内在需求,更是发展学生语文核心素养的重要基础,借助新媒体完善教学模式,使之符合当代学生的学习需求与时代特点。

(一) 修订课标对跨媒介课程的要求

在互联网飞速发展的时代背景下，以媒介为载体的信息交互网络为人们提供了多元化的交流互动平台。媒介信息在公众生活中的地位越来越重要，媒介素养的意义也在不断凸显，逐渐关系到国家和地区的社会稳定和竞争力。高中生虽是数字时代的"原住民"，但是在面对繁杂冗余的信息时，相对缺乏筛选整合信息的能力。因而，跨媒介阅读这一任务群的提出，既回应了时代的迫切需求，同时也体现了新课标修订后对语文学科提出的更高要求。

《义务教育语文课程标准（2022年版）》提出"教师要关注互联网时代日常生活中语言文字运用的新现象和新特点，认识信息技术对学生阅读和表达交流等带来的深刻影响，把握信息技术与语文教学深度融合的趋势"。从最新制订的义务教育阶段语文课标来看，教师合理用好跨媒介资源，以此拓展学生的阅读交流空间，是当前中学语文课堂必不可少的实践任务之一。高中阶段语文《课标》将"跨媒介阅读与交流"列为任务群，表明跨媒介阅读交流成为当前高中语文学习的核心内容，该任务群的教学核心任务既强调多元媒介信息的"跨越"使用，更注重将不同类型的文本"编织"起来，重新组成新的课程内容。由此，互联网时代语文生活发生了巨大的变化，教师们也在不断探寻语文教与学方式的深刻变革，跨媒介课程在此背景下应运而生。

(二) 知识融合形态下语文课堂教学内容变革的内在需求

自20世纪80年代亨利·詹金斯提出"融合文化"概念以来，随着数字传媒的飞速发展，媒介融合的文化现象催生了新知识的产生，极大程度地丰富了语文知识的表现形态。图文并茂、视听融合的新媒介阅读成为中学生阅读交流的主要方式。对高中生而言，他们不缺乏跨媒介阅读交流的体验和经验，而是需要在教师的引导下逐步培养在多元媒介平台深入阅读交流的学习能力与媒介素养。如今大量的语文课堂教学实践开始关注媒介资讯统整的议题，并鼓励教师通过个体经验性的实践尝试，积累较为丰富的教学案例。

这样一来，教师结合学生对跨媒介阅读的现实需要，引导学生在形式多样的媒介信息中形成有效筛选与快速甄别信息的能力，无形中推动了语文课堂教学内容的变革。通常来看，无论哪种教学方式都有其自身的优势和缺点，要想实现最佳教学效果，将信息技术与语文教学深度融合，充分发挥信息技术在语文教学变革中的价值是实践跨媒介任务群教学的有效策略。

(三) 情境式教学模式下师生共同参与跨媒介任务群的目标驱动

"相比于传统媒体，新媒体所具有的情境性能将文本情景、场景、环境等立体呈现，学生能在新媒体营造的逼真环境中感受沉浸性和现场感，促进自身的直观理解，从而提升学生阅读交流的主动性、参与感。"新媒体阅读教学可以为师生创设不同的学习情境，解决传统文本教学中出现的问题并弥补其不足。情境式教学模式下，视频、图像等文本呈现形式有助于激发学生的阅读兴趣，加强学生对所学内容的直观感受，引导学生在多样的生活场景和社会实践中运用语言文字，以此提高阅读与写作交流的自觉主动性。

"跨媒介阅读与交流"对高中生来说，不是浮光掠影的涉猎性阅读，而是围绕某个研究主题或探究任务所进行的多媒介言语交际活动。学生所接触到的阅读材料形式多样、内容鲜活，教师只有把各种学习材料放入同一个情境任务之中，引导学生运用新媒体进行有效的个性化阅读学习，这样才能培养和发展学生独立自主的阅读思维。因此，基于情境式教学模式下的跨媒介任务群目标驱动，教师通过教学交互可以及时掌握学生学情，适时调整教学策略，在共同学习探究中提升学生阅读与交流表达的能力。

二、"跨媒介阅读与交流"学习任务群面临的困境

"跨媒介阅读与交流"学习任务群聚焦时代发展前沿，彰显语文学科特点，对丰富课堂教学资源、提高学科核心素养、发挥学科育人功能等方面具有重要作用。但是该任务群提出时间不长，教师可以借鉴学习的案例相对较少，将理论知识运用到课堂实践中更是面临着如下难题。

（一）跨媒介教学资源模式难把握

虽然修订版《课标》发布前，跨媒介阅读已经成为语文教学研究的热点问题之一，但是在教学实践中彻底摆脱传统教学模式，将跨媒介阅读教学融入传统语文课堂的成功案例尚不多见。伴随着信息技术发展带来的课程内容和教学形式的变革，教师熟练掌握并运用跨媒介手段进行教学，无论是对专家教师还是新手教师来说都是一项挑战。

首先，传统语文课堂的学习内容几乎来源于语文教材等纸质版资料，多样化媒介信息资源在课堂中并不多见。大多数教学经验丰富的教师习惯了传统文本教学模式，对跨媒介的应用可能仅止步于播放一段视频或音乐，以此实现语文课堂与多媒体教学的接轨。因而，教师对多媒体教学模式没有经过

系统、全面的学习，操作起来相对困难。

同时，一些学校缺少完备的媒介资源设备，硬件条件的缺失直接影响了教师在课堂上实践跨媒介阅读任务群的教学效果，也间接导致学生的学习目标难以契合新课标中相关任务群的教学要求，从而缺乏对语文学科学习能力以及媒介素养的培育。可见，具有语文课程性质的媒介资源开发也是实践该任务群所面临的一大难题。

关键的一点是，高中生面临繁重的学业压力，为了防止他们沉迷网络，学校和家长会严格限制学生使用电子设备的时间。虽然在预防沉迷网络这方面起到了显著的作用，然而一定程度地限制了学生自由选择多样化的电子媒介，这就造成教师针对该任务群制定教学设计时，在教学资源的选择上具有局限性。因此，多元媒介资源作为实践该任务群的重要工具，一旦出现资源匮乏或限制使用的情况，那么教师就难以全方位把握跨媒介阅读的教学资源和模式，在课堂上真正实践起来也相对困难了许多。

（二）语文学科核心素养易忽视

语文学科核心素养是整个语文课程教学需要达成的实际目标，教师应理解核心素养的内涵，全面把握语文教学的育人价值。但在教学中，大部分教师将跨媒介阅读教学与提升学生核心素养相割裂，忽视了该任务群对培育学生核心素养的重要作用。有研究者指出："学习者要具备相应的媒介素养才能跟上时代要求，理性辨析和独立判断是跨媒介阅读的关键。"教师要想更好地在课堂上实践跨媒介任务群教学，就要契合语文学科核心素养的内容要求，提升学生的思维能力，引导他们逐步形成批判性思维。

结合相关研究来看，教师和学生习惯于传统文本阅读，这是因为纸质文本中传递的信息都是经过层层筛选、严格审查后修订而成的，信息内容具有权威性与科学性，因而师生对传统纸质阅读缺乏一定的思考与批判。语文教学亦是如此，一方面，通常教师习惯在课上强调对经典作品的理解、学习、赏析，却很少鼓励学生对相关内容提出质疑、批判，这也从侧面印证了在当前的教学现状中，教师容易忽视学生的思维能力发展，对学生批判性思维的训练也仅仅停留于表面。另一方面，出于教学成绩考评、注重实用分数等多重因素的影响，教师在教学实践中较少使用媒介手段，他们更注重从传统文本教学中提高学生的语言技巧。由此，教师应将提升学生核心素养纳入跨媒介任务群教学目标之中，通过跨媒介语言运用，促进学生深刻性、批判性和独创性等思维品质的提升。

（三）多重媒介信息干扰难抵御

互联网时代，人人都是自媒体。每个人都能通过自媒体成为信息的发布者与传播者，因而媒介信息混杂常导致学生难以抵御多重媒介信息的干扰，这是影响跨媒介任务群课堂实践效果的重要因素。媒介信息纷杂混乱，将其引入课堂实施教学没有具体的参照标准，而过度使用媒介容易分散学生的课堂注意力，最终偏离语文课本的学习。如何协调好多元媒介与语文教学的关系，是语文课堂实施跨媒介任务群教学的一大关键。

快餐式、碎片化的网络阅读，有时只是为了满足读者一时的好奇，却不能真正为读者带来学习的价值和意义。这就要求学生掌握有效搜索、筛选信息的方法，合理利用多元媒介平台进行高效学习。"新媒介的引入可以增加信息容量，提高信息传播速度，拓宽学生的阅读与交流空间，但集文字、音频、图片、动画、视频等于一体的超文本，也容易使学生游离于阅读内容之外，造成注意力涣散。"多元媒介偏娱乐化的特征对学生来说诱惑力极大，在进行跨媒介阅读交流学习时，学生容易沉迷多媒介的画面之中，造成注意力无法集中。

此外，跨媒介是语文教学的一种手段，并非学生学习的最终目的，脱离文本进行跨媒介阅读教学，并不利于语文核心素养的培养。教师需要明确传统文本教学与多元媒介教学的异同，充分发挥跨媒介阅读教学的优势，将其合理运用到传统课堂教学之中。跨媒介不是媒介的简单叠加，关键在于比较、整合，运用具象方法在教学设计中凸显跨媒介阅读教学的重要作用，引导学生抵御多元媒介带来的信息干扰，从而实现两者有效结合，最终优化高中语文课堂教学模式，提升跨媒介阅读教学的效果。

三、"跨媒介阅读与交流"学习任务群课堂实践路径

部编版普通高中语文教材必修下册第四单元《信息时代的语文生活》提出了"跨媒介阅读与交流"任务群的三点任务——认识多媒介、善用多媒介和辨识媒介信息。信息化时代学生的语言表达方式和思维方式产生了很大的变化，有效辨识多元媒介的传播特点与传播立场，善于运用跨媒介进行交流表达，不仅可以提升学生的媒介素养，同时也是培育语文核心素养的应有之义。

（一）认识媒介特点，探究不同媒介的语言特征

依据《课标》中的相关课程内容与学习目标，"跨媒介阅读与交流"学

习任务群在必修阶段安排 0.5 学分、9 课时，选择性必修和选修阶段不安排学分，将其渗透在其他任务群的学习过程之中。该任务群有意将课程目标的学习与学生认识多样化的媒介手段联系在一起，目的是引导学生逐步形成自主探究意识，逐步适应多样化的学习形态，以便提高跨媒介阅读与写作交流能力。

新媒介传播信息速度快、范围广、时效性强，可以帮助阅读者在多个平台交互式地获得信息，打破传统文本阅读的时间和空间限制。以第四单元的一则练习——校报招聘启事为例，规定学生选择几种熟悉的传播媒介，根据其传播特点对招聘启事进行改写，可以调整内容、语言、呈现形式等。学生在选择传播媒介对招聘启事进行改写时，就可以考虑到不同媒介的传播特征，例如微信公众号传播的特点是内容简短、指向性强、表述明确，那么学生就要学会凝练信息内容，用尽可能简洁的文字表述清晰。再比如校园广播，也是学校常见的媒介传播方式，广播稿的内容表述生动形象，具有广泛的号召性，所以在改编广播稿时应考虑到其语言的趣味性，学会区分不同媒介的语言表述特点。

"借助信息技术优化课堂教学，引导学生经历多样化的学习过程，促进学生在更广阔的语言环境中主动学习，实现学生更便捷有效，更广阔深层次的阅读与交流表达。"学生选择不同媒介改写时，搜集、梳理信息来源，解读、评判媒介特征，在此过程中可以运用多媒介平台有效表达，在深度阅读与交流中迈向更深层次的语文学习。信息化时代各种传播媒介的互补与融合，是当下社会发展的重要趋势，教师引导学生利用多媒介进行沟通交流、参与学习讨论、探究媒介语言特征是高中语文课堂教学实践的新课题。

（二）善用多媒介，"编织"和"重组"全新的阅读文本

新媒体时代，高中语文课堂的教学若停留在以单一课文知识为中心、简单理解不同媒介阅读工具的用法直接加以运用的层面，是无法引导学生正确辨识媒体立场、形成独立判断、筛选有效信息的。满春燕老师在《微屏时代的经典阅读——高中语文统编教材必修下册第四单元学习任务设计》中以《老人与海》经典阅读为例，开展了深度教学的实践路径。活动除了阅读纸质篇目外，还选取了《老人与海》的电影、动漫作为跨媒介阅读的资源，通过视觉图像、音频和文字等多种符号媒介，促成了文本的"重组"，编织出充满互文意义的课堂阅读文本，这本身就有利于帮助学生从本质上学

会运用跨媒介进行阅读与交流。

满老师将本次课堂实践分为三组活动，分别为"调查了解文学名著的渠道""比较电影、动画对经典的改编""总结纸质阅读和微屏阅读的异同"。首先通过问卷调查的方式充分了解学生当前的阅读现状，为课堂有效开展阅读教学做好前期准备工作。其次，以小组为单位学生自由选择观看两个不同国家拍摄的《老人与海》影片，尝试从多种角度对影视作品进行鉴赏，一来学生可以在微信、微博、QQ等媒介平台进行写作训练，充分借助信息技术拓宽学习形式；二来可以促进学生在更广阔的语言环境中学会自主学习，实现便捷有效、广阔深层次的阅读与交流表达，从而实现教师与学生的双向互动。最后总结纸质阅读与微屏阅读的异同，了解学生对跨媒介阅读的接受程度，从理性层面分析高中语文课堂不同阅读方式对学生获取信息和提高交流表达能力的影响效果。

"无论怎样变化阅读形式，都要指向经典文本的深度阅读，这是阅读的本质，也是跨媒介经典阅读的重要支点。"《老人与海》跨媒介阅读与交流的实践路径始终以学生的课堂实践为主线，以培育语文核心素养为目的，以帮助学生建构阅读交流经验、锻炼语言思维能力为宗旨。

（三）辨识媒介信息，建立任务群评价体系

学生通过跨媒介接触到大量信息，这些信息可以帮助他们更全面地认识周围世界，但需要注意的是信息内容并不都是真实有效的。《吕氏春秋·察传》有言："闻而不审，不若无闻矣。"因此，教师在开展跨媒介任务群课堂教学时，要使学生具备辨识信息的自觉与能力，能够准确辨别媒介信息的真实性与科学性。

"跨媒介阅读与交流"学习任务群的教学研究和课堂实践还处于初步发展阶段，还未建构起完整的教学模式与评价体系，所以教师在教会学生准确辨识媒介信息的同时，还要在实践教学中建立起完善的任务群评价体系。"教学评价应综合学习任务群的特点，要做到结果性与过程性、语文性与技术性、显性与隐性的结合。"跨媒介任务群的评价方法与以往不同，主张将评价贯穿于整个教学过程，这就要求教师在布置有关跨媒介阅读的任务时，对学生在前期媒介选择、中期信息筛选、后期成果展示等方面有相应的评价反馈机制。这与义务教育语文课标中提出的教育理念"倡导课程评价的过程性和整体性，重视评价的导向作用"相一致。

除了重视建立过程性评价体系外，教师还应注重将显性与隐性评价相结

合。例如，显性评价注重考查学生媒介使用技术是否熟练、搜集的信息是否准确、在新媒介平台表达是否得当等；隐形评价则侧重学生的学科核心素养与媒介素养等表现形式，学生能否科学合理地辨识媒介信息、是否在跨媒介学习过程中树立批判性思维、建立学习小组共同探究学习等。教师只有将显性评价与隐性评价相结合，才能全面考量学生对跨媒介阅读学习的理解与运用程度。

"跨媒介阅读与交流"学习任务群的出现与运用，顺应了当前教育改革的趋势。在2022年"中小学在线教学发展论坛"中，南京市教育局副局长潘东标提出有关网络学习空间的IP化战略内容，"让网络学习空间更显价值，云协作、视频会议、直播工具成为新的接口能力。越来越多互联网公司由互联网基础设施跃迁为社会新基础设施——重塑智能时代的教育形态，对标国际一流标准在全球视野下主动识变、求变、应变，这是'未来教育'顺应新技术新场景新空间的必由选择。"教育行政部门越发鼓励倡导教师进行在线学习交流，促进教育资源共建共享。教育教学不断走向深化改革，聚焦看齐教育新常态，人类学习方式也在迈向泛在学习的新生态。而从语文教学的维度看，教师在实践跨媒介阅读任务群教学时，不能满足于外在媒介文本的跨类使用和阅读，更重要的是注重不同类型文本的"编织"和重组，使之产生新的教学文本，运用互联网思维重塑高中生的语文核心素养与信息素养，借助多媒介技术平台创生新的教育资源，升级优化阅读教学模式，最终促使语文深度学习的产生。

参考文献：

[1] 毛刚飞．跨界之美——"跨媒介阅读与交流"任务群几点思考 [J]．语文学习，2018（5）．

[2] 中华人民共和国教育部．义务教育语文课程标准（2022年版）[M]．北京：北京师范大学出版社，2022.

[3] 欧阳芬，罗罡．跨媒体条件下阅读教学的转变与坚守 [J]．语文建设，2021（3）．

[4] 陈琳．辨析与判断：跨媒介阅读的关键 [J]．福建基础教育研究，2019（5）．

[5] 任明满，郑国民，王彤彦．"跨媒介阅读与交流"的内涵、实施策略与挑战 [J]．语文建设，2018（28）．

[6] 韦杜燕．高中语文"跨媒介阅读与交流"任务群教学研究 [D]．桂林：广西师

[7] 满春燕. 微屏时代的经典阅读——高中语文统编教材必修下册第四单元学习任务设计[J]. 基础教育课程, 2019 (24).

[8] 毛刚飞. 跨媒介阅读与交流的教学评价[J]. 教育研究与评论（中学教育教学）, 2019 (5).

作者系南京师范大学教师教育学院2021级硕士研究生。

"Z世代"子女反哺家庭媒介素养教育的在地实践研究
——以智能手机使用为例

余育霖　黄睿彦　石　玥

摘要： 在信息化时代，以家庭为单位的媒介素养教育研究一直备受关注。本研究着眼于家庭媒介素养教育，以"Z世代"子女所在的家庭为研究对象，以智能手机使用为研究情景，通过文本分析和半结构式访谈开展在地实践研究，探讨家庭媒介素养教育情况与反哺效果，进一步提出"情感沟"的概念。本研究结果初步表明：在"Z世代"家庭中，子代与亲代之间存在情感沟。亲子代间感情关系越亲密的家庭情感沟越小，子女对父母的反哺效果也越好；反之，子女所反哺的效果越差。

关键词： Z世代；文化反哺；媒介素养；家庭情感

一、引言

（一）研究背景

媒介素养教育一直备受国内外研究者的广泛关注，时至今日，在智能传播时代，媒介技术的更新迭代与国民媒介素养教育之间依旧存在很大的鸿沟。学者们努力地探寻、调查和接近社会层面媒介素养的分析，并长期植根于媒介素养教育的实践。我国自1978年改革开放以来，社会发生了巨大的转型；此外，随之而来的全球化浪潮，使得中国社会卷入前所未有的急速变迁中。学者周晓虹指出，社会变迁及促成这场大规模的全球化和社会转型，是讨论文化反哺及中国社会代际关系的叙事背景。此外，互联网的迅猛发展使得代际之间的鸿沟越来越大，智能手机的广泛使用也促进媒体形态的多样化。根据中国互联网络信息中心（CNNIC）发布第49次《中国互联网络发展状况统计报告》（以下简称《报告》）显示，截至2021年12月，我国网民规模达10.32亿，较2020年12月增长4296万，互联网普及率达73.0%。我国网民使用手机上网的比例达99.7%，手机仍是上网的最主要设备。即时通信、网络视频、短视频用户使用率分别为97.5%、94.5%和90.5%，用户规模分别达到10.07亿、9.75亿和9.34亿。

  手机的迅猛发展和快速普及，不仅为沟通便利提供了条件，而且进一步凸显了代际之间在智能设备使用水平上的差异。当下，人口流动加快，子女常不能陪伴在父母身边，此时家庭的情感联系大多数通过网络，手机就成为了必备的通信工具。然而，在同一线上交流的空间中，由于子女的活跃度、灵敏度和反应程度远远超过其父母，父母较为传统的"主导性"地位难免会被弱化。特别是伴随着数字媒体成长的"Z世代"，他们的父母大多数为70后。70后父母深受计划生育的影响，加之改革开放的经济刺激导致人口流动和迁移规模加大，处在这一时代的年轻人生育意愿不高。本研究的研究对象即父母为70后，且排除因受传统文化和思想影响等其他特殊情况而生育多孩的"Z世代"家庭。

  对"Z世代"，早在1999年中国青年研究的报告中就有描述。"Z世代"是指1980至1984年间出生的年轻人，可以理解为最早的一批80后青年。当下，"Z世代"更多的是作为网络流行词为大家所熟知，其英文即Generation Z，是指在1995年至2009年出生的人群。他们在2022年正处在13至27岁之间，是伴随着互联网成长的一代新人。"Z世代"对新媒介环境的适应、对科学技术产品的谙熟以及所受媒介素养教育的培养大多迥异于之前所有世代中的人群。

  本研究更倾向于将"Z世代"群体称为"数字化土著"，与此相对应的父母辈群体可以被称为"数字化移民"。这两个概念最早是由美国作家、教育学家和游戏设计师迈克·普伦斯基于2001年提出，他认为，近20年来电子媒介尤其是网络的高速发展，划分出了迥然相异的两代人：数字化土著（digital natives）和数字化移民（digital immigrants）。所谓数字化土著是指与网络技术一起诞生和成长的一代，他们以网络为中心，将现代化科学技术作为成长环境中必然的组成部分。因此，他们也被称为"网络（net）的一代"或者"数字化的一代"。根据学者的调查研究表明，从网络发展的时间上去评估，数字化移民，大多出生在20世纪70、80年代，处于这一时间段的人们大多是伴随着报纸、广播、电视等传统媒介成长的；而到了20世纪90年代，出现的互联网技术、数字化环境对他们而言就像是刚刚迁徙上岸的新大陆。由此，"Z世代"及其父母所构成的家庭符合本研究的对象范围。为控制研究范围，本研究将70后父母限定在1970年至1979年间出生，且其子女属于"Z世代"的群体。

在媒介技术发展演变与中国传媒变革的背景下，"Z世代"父母至少经历过两至三次重要的媒介转型。根据我国学者吴飞等人研究表明，中国在过去40年间，媒介技术变革大致能分以下四个阶段：第一阶段为1978—1994年传统纸媒进入"光"与"电"时代；第二阶段为1994—2008年的"数与网"时代；第三阶段为2008—2014年的Web2.0时代；第四阶段为2014年至今的"众媒—融媒—智媒"的快速迭代时代。因此，70后父母在急速变化的媒介时代掌握新兴智能通信工具并使其成为日常生活的惯习是具有挑战性的。当70后父母被席卷而来的互联网潮流冲击时，年轻一代打破传统的"长辈传晚辈"的文化单向传承模式，将知识反哺给年长一代。那么，以家庭为单位，"Z世代"子女是怎样文化反哺亲代的？他们与亲代之间所做的反哺努力对家庭情感的联结会产生什么样的影响？70年代的父母面对新兴媒介还有哪些素质素养内容需要填补？本研究将以"Z世代"子女及其父母为研究对象，以智能手机使用为研究情景，通过半结构式访谈开展在地实践研究，回应研究问题，并为后续的家庭媒介素养教育研究提供微薄的借鉴。

（二）媒介素养与媒介素养教育

对媒介素养的界定，国内外都做了相关研究，Thoman认为媒介素养是一种从众多媒介产品的语言和视觉符号中解读和创造个人意义的能力。Hobbs认为媒介素养是受众对媒介信息持有的开放、质疑、反思和批判的态度或技巧，是受众主动地解读、批判和选择性吸收信息的能力。我国学者张开也指出媒介素养是一种能力，这种能力表现在人们能获取、分析、评价和传播各种媒介信息并将其服务于个人的工作与生活，这一概念的阐释为国内学者所广泛接受。

媒介的发展必将引发教育的问题。我国对媒介素养和媒介素养教育问题自觉的关注和探讨开始于20世纪90年代，这与当时中国社会和传媒生态发展的现实背景息息相关。20世纪90年代是中国传媒业快速发展期，报纸、广播、电视等大众传媒和新兴的网络媒体迅速席卷社会的每个角落，成为民众最重要的信息来源。此外，随着社会主义市场经济体制的逐步建立，中国社会的传播环境和媒介运行机制也发生重大变革。而与此同时，长期受到计划经济媒介体制影响的中国受众已习惯了"报告式文学"方式适应媒介。加之，媒介产业的商业化倾向会让受众在短时间内能接受丰富的媒介产品，但这些受众未必是具备媒介素养的人。特别是生于20世纪70年代的公民，成年后的他们恰好赶上这个时期。这一批公民既没有如50、60后的人群那样对新兴媒体的接受度低，其对新媒体的认知程度也没有赶上互联网热潮的90后青年高；介乎中间的年代，常常会被研究者们所忽视。70后的他们可能拥有良好的接受心态和积极学习的能力，但由于在社会转型和媒介变革时期，他们所接受的素质教育还在初步阶段，无论是理论性学习还是实践性操作都是在需求中临时学习的，或在工作中遇到问题时被迫提升自身的媒介素养。介于70、80后的父母作为"数字化移民"对媒介产品适应、接受、批判的能力依旧处于较为被动的状态，反而其子女承担了数字反哺的角色，家庭教育在数字化时代就产生微妙的变化，亲子关系也发生细微的改变。总而言之，媒介素养教育实际关系到人们如何正确处理与媒介的关系问题。

因此，本文将研究主体指向"Z世代"子女与其父母的家庭媒介素养教育。从研究理论上，本研究从传播学视角和社会心理学视角出发，对数字鸿沟、文化反哺、媒介赋权和家庭情感展开交叉分析。从研究方法上，本研究将采用半结构式访谈法进行在地实践研究。这种方式与已有研究广泛使用的调查问卷法相比，优势在于能具体而微地了解到受访者的情感变化并获取更多交流信息。本研究访谈了20位接受过高等教育并具备一定的媒介素养教育背景的"Z世代"子女以及12位70后的父母，收集到了翔实的访谈资料。从研究内容上，本研究着重于描述、分析和探讨家庭媒介素养教育与家庭情感、社会话题的关系，具有典型的社会价值和情感价值。文化反哺下折射出家庭媒介素养教育中存在的现实性问题，反过来也促进"Z世代"子女对家庭情感关系的思考。

二、文献回顾

(一) 数字鸿沟研究

"数字鸿沟"这一概念是在电脑作为终端设备开始广泛普及的背景下产生的,意为"在信息时代设备接入者与那些未曾拥有者之间存在的鸿沟",关注的是人们是否能够接入通信技术以及接入通信技术对不同人群带来机会的差异。因此第一道数字鸿沟也被称为"接入沟"。在人类对信息技术理解的不断深入过程中,数字鸿沟的概念也在不断地演进。有学者发现,当人们拥有相同的物质接入后,对不同的人来说其使用网络的方式和程度不一定相同,因此数字鸿沟的研究从第一道"接入沟"转向第二道"使用沟"。Hargittai 等学者提出,数字鸿沟体现在五个维度上的数字化不平等:第一,技术途径(软件、硬件、连接质量);第二,使用的自主性(接触的地点,为从事自己喜欢的活动使用媒介的自由);第三,使用模式(互联网使用的类型);第四,社会支持网络(是否有他人可以辅助使用网络、鼓励使用的网络大小);第五,技能(一个人有效使用媒介的能力)。由于第一道数字鸿沟以及第二道数字鸿沟关注的是人们在接触和使用信息技术上的差异而无法描述这些差异对个体所带来的影响,第三道数字鸿沟随之而生。传播学领域中常把第三道数字鸿沟和经典的知识沟研究整合起来,以关注互联网使用对个人所产生的知识沟或政治参与沟。但有学者认为,在知识沟的经典研究中,对"知识"的定义存在话语霸权问题,因此用"知识沟"作为第三道数字鸿沟有失偏颇。如今,越来越多的研究倾向于使用"素养沟"来强调个体自主性的指标。严励和邱理认为,随着网络文化壁垒的形成,数字鸿沟将会演变为不同阶层对数字流行文化认同与运用能力上的差异,这也可以视作是"素养沟"的一种体现。综上,本研究借鉴数字鸿沟研究的已有成果,从"接入沟""使用沟"和"素养沟"三个维度展开分析。

由于本研究以"Z 世代"子女及其父母作为研究对象群体,因此这两代人之间的"代沟"也不可忽视。所谓代沟,是指由于时代与环境的急剧变化、基本社会化的进程发生中断或模式发生转型,而导致不同代之间在社会的拥有方面以及在价值观、行为取向的选择方面所表现出的差异、隔阂及冲突的社会现象。在某种程度上,数字代沟是数字鸿沟概念的一个分支,即存在年龄差距的群体之间的数字鸿沟,或者称为代际数字鸿沟。学者周裕琼的研究表明,从数字鸿沟研究转向数字代沟研究必须增加一个微观(家庭)

层面，也就是在家庭内部考察不同代之间在数字媒体的接入、使用与素养上的差异。微观（家庭）层面的加入，不仅是对宏观（国家）和中观（社会）层面的有益补充，更重要的是它把数字代沟放在了具体的场景和关系中。以家庭为单位的群体中，亲子两代人在文化水平、价值观念、认知行为等方面都存在着差异，也就产生了"代沟"。数字代沟是可以通过家庭代际互动或者家庭文化反哺来填补。

（二）文化反哺研究

在传统的社会教化过程中，"父为子纲"可以算是文化传承的基本遵循。到1988年，学者周晓虹首次且十分准确地把年轻一代将知识文化传递给他们生活在世的前辈的过程概括为"文化反哺"。他将"文化反哺"定义为"在疾速的文化变迁世代所发生的年长一代向年轻一代进行广泛的文化吸收的过程"。造就文化反哺这一代际颠覆景观的首要动因是1978年的改革开放启动的以转型为标志的大规模的社会变迁，一方面使得亲代原有的知识、经验甚至价值判断丧失了解释力和传承价值，另一方面使子代第一次获得了"指点"父母的机会。这其实就是社会变迁引发"文化反哺"现象出现的外在的宏观背景。从社会学的角度说，造就文化反哺这一代际颠覆景观的次要动因，与同辈群体和大众传播媒介有关。大众传播媒介能够给人们展示不同人群的生活方式，其传播范围广，传播速率即时，甚至在智能媒体时代能达到实时、共时的传播状态。虽然在同一社会空间下存在着不同阶层和技术条件拥有之间的差异，但新型传播媒介的出现都在不断地鼓励人们探索和讨论每一种可能性。在媒介接触和使用过程中，人们不断受到不同价值观念的洗涤和碰撞。我们会发现年轻一代人在生活方式以及对新事物的接受程度上会比他们的父母更为开放，更乐于拥抱新鲜事物；而年长一代由于其思想较为保守，他们对新媒介下产生的新观念和新文化也持着较为保守的姿态。

因此，文化反哺这种新型的文化传承模式在赋予孩子们以自信、知识和力量的同时，也一样开阔了父母们的眼界，提高了他们对这个变得越来越陌生的世界的应对能力。从这个意义上说，文化反哺最终有利于两代人的共同成长，或者说它赋予两代人一种更为和谐的共生方式。这种共同成长的方式在于它以全新的双向信息沟通方式，弥合了近代以来因社会急速变迁而导致的代际之间的渐行渐远，由此促成了日渐陌生的两代人或数代人之间的相互理解。自文化反哺这一概念被提出，就在社会上引起广泛关注，有学者总结出文化反哺的五大社会意义，包括有效缓解代际隔阂和亲子冲突，有利于打破父辈的传统思维定式适应社会发展，有利于激发年轻一代的社会责任感，有利于传递创新改革的新观念和促进社会观念更新以及年轻一代引领商业模式，推动经济发展。

（三）媒介赋权研究

媒介素养教育到达一定程度就有出现赋权的可能性。赋权（empowerment）一词，起源于西方20世纪六七十年代，赋权的概念界定比较广泛，一般被理解为增加个人、人际或集体和政治权力的过程，以便个人、团体和社区能够采取行动改善其状况。西方学者从心理学层面将赋权解读为"赋能"（enabling）或者"自我效能"（self-efficiency），从社会情境层面研究，以福柯、罗兰斯为代表的学者则对"权力"（power）进行系统分析。国内学者认为赋权具有三个方面取向，即赋权的对象主要是社会中"无权"（powerlessness）的群体；赋权是一个互动的社会过程；赋权理论天然地具有强烈的实践性。研究者张波认为赋权在本质上是一个关于权能的概念，强调的是存在于主体身上权能（感）的被激活，这种感觉与自我认同、社会资本、政治参与等有或多或少的关联。

从所关注的群体层面看，大多数研究者主要关注的是社会环境中处于相对弱势地位的群体，比如农民工、妇女、老年人、贫困家庭、视听障碍者等。如国内研究者殷张鹏认为返乡创业农民工处于家乡社会网中的弱势地位，因此能利用新媒体技术实现自我赋权，从边缘人迅速融入家乡生活。国外研究者Boehm在以妇女为研究对象研究社区戏剧项目过程中，发现媒介素养对个人的自尊、掌握能力、批判性意识、内心声音的表达、行动倾向和集体赋权方面有明显的效用。

因此，"赋权"这一概念主要是西方国家基于社会环境中需要自助、互助的处于一定弱势地位的群体中产生。但在中国的历史语境上，社会受到家庭作坊、小农经济的影响，较易形成一个长期且稳定的宗族体系。在传统的观念上，家庭观念、集体意识比较强烈，随着现代化进程加快，特别是媒体技术的更新迭代，人们的个体意识才逐渐加强。特别是"年长一代"群体，随着互联网新媒体技术的发展，才逐渐从"自我"的角度去感受这个时代环境的变化，迫切掌握数字媒体应用，从而能够平等地享用信息，抓住自我表达、自我发展的机会。

从传统赋权理论出发，赋权的目的在于减少个人使用媒介的"无力感"。它在概念引入的过程中天然地将弱势群体作为关注对象,但当前新媒体赋权不是一个天然赋予的过程,而是使用主体主动获取的过程。自互联网、移动互联网、移动通信技术等普及和发展,新媒体蓬勃兴起,对新媒体的定义,学者们至今也难以做出较为统一的界定。学者彭兰从新媒体的传播主体、传播模式、传播时空等方面作出了被广泛认可的阐释。也就是说,新媒体时代,人人都可能成为信息的来源或内容的传播者;新媒体在传播模式上是个体门户及其社会关系的多层级传播,形成人际网络;新媒体在传播时空上是碎片化时间和流动的空间加上应用的场景。而较于电视的传统媒体时代,人们在固定的场所、固定的时间、固定的终端上构成平稳的生活节奏状态,新媒体赋权就放在了具体的情景中,这是一个互动的、实践的过程。人们通过新媒体平台主动地参与到信息的传播、沟通和共享的过程中,以实现个人的人际交往、网络自我呈现、社会参与等权利和能力。

在一个家庭中,父母一辈秉持传统文化传承的观念,父母在家庭教育中更具威严,话语权总是处于主导地位。然而,"Z世代"子女是跟随网络成长的一代,对新媒介的接触和使用处于更优势一方。在这一情境下,子代对亲代进行家庭式文化反哺,弥补亲代缺乏的媒介素养教育知识,这种文化反哺在媒介素养教育到达一定水平时就有可能产生赋权的行为。一方面,媒介素养较"弱"的父母难以熟练使用新兴媒介,其主导权总处于被动的地位;另一方面,"Z世代"子女作为数字原住民对媒介素养的认知水平较父母辈高,具有一定的话语权,因而处于主动的地位。这一层关系的转移在"Z世代"及其父母之间尤为明显。在互联网时代,媒介的使用促进家庭关系地位产生的变化,值得我们研究分析。

(四) 文献总结

通过对相关文献的梳理和思考发现,家庭中存在的代际数字鸿沟问题使得子代与亲代在文化水平、价值观念、认知行为等方面产生差异。特别是"Z世代"子女是伴随着新科学技术成长的一代,与其父母跨越传统媒体向新兴媒体转型的媒介惯习不一致,子女与父母在新兴媒介的学习使用过程中,往往会不经意间打破传统的教育秩序,将子代文化反哺给亲代,在家庭氛围中不仅存在着矛盾和冲突,也有互相理解和包容。本研究正是在代际数字鸿沟和文化反哺的基础上,建立起对家庭媒介素养教育的在地实践研究。媒介素养教育达到一定程度必将指向赋权,文化反哺的过程与父母一辈所立下的"威严"以及年轻一辈习惯的"遵循"相反,子代反哺亲代的媒介素养教育难免会受到阻挠。家庭情感的升温或降温都影响着媒介素养教育的质量和家庭亲子关系。

综上所述，对一个家庭媒介素养教育的研究有着必要性和可行性。对70后的父母而言，他们与子女间的数字鸿沟已经超越了接入和使用层面，而直接产生"素质沟"。相对应地，作为"Z世代"子女，对其父母进行文化反哺是解决这一问题的关键。此外，在数字媒体时代，媒介的进步以及媒介素养的提升对家庭关系中家庭情感的变化会产生什么样的差异，是否具有更广泛、深刻的社会价值和情感价值，此乃本研究关注的焦点。

三、研究方法和研究设计

（一）访谈对象

在开展研究之前，研究者先锁定一部分"Z世代"群体，他们均来自浙江省某高校，随后进行滚雪球抽样，最后筛选出20位受访者，并通过设计半结构式访谈以获取研究所需要的资料。虽然家庭媒介素养教育研究需要在一个以家庭为单位的结构中存在，但考虑到本研究"文化反哺""数字鸿沟""媒介素养""家庭情感"的主题，以及"Z世代"的子女普遍接受过高等教育，能够对研究的内容有更深刻的理解，所得到的访谈信息会更加真实、具体，因此，本研究对20位接受过高等教育的"Z世代"子女进行半结构式访谈。

此外，以同样的抽样方法对12位70后父母进行访谈，去辅助理解"Z世代"子女反哺家庭的情感和效果，如表1所示。

表1 受访者基本信息表

（子代）受访者编号	性别	出生年份	学历	初始使用手机的年龄	有无文化反哺经历和体会
A	女	2002年	本科	16岁	有
B	女	2001年	本科	15岁	有
C	女	2003年	本科	15岁	有
D	女	2002年	本科	16岁	有
E	男	1998年	研究生	15岁	有
F	男	1997年	研究生	18岁	有
G	女	1999年	研究生	17岁	有
H	女	1998年	研究生	10岁	有
I	女	2003年	本科	13岁	有

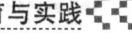

续表

（子代）受访者编号	性别	出生年份	学历	初始使用手机的年龄	有无文化反哺经历和体会
J	女	2001 年	本科	11 岁	有
K	女	2001 年	本科	9 岁	有
L	男	1999 年	本科	15 岁	有
M	男	2002 年	本科	9 岁	有
N	女	1999 年	研究生	12 岁	有
O	女	1997 年	研究生	11 岁	有
P	女	1995 年	研究生	13 岁	有
Q	女	1996 年	研究生	12 岁	有
R	女	1998 年	研究生	16 岁	有
S	女	1996 年	研究生	18 岁	有
T	女	1997 年	研究生	14 岁	有

（亲代）受访者编号	性别	出生年份	身份（父/母亲）	与孩子线上联系的方式	是否主动向孩子请教过智能手机使用的相关问题
H1	女	1970 年	母亲	微信	是
H2	女	1974 年	母亲	微信	是
H3	男	1971 年	父亲	微信	是
H4	男	1972 年	父亲	微信	是
H5	女	1974 年	母亲	微信	是
H6	男	1979 年	父亲	微信	是
H7	女	1978 年	母亲	微信	否
H8	男	1970 年	父亲	微信	是
H9	女	1977 年	母亲	微信	是
H10	女	1970 年	母亲	微信	是
H11	女	1972 年	母亲	微信	是
H12	女	1971 年	母亲	微信	是

（二）研究提纲与资料收集

本研究访谈资料来自 20 位"Z 世代"子女与 12 位 70 后父母，每位受访者的访谈时间在 10 分钟左右，访谈内容能够展露出子女与父母之间的"数字鸿沟""文化反哺"的生活细节以及亲子关系之间的情感表达。在本次访谈过程中，问题主要围绕以下几个方面展开：

1. 家庭中子代和亲代使用智能手机联系的情况。包括信息的获取方式、使用智能手机频率最高的软件及使用目的、双方联络的频次和时长、沟通的主要话题等方面内容。

2. 子代对亲代的文化反哺以及亲代使用智能手机的问题及解决途径。对子代而言，访谈问题包括"你是否有主动教过父母使用智能手机的经历和体会？一般通过什么方式传授？""你的父母是否难以识别智能手机上的真假信息？你是如何向他们解释说明的？"等；对亲代而言，访谈问题包括"您是否主动向孩子请教过有关智能手机使用方法，若在手机操作上遇到问题会向孩子请教？""哪些因素会影响您学习新的操作技能和知识？"等内容。

3. 子代与亲代对文化反哺后的亲子关系的期待和情感变化。访谈问题包括"你是否觉得自己与父母难以沟通？哪些新观念和新文化让你感到反哺父母比较困难？""反哺过后，你与父母沟通是否更融洽？你觉得你与父母的情感关系上发生哪些变化？""在孩子教授过智能手机相关知识后，自己有什么感受？"等。

四、研究分析与研究发现

（一）接入和使用：亲代"捷足先登"，子代"后来居上"

"Z世代"子女使用智能手机较多晚于父母。学者周裕琼在研究中也发现，由于70后父母在媒介转型升级的新媒体环境下生活与工作，因此父母为70后的家庭，其亲代与子代对新媒体使用的代沟显著小于父母为50后、60后的家庭，对新媒体采纳的代沟最小。本研究认为除了已有研究者所强调的社会背景因素，还有家庭教育的因素。大多数"Z世代"子女尚处在半封闭式教育系统下，他们在高中阶段很少能独立地使用智能手机，更多是借用、共用父母的智能手机，只有当他们具备一定自控能力之后，才能拥有一台智能手机作为个人独立的媒介使用。

"高中的时候使用父母的手机，而且只有假期的时候才能使用。"（受访者A）

"我父母使用智能手机比我还早。我高三的时候拥有的手机还是按键机，我爸妈早就拥有智能手机了。"（受访者F）

而"Z世代"子女却比父母能更快掌握智能设备的使用技能。Van Dijk指出，当信息技术接入的问题得到一定程度的解决之后，技能和使用上的结构差异便会浮现。Hargittai等学者认为"技能（一个人使用媒介的能力）"是第二道数字鸿沟"使用沟"的体现之一。从访谈中可以看出，"Z世代"比其父母在智能设备操纵方面更为得心应手，大多数父母会因为智能手机的使用问题而请教子女，子女从而向其父母进行数字反哺。

"他们（受访者父母）使用上不一定比我灵活。"（受访者 F）

"父母在手机使用方面有问题，我会教他们，一般会线下直接教，我操作给他们看。"（受访者 H）

"我用智能手机就是俩孩子教的。刚开始我怕学不会、不想用，女儿就一点点教我咋打电话、咋使用微信、咋刷抖音。后来儿子就教我咋用微信支付、咋收钱之类的。我手机有问题就先问我的两个孩子，两人都会教我。"（受访者 H5）

综上，大多数 70 后的父母会比自己的子女更早地接入和使用手机媒介，但这一年龄阶段的父母并不一定比子女更快地适应智能手机的使用，因此在媒介使用能力上家庭成员之间存在差异。

"Z 世代"子女是伴随着电子产品成长的一代，在 20 位受访者中，有 90% 的 "Z 世代" 在 18 岁之前已经接触手机，其中最早使用手机的受访者年龄为 9 岁。另外，研究还发现，在 "Z 世代" 子女中，00 后最早接触到手机媒介的年龄甚至比 95 后更早。他们能接触到智能手机，大部分缘于其父母，依傍家庭资本，获得较早接入媒介的使用便利。他们的父母是 "过渡的一代"，对手机的使用带着传统媒介的记忆。比如，在电视媒介时代，广告一般会出现在电视荧屏上，父母一代习惯被动式接受广告信息，且其涵盖的种类丰富多样。但在智能媒介时代，广告以弹窗的形式出现，且在算法推荐技术的加持下，能够通过精准的用户画像进行个性化推送，让以往被动式接受信息的父母一代无形卷入技术洪流中。且广告弹窗具有导向按钮，需要用户点击操作才能取消或跳转。在广播电视时代，广告的跳转多为转台或选择服从式阅听，而在智能手机时代，每一个页面都需要用户主动选择。而 "Z 世代" 从接触媒介起就带着惯习。也就是说，"Z 世代" 从认知开始便有以智能手机接入这一方式进行感知、感觉、行动和思考的倾向，这种倾向是他们个人由于其生存的客观条件和社会背景产生，而通常以无意识的方式内在化并纳入自身。由此，尽管 "Z 世代" 子女一开始可能是借用、共用其父母的手机，但从一开始的借用、共用，到成年后独立拥有个人使用的智能手机，这一过渡都是顺其自然的。

（二）媒介素养：亲代 "知之甚少"，子代 "广泛涉猎"

智能手机这一媒介更新换代频繁，在满足作为通信工具的基础上，往往其功能、设计、系统等软硬件会产生细微差别，而这些细微的更新对将其作为通信工具、休闲娱乐的用户而言并没有产生很大的影响。"Z 世代" 子女及其父母在智能手机的基础使用上不会存在很大的差异，因而"接入沟"和"使用沟"随着新媒体技术的普及渐渐弥合。由上文可知，"Z 世代"子女的反哺不再是从零开始，而目前存在媒介使用的困扰更多来自媒介素养的差异，即"素养沟"所带来的困惑。

"手机作为一种媒介，能把我想要说的东西传达出去。只有使用部分软件操作，对父母来说是有困扰的，但作为沟通的工具，使用上没太大的变化，无优劣势之分。"（受访者 B）

"他们也不太倾向在网络上讨论、参与互动等，使用智能手机的功能会比较单一，可能就是比较简单的看视频、听书、语音通话之类的功能。互动的参与更多是亲友群、用微信联系熟人之类。"（受访者 F）

因此，手机作为一种媒介，在接入和使用上，亲子两代并无太大的差异，但识别信息、抵制诱惑等"素养"存在明显的差别。就以当下热门的短视频平台抖音为例，用户对抖音的操作使用方式非常简单易学，下载抖音短视频软件即可观看短视频。短视频平台使用门槛低、传播速度快，加上其依托强大的算法推荐和瀑布流布局，很容易使得用户沉迷。在访谈中可以发现，"Z 世代"子女并不热衷于类似抖音、快手等短视频软件，个别甚至不会去下载和观看，而自己的父母却是抖音、快手这类短视频的深度用户。

"短视频他们自己会刷，他们刷得比我还频繁。我手机里都没有一些短视频软件。父母会自己探索，不知道哪里摸出来那么多短视频。很厉害的。"（受访者 C）

"父母会刷抖音，现在全民抖音，家长天天刷抖音。"（受访者 E）

"我父母现在还挺爱刷短视频的，他们跟上了时代的节奏。因为短视频的准入门槛更低一些，相较于微博需要自己找感兴趣的话题，他们刷短视频的操作和步骤都比较简单，就是上下滑动。"（受访者 G）

"Z 世代"子女一方面略带排斥、抗拒的心理对待快、抖短视频，另一方面短视频软件使用上的低门槛和知识普及的便利又促使他们把短视频软件推荐给父母。"Z 世代"子女认为在短视频平台上的内容比较混杂，而且受到算法推荐技术的影响，会容易让自己的兴趣和观看内容受到"信息茧房"的束缚，相较于这种模式，年轻一代更倾向于自己找个性化、趣味性的话题，对所浏览的信息内容更具有支配欲。父母一代则更易沉迷地使用某一短视频软件，一旦学会使用了某一短视频软件，便产生"路径依赖"，习惯性地刷短视频，主动性探索话题的能力比较弱，也很少在短视频平台上发表自己的观点。研究认为70后的父母经历过广播电视媒介时代的转型，再到互联网移动信息时代的更新迭代，他们的深处记忆中依旧停留着接收信息为主的被动状态，而主动检索信息的能力尚有待加强。

此外，研究发现，处在这一阶段的父母可能依赖短视频软件，而且接触的时长比较长，从而产生父母在短视频软件使用上会比"Z世代"子女更熟练的情况。当"Z世代"子女对父母进行"教育"时，子女所表达的内容往往难以切合父母的意愿，甚至会在交流中产生观点、价值观的碰撞。当70后的父母认为自己能驾驭"新技术"，解锁手机"新功能"时，"Z世代"子女的文化反哺难以产生理想的效果。如果子女对父母的"反哺"过程中出现言语表述不当，甚至有可能会触及家庭矛盾和冲突，影响亲子关系的情感。反之，如果亲子两代能以包容、理解、谦逊的姿态面对不同的观点，"Z世代"子女一方能理解父母一代刷短视频的"使用与满足"心理，70后父母一方能理解子女使用和接触媒介、社交平台的多样性，就有助于缓和家庭紧张情绪，甚至可以营造互相学习、互相帮助的家庭氛围。

"我感觉他们对手机懂得比我还多。他们使用手机可能是另外一个层面的，我使用手机也是有一个层面，不是说每个人使用手机整体都能用得很好，大家会有一种互补的情况。可能是我对数字的理解会好一点，由于我目前学的专业（媒体工程），我就会知道网页的制作形成，背后是由代码运行的，但父母仅认为它就是一个按钮，操作的一个动作步骤就去点击。所以也会对父母传授，进行简单的讲解。而父母对某个短视频软件的使用会好点，如果大家遇到什么困惑的话，就能互相解决。"（受访者A）

综上，本研究也验证了家庭传播视角下数字鸿沟的三个维度，即接入沟、使用沟和素养沟，这一划分具有典型性和普适性。与此相对应地，国内学者周裕琼等人提出了数字接入反哺、数字技能反哺、数字素养反哺，并用这三大维度来阐释中国家庭中媒介素养教育的现状。本研究不仅仅局限于对传统意义上的媒介素养进行讨论，并验证了结论的适用性，还有望通过在地实践研究，探索家庭媒介素养教育中可能存在情感方面的鸿沟，特别是在新媒介赋权之下，以"Z世代"群体为研究对象、其父母一代为参照对象时，家庭中媒介素养教育会产生怎样的情感差异，我们的研究将进一步探索并试探性地提出"情感沟"的概念。

（三）代际关系：亲子代间存在"情感沟"

有学者研究表明，中国的非同住成年子女和父母的代际关系分为五种类型，分别是紧密型、亲密有间型、义务型、超脱型和疏远型。在智能手机普及的时代，这五种类型关系都较为典型地指出在非同住时空下成年子女与父母之间的关系。在本研究中，笔者在此基础上提出"情感沟"概念。所谓情感沟，是指在智能媒介使用上存在于"Z世代"子女反哺其父母的教育过程中所产生的情感差异。

研究通过对20位"Z世代"子女的访谈得出初步的结果。四分之一的访谈对象与父母每周联系总时长不足半小时，通过访谈得知，该部分子女与父母的线下家庭关系较为紧张，即使转移到线上沟通仍会出现矛盾和分歧。初步分析可知，在同样使用智能媒介沟通、联系的情况下，70后父母与"Z世代"子女之间的情感沟大小（即家庭情感关系紧密度）会影响到媒介使用的抵达程度和子女反哺的效果。

以访谈者P为亲密型家庭关系为例，访谈者P通过与其父母保持较为紧密的联系，能及时反哺知识给自己的父母，解决他们因媒介技术更新带来的困扰。

"平日里我会教我爸妈使用抖音、支付宝缴付水费、电费之类的。我在的话，他们就会让我来操作智能手机，比较依赖我，他们自己很少主动去学习。对父母来说，智能手机确实存在技术使用上的困难，使用上是有一点门槛在的。此外也有情感上的依赖，因为他们不会去找别人，就会找自己的子女。"（受访者P）

受访者H12在谈到与孩子间的关系时，表示自己一直以来的教育理念是陪伴式成长，在孩子成长过程中每一天都会与之交心。因此在子女反哺的过程中，双方都处在比较融洽的氛围之中。

"但凡有不懂的地方都是会问孩子，因为你也没有其他人可以问。孩子细心地讲，我也会反反复复地问，就是这种状态。反反复复地问，反反复复地讲，反反复复地加深印象，跟学习是一样的过程，因为都是在学习新事物。"（受访者H12）

受访者P与受访者H12所在的家庭中，父母与子女之间的情感关系较为深厚，从日常的生活、新媒介的学习、情感上的依赖都为子女文化反哺父母做了铺垫。

由此，在家庭关系中，父母与子女的亲密度越高，情感沟越小，该父母也更倾向于学习、接触、尝试新的媒介使用。

而在家庭关系较为紧张、存在矛盾分歧的氛围下，"Z世代"子女对父母的反哺效果较差，甚至在媒介赋权子女反哺父母的过程会颠覆以往"父传子"的传统观念，更会导致矛盾激化。"Z世代"子女具有研究的典型性。在前文综述中谈及，"Z世代"是伴随着电子产品成长的一代，而对应其父母则经历过报纸、广播、电视等传统媒介的影响，父母一代对媒介的认识大多处于被动接受的状态。而互联网时代，特别是智能媒介设备的更迭层出不穷，媒介受众从被动向主动的身份转移，在历史潮流的助推下，这一部分"Z世代"子女的父母一辈不得不接受子女们的文化反哺。然而，我们在研究中认识到，"Z世代"子女的父母大多生于20世纪70年代，迫切需要适应时代的急剧变化。

以访谈者G为例。访谈者G与父母保持一周一次的联系频率，每一次联系的时长会在10分钟左右。

"我觉得不仅仅是我父母存在的问题，应该是他们这一代都会存在的问题，对一些观念还是不会接受。比如他们难以接受同性恋、不婚不育、丁克族之类。他们接受不了超脱他们原来想象的事情，就觉得这些事物是不正常的。"（受访者G）

受访者G较少与父母联系，在家庭交流中会产生观点上的矛盾和冲突，受访者G反哺自己父母新媒介技能时就受到阻挠，甚至不受重视，由此中断了反哺。而这种情况并非个例，近四分之一的受访者处在亲子情感关系较为紧张的家庭关系中，子女对父母的反哺效果会变差，甚至出现无效反哺的状况。如受访者D对其父母进行文化反哺时，遭到了父母的质疑和抵触，这种情感使得受访者D在多次反哺无效后选择放弃。

"我会跟他们说这个信息不一定是真的。他们就会抵触我的说法，觉得我说得不对，只相信自己看到的。他们说不过我，但还要"打压"我。他们会凭借自己（在家里）权威的地位和一个年长的身份而不信任我，他们觉得我的话无足轻重。"（受访者D）

由此，在家庭关系中，若父母与子女的情感关系较为紧张，亲子代间的情感沟难以弥合，该部分父母对反哺会产生抵触、对抗的情绪反应，使得"Z世代"子女对父母的反哺中断甚至产生反作用效果。

综上，根据对访谈结果的初步分析可以推论：在"Z世代"家庭中，子代与亲代之间存在情感沟。亲子代间感情关系越亲密的家庭情感沟越小，子女对父母的反哺效果也越好；反之，亲子代之间感情关系较为疏散的家庭情感沟较大，子女所反哺的效果较差。

五、总结

本研究通过滚雪球式抽样，将20位"Z世代"子女以及12位70后的父母作为调查样本进行研究分析。根据扎实的文献分析和理论研究，我们创新性地提出"情感沟"的概念，并初步将之定义为在智能媒介使用上存在于"Z世代"子女反哺其父母的教育过程中所产生的情感差异。对研究通过半结构式访谈得到的材料和理论进行推演，得出初步结论：在"Z世代"家庭中，子代与亲代之间存在情感沟。亲子代间感情关系越亲密的家庭情感沟越小，子女对父母的反哺效果也越好；反之，亲子代之间感情关系较为疏散的家庭情感沟较大，子女所反哺的效果较差。其中，"情感沟"也是本研究中最重要的发现和创见性的观点。

另外，在研究过程中，我们对文本进行分析，在陈述结论时引入受访者相关论述来佐证我们的观点。在概念创新点上，从接入沟、使用沟到素养沟三个层次，从数字鸿沟到数字代沟，我们对以往数字鸿沟的概念进行了演化、推理。在研究中我们加入了"Z世代"这一特定身份，并将"Z世代"这一身份群体放入家庭层面去观察。以往的媒介素养研究大多从技能、文化水平、价值观念、认知行为方面进行研究，讨论存在的差异，但本研究以家庭为单位，以"Z世代"子女及其父母的情感联结为纽带来探究媒介素养教育的差异。研究对象为"Z世代"也颇具研究意义，"Z世代"所对应的70后父母正在经历着新媒体的变革，他们从广播电视时代向互联网时代迈进，到Web2.0时代再到融媒体时代，经历了媒介技术和媒介产品的多次更迭。新兴媒介产品赋予年轻一代教育的权利来反哺自己的父母一代，这种赋权不仅仅在于技能教授上，心理情感上的变化也是本研究考察的出发点。本研究以一个微观的角度去挖掘媒介素养教育尚存在有待研究的问题，并提出家庭情感关系程度会影响到反哺的效果，更是本研究的亮点。

本研究存在不足的点在于：其一，丰富的理论知识和已有的访谈资料的契合度不高，使得访谈资料会出现单独论证的情况；其二，访谈"Z世代"子女的父母样本量较少，分析的深度显得不足，导致本研究大多从子代一方作论证说明，而亲代的例证较少；其三，研究发现方面缺少系统的框架结构，在分析说明方面所使用的理论比较松散且不够深刻。总体来看，研究分析处于初步的描述、发现现状的阶段，在未来的研究中可以继续深挖家庭情感关系对媒介素养教育反哺效果的具体影响过程，以及家庭媒介素养教育在社会层面的意义和价值，对"情感沟"概念的论证需要更多补充性材料和实证研究来证明该观点的普适性。

参考文献：

［1］周晓虹．文化反哺与器物文明的代际传承［J］．中国社会科学，2011（6）．

［2］CNNIC 发布第 49 次《中国互联网络发展状况统计报告》［J］．新闻潮，2022（2）．

［3］韦天文．人口结构与生育意愿变迁的社会学分析——以改革开放为背景［J］．人民论坛，2014（26）．

［4］最新人群——"Z 世代"的生存状态［J］．中国青年研究，1999（3）．

［5］王水雄．中国"Z 世代"青年群体观察［J］．人民论坛，2021（25）．

［6］Prensky, Marc. Digital Natives, Digital Immigrants［M］. on the Horizon, MCB University Press, 2001, Vol. 9, No. 5.

［7］吴飞，沈晓娴．媒介技术的进化历史与中国传媒变革的内在逻辑［J］．新闻与写作，2018（12）．

［8］Thoman E. Skills and Strategies for Media［J］Educational Leadership, 1999, 56 (5).

［9］Hobbs, R., "Media Literacy, Media Activism," Telemedium, The Journal of Media Literacy, vol. 42, no. 3, 1996.

［10］张开．媒介素养概论［M］．北京：中国传媒大学出版社，2006．

［11］袁军．媒介素养教育的世界视野与中国模式［J］．国际新闻界，2010，(5)．

［12］郭小平．风险传播视域的媒介素养教育［J］．国际新闻界，2008（8）4．

［13］刘淼，喻国明．中国面临的第二道数字鸿沟：影响因素研究——基于社会资本视角的实证分析［J］．现代传播（中国传媒大学学报），2020，42（12）．

［14］Hargittai E. Second－level digital divide［J］. 2002.

［15］丁未，张国良．网络传播中的"知沟"现象研究［J］．现代传播，2001（6）．

［16］韦路，李贞芳．新旧媒体知识沟效果之比较研究［J］．浙江大学学报（人文社会科学版），2009，39（5）．

［17］韦路，张明新．第三道数字鸿沟：互联网上的知识沟［J］．新闻与传播研究，2006（4）．

［18］韦路，张明新．数字鸿沟、知识沟和政治参与［J］．新闻与传播评论，2007（Z1）．

［19］周裕琼，林枫．数字代沟的概念化与操作化：基于全国家庭祖孙三代问卷调查

的初次尝试［J］．国际新闻界，2018，40（9）．

[20] 闫慧，孙立立．1989 年以来国内外数字鸿沟研究回顾：内涵、表现维度及影响因素综述［J］．中国图书馆学报，2012，38（5）．

[21] 严励，邱理．从网络传播的阶层分化到自媒体时代的文化壁垒——数字鸿沟发展形态的演变与影响［J］．新闻爱好者，2014（6）．

[22] 沈汝发．我国"代际关系"研究述评［J］．青年研究，2002（2）．

[23] 周晓虹．试论当代中国青年文化的反哺意义［J］．青年研究，1988（11）．

[24] 周晓虹．文化反哺：生发动因与社会意义［J］．青年探索，2017（5）．

[25] 周晓虹．从颠覆、成长走向共生与契洽——文化反哺的代际影响与社会意义［J］．河北学刊，2015，35（3）．

[26] 丁文静．家庭传播中的文化反哺研究综述［J］．新闻研究导刊，2021，12（7）．

[27] Gutierrez, L. M. (1994) 'Beyond Coping：An Empowerment Perspective on StressfulLife Events', Journal of Sociology and Social Welfare 21（3）：201—19.

[28] 丁未．新媒体与赋权：一种实践性的社会研究［J］．国际新闻界，2009（10）．

[29] 张波．新媒介赋权及其关联效应［J］．重庆社会科学，2014（11）．

[30] 殷张鹏．赋权视域下 Z 县返乡农民工就业创业过程中新媒体使用研究［D］．南宁：广西大学，2021．

[31] Boehm, A., & Boehm, E. (2003). Community theaters as a means of empowerment in social work. Journal of Social Work, 3（3），283—300.

[32] 彭兰．新媒体传播：新图景与新机理［J］．新闻与写作，2018（7）．

[33] 周裕琼．数字代沟与文化反哺：对家庭内"静悄悄的革命"的量化考察［J］．现代传播（中国传媒大学学报），2014，36（2）．

[34] Van Dijk J. A framework for digital divide research［J］．Electronic Journal of Communication, 2002, 12（1）：2.

[35] 毕天云．布迪厄的"场域—惯习"论［J］．学术探索，2004（1）．

[36] 周裕琼，丁海琼．中国家庭三代数字反哺现状及影响因素研究［J］．国际新闻界，2020，42（3）．

[37] 杨晶晶．成年期亲子关系类型及其与健康的相关研究［D］．重庆：西南大学，2011．

作者系浙江传媒学院新闻与传播专业硕士研究生。

第二部分

社会人群媒介素养研究

多源流视角下环保社会组织在环境治理议程中的互动研究

——以浙江省"绿色浙江"为例

崔 波 潘秋艳

摘要：中国的社会治理正在经历从弱社会到强社会的转变，在这过渡中社会组织民间组织发挥了较大的作用，而在社会组织的发展中，环境保护类的社会组织在中国发展较好，积极推动了环境治理和绿色发展理念。绿色浙江作为浙江较大的环保民间组织，曾推动浙江水资源治理，将河流治理从公共话题扩大成媒体议程，最后转化为政策议题，与公众企业家、媒体和政府间形成承上启下的互动网，将环保理念带入千家万户。研究发现这三者力量是决定环保社会组织能否快速扎根发展的重要因素；在多源流分析框架下，结合绿色浙江的成功讲演，笔者提出了社会组织生态议程设置模型。

关键词：社会组织；环境治理；议程设置

一、引言

社会组织在中国的语境下，同时还出现了"民间组织""草根组织"等多种称呼，其最大的特征是民间志愿成立的非营利性组织，因此社会组织也被看作是社会管理治理领域的新型组织力量。随着政府的管理理念从统治到管制再到服务型转变，非政府组织已经成为社会治理不可或缺的中国力量，是党、政府和人民的沟通桥梁。

中国从改革开放以来，为了发展工业、发展经济，短暂地牺牲了生态环境。党的十八大首次将生态文明建设提升到与经济建设、政治建设、文化建设和社会建设同等重要地位，并做出战略部署，也就是从十八大起，生态环境治理被提高到前所未有的高度。因此，环保社会组织也受到了较大的关注，其合法性、合理性、认可度逐渐提高。

环保社会组织聚集了专业且志愿服务的民间力量，有一批热衷于环境保护、环境治理、环境事业的专业人士和志愿者，成为中国环保事业较为活跃、范围较广、持续深入的环保教育、宣传和监督力量，通过开展讲座教育、举办活动宣传理念、收集民意参与环保监督，成为推动可持续发展的中坚力量，以保护环境为宗旨，提供社会环保公益性服务，为民众提供参与环保的机会，同时它也是政府治理环境的监督者和重要助手，作为对调控失灵和市场失灵的弥补。

绿色浙江是浙江省较早成为合法社会组织的绿色环保组织，前身是2001年率先在浙江注册成为社会组织的浙江省青年志愿者协会绿色环保志愿分会，由共青团浙江省委主管；2010年注册了杭州市生态文化协会社会组织，由杭州市环境保护局主管；2013年注册了浙江省绿色科技文化促进会，简称"绿色浙江"。绿色浙江重点关注水资源保护、无废城市创建、碳达峰中等环境保护议题，其中的"吾水共治"最早就是绿色浙江发起的行动。

目前，我国对环保社会组织的研究较为稀少，少部分学者对其理论、国际经验和合理性做出了研究，但对其与媒体、公众、政府间的互动研究较少，尤其是在新媒体发展迅速、互联网曝光速度快、环保理念传播范围广的今天，环保社会组织的媒体素养、议程设置能力成为重要的评价标准。因此本文以议程设置理论切入，研究绿色浙江和诸多利益群体的多源流互动网颇有意义，使其在新环境、新格局、新时代下发挥调查者、传播者、监督者角色，构建环境的人类命运共同体。

二、问题的提出

中国的非政府组织更多的是"嵌入式"的，与国家保持积极的互动，为实现自身目标，试图影响国家的政策，塑造公正、透明的公共领域。随着近些年政策参与空间逐步开放，部分草根社会组织已具备政策企业家的基本特征，同政府协同治理环境污染等问题。当前中国环境社会组织的角色已经从"宣教者"转变到了"倡导者"，并迈向公众参与的制衡型道路；从主要工作方式和影响机制来看，主要是利用媒介力量和环保社会组织内部的网络动员向政府和企业施压，因此应借助大众传媒的力量，把环保社会组织的声音放大传播出去，加大其在政策议程设定中的影响力。

笔者查阅相关的文献，发现中国学者对环保社会组织的切入点、理论支撑点较为集中，早期的时候关注环保社会组织在法律诉讼中的合法地位，关注他们的独立性和合法性。但随着中国社会组织流程的完善，大部分学者转向关注环保社会组织如何协同政府进行环境治理，创建生态型政府，促进环境保护，研究其与政府间的互动关系，仅在其中简单谈到媒体的作用，但在实际中社会组织与媒体的互动不能忽视。总的来说，研究缺少一个框架将社会组织、民众、媒体、政府联结起来，描述清楚其互动利益关系。因此本文以"绿色浙江"为个案，采用深度访谈法和文献分析法研究：笔者访谈了绿色浙江的副会长、秘书长忻浩和相关负责人李伟，每次访谈都超过 2 小时；参与到其社群中进行观察。

本文从议程设置和多源流理论视角切入分析两大问题：

①"绿色浙江"是如何借助公众/企业家、媒体、政府，促进问题变成政策议题的？

② 在借助各方力量的过程中，是否有可移植的经验？

通过以上两个问题的研究，提炼出社会组织生态议程设置模型，为社会组织在新媒体环境下发挥议程设置作用、扮演好倡导型社会组织提供切实可行的路径。

三、多源流框架下的议题分析："绿色浙江"何以借助社会力量？

多源流决策分析理论由美国学者金顿提出，常用于研究政策的制定是如何推动的。根据该理论，影响政策制定的三条源流分别是问题源流、政策源流和政治源流，三种源流沿着不同的路径流动，并在某一特定时间点汇合到一起，这一特定时间点成为"政策之窗"。

2014 年，绿色浙江将河道污染的问题通过自身新媒体渠道发布、联合媒体报道等途径，推动浙江省委省政府关注水资源污染，最终积极影响了"五水共治"政策的试水。"绿色浙江"以公共价值生产为核心战略，联结政府、媒体、企业、公众等力量，开启"吾水共治"政策之窗。

（一）阶段一：捕捉民众情绪，理性发起公众议题，形成问题源流

问题源流指的是需要解决的问题被政府决策部门看到的过程。在"吾水共治"议题中，问题源流源自"绿色浙江"及时关注到居民群众的负面情绪变化，及时发现了浙江省存在河水资源污染的问题，需要及时解决；通过对焦点事件的把握、危机事件的呼吁两步走，成功设置了水污染治理的议题，把握了主导权。

首先是对焦点事件的把握。2013 年 2 月温州某企业家返乡时发现水源存在污染，看到家乡的河道垃圾遍布、水质浑浊，于是悬赏 30 万邀请苍南环保局局长下河游泳；3 天后，有一县市的环保组织众筹 50 万元，邀请当地环保局局长下河游泳，引发本地较大的关注。"绿色浙江"马上捕捉到了浙江省内群众的情绪，纷纷在微博和微信公众号上发布消息，以一种理性的声音表达态度：面对环境污染，我们应该靠自己，不能光靠政府，并表示绿色浙江可以用这笔钱治理河水后下河游泳。此举引发了大量的互动，将一场群众和政府间的对抗巧妙化解的同时，还进一步提高了"悬赏局长游泳"的热度。

其次是对危机事件的呼吁。在这次民众情绪到公众讨论议题的过程中，绿色浙江理性的思考在其中起到了较大的作用。如果只是民众的消极情绪在发声，那么这件事可能被冷处理，然后不了了之。但是绿色浙江选择抓住民众的情绪，将话题正确引导到水污染如何正确处理上，引导群众多提升自身的清洁环保意识。负责人忻浩表示：老百姓有什么诉求，我们就会去协调解决。环保社会组织要关注民众反映的问题，联合企业家、民众形成舆论，要正确引导民众情绪；也要利用好积极的情绪，通过发动公众参与河水治理、少扔垃圾、监督企业污水排放的行动中来，形成巨大的舆论互动和社会压力。在温州的舆论事件暂时告一段落后，绿色浙江发起系列活动，邀请全省 20 家环保组织开展"煮水论英雄"座谈会，商讨水污染治理，用实际行动将问题理性、持续地反映出来，直接推动温州实施"河长制"来治理河道。后续还推出多篇推文关注浦江县、绍兴市、金华市的水治理问题，成功地吸引了媒体的报道关注，引发中国能源网、《杭州日报》、中国新闻网、中国经济网、网易新闻等报道。

（二）阶段二：联合地方媒体，进行舆论监督，形成政策源流

政策源流指的是由各种专家提出具体的建议并进行讨论、受到重视的过程。在水资源环境的议题设置后，绿色浙江积极联合媒体监督、讨论，最终被浙江省委省政府看到。大众媒体由于其广大的受众和传播党政声音的特殊性，其发挥的舆论作用更明显，传播的声音也更容易被听见。而环保社会组织更应该和媒体保持良好的合作关系，更好地宣传环境保护、河水治理的理念。

在 2013 年 4 月，绿色浙江与浙江卫视新闻中心的记者合作，共同策划了大型新闻活动《寻找可游泳的河》，由绿色浙江提供线索、浙江卫视拍摄，一共播出了 136 期，引发了管理部门和民众的关注。在引发省委、省政府高度重视后，绿色浙江又趁热打铁，与浙江卫视发起了"横渡钱塘江，畅游母亲河"的活动；发起了首次电视问政节目《治水面对面》，邀请各地市的相关负责人回答问题，分析水污染的原因、如何治理，回应百姓关切的问题，积极推动了各地市环保局对河道水资源治理的重视，在问政节目中共同探讨防止水污染的办法和经验。

为响应政府的号召，绿色浙江还专门组织"吾水共治"活动，联合"范大姐帮忙"栏目组、浙江都市频道栏目组召开"吾水共治"圆桌会，针对某一条河流的污染情况召开圆桌会，并通过电视进行直播，进行民主协商、头脑风暴，给出处理意见。圆桌会赋予绿色浙江发起倡议、平等对话，并联合多方力量要求流域内政府部门、企业和相关利益者联合采取治理措施的机会，有效解决跨区域河流水污染问题。

在政策流阶段，一般是政府部门组织专家讨论决策，但绿色浙江在组织中主动承担起了政策谋划的责任，用自己的力量为政府出谋划策，让更多的群众和专业人士能够参与进来，充分增加了民主协商的广度和深度。

(三) **阶段三：联合政府力量，推动"五水共治"政策，形成政治源流**

政治源流指的是在筛选符合本国意识形态的政策出台。绿色浙江的呼吁、发起媒体报道行动等一系列的举措获得了省政府的信任，从而更好地推动政策落地。比如绿色浙江策划的12场圆桌会中提出了"民间河长"的举措，直接推动浙江省"五水共治"政策的实施。河道治理是符合中国的发展趋势的，环保组织也要多多关注趋势类议题，获取政府信任，才能开启政策之窗。

由此可见，环保社会组织通过问题源流与政策源流对媒体、公众和政府开展工作，使得河道治理问题被关注、河长制建议被采纳。忻浩表示，绿色浙江作为一个社会组织，把各个议题都串联起来，让社会的多元主体共同关注和解决环境问题。

四、环保社会组织在议程设置中的成功经验

绿色浙江从一个小组织发展到浙江省内影响力较大的非政府民间组织，一步步从草根到被认可的背后，是其善于设置议题并借助政府党建力量、媒体专业力量和民间企业独立力量，当然也离不开组织者的情怀、长远目光和组织能力。

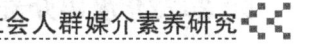

（一）摆正理念：监督而非对抗，借助党政力量

社会组织的长远发展离不开官方的认可和党建资源的加持。中国社会组织遇到最大的问题是合法性受质疑，大部分的民间组织是没有注册的，故而也没有合法权利去监督、提起诉讼，而如今社会组织的注册也难上加难。在这样的情况下，非政府组织要想发挥作用、壮大组织，不能和政府对立，而是要以监督、共同治理甚至是协助的方式进行。正如忻浩所说：我们要做的就是沟通官方，共同促进环保事业的发展。如果对政府持有不理性的想法、态度，那能力和传播力都是有限的。有研究发现我们党在拓宽资源渠道、增强参政合法性方面对社会组织的影响，与政府相比，并不存在显著优势，然而唯独我们党可以从制度层面给予社会组织领导人以政治身份，从而强化其参政议政身份、扩展其社会网络，为社会组织的发展提供更加宽松的制度环境。绿色浙江举办的讲座论坛邀请学界业界大咖，也离不开党政力量的认可而带来的助力。

环保社会组织要想让某个议题获取高层的关注、推动政策议程，首先得符合政治源流，符合国家的意识形态，并且与领导干部沟通，让其接受提议，不论是从获得认可还是从推动政策议程、获取民众关注来说，大概率都能实现。绿色浙江提出河道治理的议题和建议与我国构建生态文明建设要求密切相关，因此才能在两个月的时间内策划大型活动，短时间内推动浙江省水资源治理政策颁布和实施。即使是在民众的负面情绪之下，绿色浙江仍然坚持引导群众，将其转化为积极情绪，而这也是社会组织应该做好的官方与民间的沟通。

实际上，我国有较多环保社会组织的领导人、骨干本身就是人大代表或者是政协委员，环保组织可以通过制度化的渠道提出环境类议案，有效地介入议程中。绿色浙江更是努力争取在社会组织申请成立党组织，以党建力量带动社会组织发展，借助政府和党建力量，更好地为人民服务。

（二）重视宣传：融合而非忽视，借助媒体放大力量

社会组织想要主动设置生态议题，必须提升自身的媒介素养，不仅仅是内部的渠道，还要积极和外部渠道协商交流。绿色浙江同浙江卫视、环境日报等媒体都保持着高度的合作关系。随着国家对环保事业的重视，环保组织的活动也具备极高的新闻价值，与媒体保持合作共赢的关系是一种新的必备素养。

大部分的环保组织工作停留在人际关系的动员中，较少具备使用新媒

体、与大众媒体合作宣传的媒介素质。环保社会组织应善于运用新闻媒体促进公共议题的建立，透过政策游说过程，进而对政府造成影响力。政府部门通过媒体了解环保社会组织的举动，为以后双方开展更多的合作创造了机会，媒体在其中起到了"传声筒"的作用。

新闻媒体的专业性在于推动议题的传播力度、扩大事件影响力，因此环保社会组织也应合作新闻媒体，达成合作关系。可以宣传本组织内举办的活动，进而让更多的人知道并参与进来；也可以宣传环保理念，社会组织本身就具备专业性，因此由社会组织提供内容，新闻媒体报道的效果更好。除了对组织的宣传，创建者、负责人、团队成员的故事，也具备新闻价值，借由个体提升组织力的影响，也是一条宣传的口子。

新闻媒体是外部的渠道，但组织内也要有内部的机制进行对外宣传。公众号、微博、抖音等社交媒体平台都是社会组织可以入驻的，因此对社会组织来说，提升媒介素养、重视媒介的宣传效果、与媒体融合报道是新时代下社会组织必备的素养。忻浩也表示传播是非常有力量的，绿色浙江的"寻找可游泳的河""吾水共治圆桌会"的传播效果都是乘媒体之风才能到达政府部门；媒体报道也依靠绿色浙江提供的素材增强了公信力。

（三）寓教于乐：在环境教育中借助民间力量

环保社会组织宣传环保理念、推动河道治理，还需要集中民间力量办大事，不仅是要教育宣传，还要和企业家合作，拓宽社会组织资金来源渠道。村民、居民是生活垃圾的制造者，乱丢垃圾、垃圾不分类导致河道受到污染，因此要积极动员公众承担起责任。

绿色浙江为了让公众提升治理河道的主动性，积极与社区、学校合作，将环境教育带入日常生活中、带入学校中，比如和学军小学举办青少年水环保教育，每年开学的第一课以"水"为主题，还会开展水上实验、组织"小河长"活动，提升青少年对水资源保护、环境保护的意识和责任。绿色浙江和浙江省内100多家学校合作，共同推进环保教育。在这些活动中，学生、家长、老师和居民们都能学习到如何保护水资源、如何减少垃圾污染、如何进行废物利用，积极主动实现美丽浙江、碳中和和无废城市的创建；在舟山海域创建了公益服务站，志愿者会劝导渔民不要只用泡沫制品，尽量使用环保、可降解、可再生的捕鱼制品，让公众自觉地参与到环境保护中来，发动基层力量发现环保问题、积极解决问题。因此环保社会组织要积极引导公众践行环保理念。

公众占据民间成员的大部分，但企业的资金支持、技术支持、场地支持是非常重要的因素，因此社会组织要与企业家合作，激发其环保公益思维。绿色浙江在水资源保护上就非常好地利用了温州商人众筹的资金进行治理。如今还和阿里巴巴公益基金会、浙江省科协资源与环境学会联合体达成合作关系，对接企业资源，做好碳达峰理念的宣传。

(四) 承上启下：沟通多方促进环境治理

环保社会组织要做好公众、媒体和政府之间的沟通者，让三方共同关注环境保护议题。从多源理论视角看，社会组织要善于捕捉民众情绪、听取民众问题、积极向上反馈，让问题本身变成问题源流，被媒体和政府看到，在这个阶段，环保组织要积极培育公众参与到治理、监督中。绿色浙江和杭州的民间河长沟通，当民间河长发现水质污染问题会向绿色浙江汇报，再向上到主管部门，一级一级汇报问题，这是日常的问题源流。当出现公共危机事件后，环保社会组织要把握主动权，将非理性情绪合理转化为问题议题，并联合新闻媒体造势，让环保问题在各项议程中排上日程。在政策源流阶段，环保社会组织专业人士可以积极参与到党政建设中去，有能力者可以积极担任行政部门岗位工作，积极讨论环保议题，使其转化为政治议题，促进社会治理共同体建设。

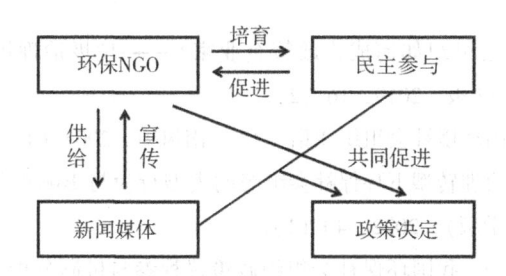

图1 根据科尔曼的生态治理模型改编的议题设置模型，灵感源自孙秋芬

生态政治学者科尔曼提出生态治理需要强化做好三件事：一是塑造有生态地位的价值观并更新发展方式；二是要充分尊重和发现各社群对生态社会的建设主体价值；三是以更为广泛、真实的民主参与来共同构建一个人与人、人与自然和谐共赢的绿色生态家园。在此基础上可以将环保社会组织设置的生态政策议题嵌入。环保社会组织要积极培育公民，以更广泛、直接的民主参与创建绿色中国；要积极参与媒体宣传，塑造环保社会组织调查者、监督者、协调者的形象，促进环保组织被政府看见；三者共同合理促进环保议题变成政策决定。

五、结语

绿色浙江借助了公众力量发现水资源污染问题，主动出击设置议题，联合媒体进行报道，扩大议题影响力，策划系列节目推动生态议题变成政策议题，得到官方认可。现如今环保民间组织存在合理性受到质疑、监督无门的困境，绿色浙江给出了一份答案：与政府保持友好沟通，但在借助政府力量时仍要发挥好调查者和监督者的作用，保持自身的独立性和专业性；和媒体合作，积极主动设置环保议题。环保社会组织参与到社会治理中是未来的一大趋势，保持独立性的同时，获得认可、借助资源是重要一步。

参考文献：

[1] 熊晓丹. 中国环保社会组织参与水环境管理的研究 [D]. 北京：北京林业大学, 2011.

[2] 孙秋芬. 生态社会组织在生态型政府构建中的作用探究 [J]. 内蒙古农业大学学报（社会科学版），2012, 14 (1).

[3] 刘晓燕. 环保社会组织议题建构策略中的权力运作 [J]. 青春岁月, 2018 (21).

[4] 谭爽. 草根社会组织如何成为政策企业家？——垃圾治理场域中的历时观察 [J]. 公共管理学报, 2019, 16 (2).

[5] 付涛. 当代中国环境社会组织图谱 [J]. 南风窗, 2005 (4).

[6] 高万芹. 生态治理转型下环保社会组织的类型行为与影响机制 [J]. 贵州大学学报（社会科学版），2022, 40 (1).

[7] 吴湘玲, 王志华. 我国环保社会组织政策议程参与机制分析——基于多源流分析框架的视角 [J]. 中南大学学报（社会科学版），2011, 17 (5).

[8] 姜艳华, 李兆友. 多源流理论在我国公共政策研究中的应用述论 [J]. 江苏社会科学, 2019 (1).

[9] 蒋惠琴, 俞银华, 张潇, 邵鑫潇. 利益相关者视角下非政府组织参与环境治理的模式创新研究——以绿色浙江"吾水共治"圆桌会为例 [J]. 环境污染与防治, 2020, 42 (7).

[10] 李朔严. 政党统合的力量：党、政治资本与草根社会组织的发展——基于Z省H市的多案例比较研究 [J]. 社会, 2018, 38 (1).

[11] 文素婷. 环保社会组织推进垃圾分类政策议程分析 [D]. 武汉：华中科技大

学，2013.

[12] 蔡馥谣. 环保社会组织发展中的媒体角色探析［J］. 今传媒，2015，23（7）.

[13] 孙秋芬. 生态社会组织在生态型政府构建中的作用探究［J］. 内蒙古农业大学学报（社会科学版），2012，14（1）.

作者崔波系浙江传媒学院新闻与传播学院教授，硕士生导师；潘秋艳系浙江传媒学院新闻与传播专业在读硕士研究生。

运用互联网思维，探索新时代地方对外宣传工作新路径

高玉飞

摘要：当今世界正在经历新一轮大发展、大调整、大变革的百年未有之变局，我国社会主要矛盾发生了质的变化，迈进了中国特色社会主义新时代。党的十八大以来，习近平总书记明察国际国内风云变幻，就宣传思想工作面临的新挑战新任务作出了一系列重要论述，为县市基层对外宣传工作审时度势创新发展提供了根本遵循。本文立足于互联网成为传播主流思想、开展舆论斗争的主阵地和主战场，阐述了树立用户至上服务理念，坚持移动优先量化考核标准下，适应现代传播体系和话语体系，塑造生命力强、感染性好、共情度高的地方党委政府良好的对外形象的方式方法。

关键词：宣传思想文化；新闻实践；对外宣传；创新发展

湖北省宜昌市委书记王立说："没人看的新闻，千条百条也是白条；没人听的宣传，千讲万讲也是白讲。"对外宣传工作，是区域经济社会发展"催化剂"和"助推器"，也是展示一个地方良好形象的重要窗口。当前，"互联网+"发展潮流不可逆转，全媒体形态的融合报道呈现锐不可当的趋势。新时代县市对外宣传工作必须因势而谋、应势而动、顺势而为，牢固树立用户至上的服务理念，坚持移动优先量化考核标准，切实增强运用互联网思维做好对外宣传工作的意识，在理念、内容、手段、形式和机制等方面不

断探索，寻求创新突破开拓新的路径。

中国有一句老话叫"识时务者为俊杰"。笔者认为，"识时务"关键在于弄清时务。何为时务？对当前县市对外宣传工作来说，手机 APP 的新闻传播力、舆论渗透力和社会影响力日益增长，已成为传播主流思想、开展舆论斗争的主阵地和主战场。识得时务，就是眼界要宽、心底要明、目标要准、措施要灵，将互联网思维植入对外宣传工作领域，为县域经济社会发展创造良好的舆论生态和舆论氛围。

自"互联网思维"概念出现以来，大数据、零距离、趋透明、慧分享、便操作、惠众生便成为其六大典型特征。这些要求新闻工作者从供给侧结构性改革视域，重新审视新闻传播价值链。说到底，互联网思维就是要打破传统对外宣传思维定式，树立起"平等、便捷、互动"的新标准新理念，运用发散、多点、并击的思维迎接新挑战，抓住新机遇将各种事物联结在一起思考，开创舆论引导新格局，厘清和处理好各种矛盾和繁杂问题，从而实现宣传效果的最大化和最优化，让本行政区域内外各阶层受众在价值理念上形成一致。

运用互联网思维，关键是要认清当下舆论场上激烈的人心争夺战，切实找准县市对外宣传工作的着力点，这是亟待解决的重大理论课题和重要现实任务。具体来说，笔者认为可以从以下几个方面着手：

一、理念：打破传统对外宣传格局，建立相互服务意识

长期以来，县市对外宣传工作侧重于以能在大报大刊、大台大网发稿为最高标准。"我说你听"，不管受众爱不爱听；"我产你看"，不管受众爱不爱看。全国 2847 个县级行政区几乎概莫能外，一致将能在人民日报、新华社和中央电视台等国家级主流媒体发稿，作为对外宣传孜孜不倦的追求和目标。这就导致过于追求"顶天"，而很少考虑如何"立地"，加之受到资源和经费等客观条件限制，根本无法做到"铺天盖地"。

坚持以人民为中心，已被党的十九大报告确立为新时代坚持和发展中国特色社会主义的基本方略之一。这就要求新时代县市对外宣传工作必须将促进区域物质文明、政治文明、精神文明、社会文明、生态文明"五个文明"协调发展作为根本出发点和落脚点，将增进人民群众福祉作为根本遵循和不变宗旨。其实，对任何一个县级行政单位来说，本行政区域之外就是"外"，因此利用各自掌握的自有媒体资源优势，通过设立"他山之石"之

类栏目实施媒体资源互相调剂，基本上可以让对外宣传声音全方位"响"起来，全频道"立"起来，从而达到宣传推广区域特色、促进区域发展的目的。江苏省盱眙县在充分调研的基础上，总结归纳了"4个80%"，即80%以上的农副产品销往长三角、80%以上的劳动力输出到长三角、80%以上的游客来自长三角、80%以上的招商引资项目来自长三角。为此2020年11月，盱眙县邀请长三角地区50余家县级融媒体中心150余名新闻记者，举行了"须臾之间 恋上盱眙"全域旅游推广活动，取得了显著成效。据了解，长三角广电旅游联盟成立几年来，通过项目联合、产业融合、资源整合的方式互换新闻资源，探索出了一条深受各地党委政府和人民群众欢迎的跨行政区域的对外宣传之路。

二、内容：树立用户至上服务宗旨，引领区域超常发展

新闻舆论工作是一件事关区域治理和社会稳定的大事；做好新闻舆论引导工作能够提升党委政府的凝聚力和向心力，也是促进区域经济社会发展的强劲"发动机"和电子"加速器"。在实际操作中，县市对外宣传往往局限于应付各级各类考核，过于强调在上级党媒的发稿频次和数量，而对如何提升新闻产品质量水平、引发受众对当地的信息供给产生"发生—反应"双向循环互动传播的少之又少，从而导致促进区域经济社会发展的实际功效微乎其微。

用户至上是互联网思维最为典型的总特征，其核心就是创造口碑，口碑的核心便是"超出用户预期"。笔者认为，以舆论引导者自居，新闻传播总会给人以居高临下的说教感觉，对外宣传效果往往大打折扣。因此，亟须借鉴互联网思维用户至上的价值追求，围绕当地特色产品主销地区、招商引资重点地区、外来游客聚集地区等，根据社会各界关心的焦点、热点、难点问题组织对外宣传产品生产，促成本行政区域内外群众最为关心的"急难愁盼"问题早日解决。这才是对外宣传工作的王道，也是探索新时代县市对外宣传工作新路径的立足点。而今天，围绕群众最关切的教育、医疗、住房、出行等民生问题，切实提升新闻产品质量水平，应当是县市对外宣传的着力点和侧重点。

三、手段：坚持移动优先量化考核，检验舆论引导效果

如今，手机客户端的基本属性为研究受众心理、了解网络生态、细分受

众群体、掌握审美习惯等，也提供了检验舆论引导效果的重要标准。事实上，无论发表了多少稿件，刊登刊播媒体层次再高，如果没人看、没人转、无互动，效果都会大打折扣，甚至会让受众熟视无睹。

互联网思维除了用户至上总要求外，还包括体验为王、免费模式、颠覆式创新。由此可见，对外宣传新闻产品只要舆论导向正确，就应当依据受众的点击量、转发量和好评度、互动度作为唯一的考核标准。相对来说，那些以客观公正的立场陈述事实、以翔实全面的案例扩充信息量、以深入浅出的分析增强可信度的新闻产品，一般来说都是高质量的外宣产品。这些内容往往能够使受众从过去舆论引导的"被动听"，变成现在自发自觉信息获取的"主动看"。新媒体时代，每个受众均可以成为传播员、宣传员、引导员，二次传播产生的长尾效应，往往能够发挥事半功倍的良好效果。例如，2022年元月，被誉为"苏北九寨沟"的天泉湖举办了"十景"新闻发布会，众多媒体做了广泛报道，其中不少家媒体也将其生产的新闻产品推送到学习强国江苏学习平台发布。事与愿违的是，因为内容的同质化导致大多新闻产品点击量仅仅停留在几百次，甚至几十次。为了配合新闻发布会并探索县市对外宣传工作的新路径，笔者邀请中国作协会员、江苏省作家协会签约作家张佐香创作了《江苏盱眙天泉湖：一席眼睛的盛宴》，同时配上刚刚拍摄的天泉湖旅游度假区"十景"相关照片，在学习强国江苏学习平台发布后，24小时内阅读量便超过万人，点赞量达到500以上，成为此次新闻发布会的唯一"爆款"产品。其实，基层新闻发布会效果欠佳，是一种普遍的现象。

四、形式：创新对外宣传产品样态，努力讲好当地故事

习近平总书记指出："宣传思想工作创新，重点要抓好理念创新、手段创新、基层工作创新，努力以思想认识新飞跃打开工作新局面，积极探索有利于破解工作难题的新举措新办法，把创新的重心放在基层一线。"党中央关于宣传思想工作创新重点在基层的明确要求，不仅表明了党对县市级舆论引导工作的高度重视，也表明了党中央对县市积极探索新时代对外宣传工作新路径寄予厚望。当前，县市对外宣传工作者应当深刻认识自身肩负的历史使命，准确把握新媒体传播规律，着力打造一批形态多样、手段先进、深受欢迎、有竞争力和影响力的新型对外宣传产品。笔者认为，对外宣传产品无论内容还是形式，都应当立足于找准本地和外地之间效益交汇点、情感共鸣点等最大公约数，让本地价值与外地价值在新闻生产中相通相融，达成不同

区域受众的共识共鸣至关重要。例如，广播消息《农民在国新办新闻发布会上唱主角——首个"中国农民丰收节"中外记者见面会》，作者紧紧抓住参加新闻见面会的种粮大户与全国人民同心共筑中国梦的时代印记，分头采访了本行政区域内外的基层农业工作者，传达出新时代农民的社会地位越来越高的客观事实，以及广大农民朋友的获得感和幸福感。此消息一经播出，立即引起全国各地媒体广泛转发转播。因此，该消息还荣获了第29届中国新闻奖一等奖，实现了当地广播电视台参评中国新闻奖以来零的突破。

"宣"与"不宣"，即新闻发布与舆情处置是对外宣传工作两大重要任务。可是，新闻发布效果如何、舆情处置是否失当，一直以来缺少统一标准。在互联网已经成为舆论引导的主战场和主阵地时代，"不宣"往往也需要通过"宣"的手段解决，乃至消除"恶劣"影响。全民记者时代，人人都有麦克风，靠"公关屏蔽"达成"不宣"目的，几乎已不可能。在舆论生态的版图不断被改写的当下，网民如同一个个水分子，单个看起来平和无力，但集中起来便会产生波涛汹涌的力量。这便需要县市对外宣传队伍抓牢主线、抓住重点、抓好统筹，遵循新闻传播规律和新兴媒体发展规律，加大生产适应传统媒体和新兴媒体传播的融合新闻产品力度。根据传统主流媒体的内容优势与新媒体的传播优势形成的叠加优势，创新生产形态多样的内容产品，运用融合发展的话语表达体系和现代传播手段，塑造出生命力强、感染性好、共情度高的当地良好对外形象极为重要。只有开发适应于网络终端传播、集成立体化展示、高密度信息覆盖的新媒体产品，才能增强县市对外宣传工作的传播力、引导力、影响力、公信力，形成全方位、多层次、多声部的主流舆论传播矩阵。

五、机制：运用大数据云计算技术，细分受众按需供给

大数据、云计算、移动互联是当今互联网技术的核心，也是发展积极向上的网络文化，拓展网络舆论空间，促进互联网和经济社会融合发展的重要工具。在信息爆炸时代，要让受众对接收到的新闻内容心悦诚服，必须允许其充分展现真实的思想，找出传受之间未能成为"互主体"的问题症结所在，对症用好"灵丹妙药"才行。这就需要根据微信、微博、短视频以及移动客户端等手机媒体和社交网络新闻传播特点，依据受众的审美习惯和反馈内容，建构起县市对外宣传报道矩阵的同频共振和融合互动。唯有如此，才能掀起新闻传播的立体声势和规模效应，让一个个"独角戏"汇聚成主

旋律高昂的"大合唱"，形成强大的舆论引导合力。

放眼全国各地县市对外宣传产品，大多是逐渐失去魅力的千篇一律的"大水漫灌"式的传统型产品，而深入研究不同受众网络生活特点及其话语表达方式，通过分众化传播实现在分享和体验中发挥引导舆论作用的内容产品极为少见。笔者认为，互联网时代的县市对外宣传工作，应当充分运用大数据、云计算、虚拟技术等高科技手段，根据内容和数据分析得出的受众审美特点和心理需求等要素，通过网上网下"联动并进"的活动设计，拓展兼具移动化、视频化、互动化、文艺化等富有思想内涵、融合时尚元素、受人们欢迎的各类互动型新闻产品。这样实施针对性极强的精准"点穴"式舆论引导，对于众声喧哗的舆论场凝聚共识至关重要。例如，扬州广播电视台策划推出的"外籍人士看扬州"系列节目，借用网络语言、视觉形象、大众表达的语言情境，不仅在国内掀起了强烈反响，还在海外激发了人们广泛的情感认同和思想共鸣，从而探索出了一条借好"外嘴"，讲好扬州故事的新路径。

六、结语

当前，县市对外宣传工作必须在建设一支具有互联网思维、适应并熟悉新的传播业态和舆论生态外宣人才队伍的基础上，通过深入研究互联网时代受众心理和微传播话语表达规律及表现方式的同时，主动策划生产针对不同受众和不同载体，采取不同的传播策略、表现形式、叙事方法和语言风格的外宣产品，成为非常迫切的现实任务。

2021年12月14日，习近平总书记在中国文联十一大、中国作协十大开幕式上强调："广大文艺工作者要有学习前人的礼敬之心，更要有超越前人的竞胜之心，增强自我突破的勇气，抵制照搬跟风、克隆山寨，迈向更加广阔的创作天地。"外宣工作是文艺工作不可或缺的重要组成部分，县市对外宣传工作者必须自觉并坚决抵制传统的千篇一律式的内容供给，以自强不息、厚德载物的精神，花大力气、下真功夫切实提升其创造力，才能实现从聚流量向聚人心的跨越，提升当地的美誉度和影响力。

只有对话平等、体验良好、文质兼美的外宣产品，才能充分发挥其舆论引导、服务和管理作用，做到新媒体阵地扩展到哪里，舆论引导、服务和管理就跟进到哪里，从而画好网上网下、本行政区域内外的"同心圆"，通过各美其美、美美与共的策略，实现深化区域品牌营销的目的。

参考文献：

[1] 雷鹏程. 王立在市委宣传部（市委网信办）巡察反馈会上强调，把牢政治方向，坚持守正创新，为全面提升城市软实力提供硬支撑［N］. 三峡日报，2022－01－12（1）.

[2] 高玉飞. 新闻供给侧改革策略研究——兼论县级融媒体中心建设问题［J］. 中国广播电视学刊，2019（5）.

[3] 习近平. 把宣传思想工作做得更好［M］. 北京：外文出版社，2018.

[4] 习近平. 在中国文联十一大、中国作协十大开幕式上的讲话［N］. 光明日报，2021－12－01（2）.

作者系江苏省盱眙县融媒体中心对外宣传部部长，《金陵警坛》专栏作家，淮安市文联签约作家。

短视频：提升公众健康素养的"利器"

孙海苗　周慧娜

摘要：虽然健康科普类短视频存在着内容同质化、时间短、碎片化、表达浅等缺点和不足，但在提升公众健康素养、预防疾病等方面发挥了积极作用，特别是在新冠疫情防控上，实现了传播效果的最大化和最优化。本文结合健康科普短视频的传播现状，探讨了相关优化路径。

关键词：短视频；健康素养；路径

短视频是全媒体时代继微博、微信之后的第三大互联网流量入口，是广大受众喜闻乐见的新形式。健康科普类短视频是传播健康知识、提升健康素养的新风口，也是社会各界了解医院、医务工作者及涉医服务平台的阵地和窗口。通过抖音、快手、视频号这些平台，健康科普类短视频逐渐成为人们学习科普知识、获取健康资讯的新形式。

一、现状

2022年6月10日，国家卫健委召开新闻发布会，披露了这些数据：党的十八大以来，通过个人、家庭、政府、社会的共同努力，全国居民健康素养水平稳步提升，从2012年的8.8%提高到2021年的25.4%，提前完成健康中国行动2022年的阶段性目标。其中，2020年达到23.15%，比2019年提升3.98个百分点，增幅为历年最大。这与新冠疫情防控以来，广大人民群众积极主动学习健康防护知识和技能密不可分。

让广大群众"听得进、学得会、用得上"。实践证明，医防结合、预防为主，这是疾病防控工作的重中之重。各地医疗卫生机构仍然是健康教育的主阵地，医务人员是主力军。在融媒体时代，新媒体成为健康教育主渠道，短视频、直播成为其中的"利器"之一。

2021年11月25日，清华大学新闻与传播学院联合抖音发布《知识的普惠2.0——短视频与知识传播研究报告》指出，在抖音的带动下，短视频行业自2019年起展开从"娱乐化"向"知识化"的生态转型。内容行业主动升级转向，正助力网络社会形成寻找知识、学习知识、尊重知识的知识风尚。特别是新冠疫情防控以来，广大医护人员紧紧围绕医学科普，跟上短视频、直播的时代步伐，宣传普及医学健康知识，对患者及公众进行健康教育和健康指导，守正创新，正确引导，这既符合社会各界的需求，也是执业医师的义务，同时相关人员还能增加部分收入，可谓一举多得。

一条条短视频，打开了一扇展示健康科普和医疗企业形象的新窗口。特别是疫情防控以来，借由短视频学习知识也成为常态。可以说，短视频的潜力不仅在于休闲，更在于知识传播，泛知识类短视频已成为最受欢迎的内容之一。

二、健康科普短视频的创新路径

利用短视频、直播等方式进行健康知识普及、中医药文化传播已成规模且颇具潜力，但仍需创新创优，促进医药行业短视频的健康、可持续发展，进一步推动健康中国建设。

（一）优化内容，扩大优质短视频产能

健康科普类短视频的内容主要有传递健康信息、记录医护日常、注重公益热点、打造明星医护等，这类短视频账号一般有两个诉求：一是提升医生和医院的知名度、影响力，二是提升问诊和到诊的数量。通过亲民化、个性化风格扩大影响，助力健康IP打造。

健康类短视频的内容须有趣、有用，要抓住关键节点、关键事件和社会热点话题，分层次、分主题、分阶段设置议题，坚持内容为王，注重热点与深度，在及时性、权威性、准确性上下功夫，运用差异化优势，扩大优质短视频产能。要选取公众关切的相关内容，进行二度创作、二次传播，多样化表达，赋予短视频新的生命力。注意千万不要去触碰创作"红线"，如切莫以医生形象代言药品、保健品、特殊功能食品、医疗器械等。

（二）扩大渠道，打造立体化健康科普

随着健康中国建设成为国家战略，健康中国行动深入推进，健康科普的重要价值更加凸显。微博、微信、短视频平台等新兴媒体借助互联网成为助力健康科普的新桥梁，通过丰富多元的呈现，更好满足受众对健康科普知识日益增长的"刚需"。

专业，永远胜人一筹。那些用户能马上用到、学到的健康科普内容更容易获得观看和转发。从晦涩难懂到专业有趣的医学分享，各种偏方的辟谣尤其容易引发话题和关注，从医生的口中说出来更有说服力。要"借船出海"，拓宽渠道，通过各类平台传播健康科普知识，提升公众健康素养。

（三）加强培训，提升短视频拍摄、制作技能

碎片化是医学短视频的重中之重，几十分钟的枯燥演讲没有观众，而几十秒到一两分钟的短视频已成为"手机党"们的最爱。一段成功的短视频，离不开精彩的内容、生动的视频或动画。

抖音、快手等短视频平台以其庞大的受众群体和高传播速度，成为当下热门的健康科普平台和传播载体。抓住这一机遇和挑战，成为更好的健康传播者，为医院品牌和健康教育赋能，是摆在所有卫生工作者面前的一个重要课题。要鼓励医务人员积极学习短视频制作技巧，开通短视频账号，打造个人的医疗科普品牌，为健康传播及医院文化建设注入新动力。

（四）注重辟谣，提供科学权威的信息

有的新媒体内容一味追求传播效应，不惜以偏概全，误导公众，对一些似是而非的伪科学，一些虚假的健康科普，需要官方、媒体、医疗机构、科研院所、专家、医生等拧成一股绳，不断地辟谣，并及时提供科学权威的信息。如四川大学华西医院的"华西辟谣小分队"系列，创造了一个头戴卡通头套的特色医生形象，每条视频结尾的翻转熊猫头套和四川话吐槽更是让人耳目一新，把严肃的医学知识包装成一系列风格统一的逗趣小段子，吸引了用户的持续关注，提升了用户对医院的信任度。

到目前为止，全国所有省份都建立了省级健康科普专家库，这是健康科普知识的权威生产方。同时，国家卫生健康委、中宣部、中央网信办等九部门共同出台了相关文件，建立了全媒体健康科普知识发布和传播机制，打通了健康科普的"传播渠道"，为群众提供更加科学、权威、专业的健康科普知识，营造清朗的媒体健康科普环境，将更多、更优质的健康知识送到千家万户，引导公众树立健康第一责任人的意识、践行健康的生活方式。

（五）技术赋能，适应分众化、差异化传播

健康科普短视频从拍摄、发布到平台审核，逐渐走向正规化、精细化、专业化，传播也呈现即时性、交互性、多元化的特点。所以，医疗卫生单位和医务人员要运用新兴技术，挖掘个性化、有价值的内容，并加强与专业团队的合作，借力助力，通过最优的可视化技术将其呈现出来，打造传播矩阵，创新新传播形式，实现传播效果的最大化和最优化。

同时，对内容选择、拍摄、推送、运维等也要高度关注和重视，通过借助短视频平台的大数据、云计算技术，实现内容的精准投送，形成用户黏度。

结语

"上工治未病"，做好疾病预防和健康管理是实现全民健康的一项经济、有效的措施。这其中，健康科普类短视频是最优途径之一。切实提高公众健康素养，让每个人成为自己健康和安全的第一责任人，定能为构建更加强大的公共卫生体系提供强大支撑，为全民健康打造坚实有效的屏障。健康科普短视频，仍然大有可为，未来可期。

（本文系中国广播电视社会组织联合会 2020 年媒介素养专项研究项目《融媒体时代医务人员媒介素养提升路径研究》的阶段性成果，项目序号 2020ZGL015）

参考文献：

[1] 白剑峰. 从百分之八点八提至百分之二十五点四——居民健康素养水平稳步提升 [N]. 人民日报，2022 - 06 - 14（13）.

[2] 宋妍. 借力短视频，让健康科普知识更好玩！[EB/OL]. （2022 - 03 - 10）. https://new.qq.com/omn/20220310/20220310A09F4U00.html.

［3］赛柏蓝. 做好医疗短视频营销，抢跑新赛道［EB/OL］. （2021 – 10 – 25）. https: //mp. weixin. qq. com/s/XqMh8os_ n5viYGJSdATmPw.

［4］张开. 媒体素养教育在信息时代［J］. 现代传播，2003（1）.

作者孙海苗系浙江省余姚市融媒体中心编委、采访一部主任，主任记者；周慧娜系浙江省余姚市第三人民医院公共卫生科主任，主任护师。

乡村振兴背景下基于农村中年群体抖音使用的媒介素养研究

王　莹　崔倩娴　何新雨

摘要：《乡村振兴战略规划 2018—2022 年》是新环境农村发展的重要举措，乡村居民作为乡村主体，其整体媒介素养水平在互联网时代具有一定的能量和价值。新媒体时代城乡之间、不同年龄层群体之间的信息差呈现出弥合的趋势，但对农村中年群体使用新媒体的研究十分有限。笔者选取农村中年群体为研究主体（样本来自苏北富安镇王桑村的中年人），对"抖音"这一媒介平台的使用行为进行媒介素养研究。在农村中年群体媒介环境研究的基础上，分别从"媒介接触动机""媒介使用动机"和"媒介信息利用能力"三个方面展开对媒介素养现状的调研，揭示农村中年群体媒介素养存在的问题，从而进一步探究乡村振兴背景下提升农村媒介素养的重要意义，具有重要的社会和学术价值。

关键词：乡村振兴；抖音；中年人；媒介素养

社会化媒体正在不断重塑和改造中国家庭结构，社会媒体对乡村空间的"入侵"渗透到每个角落，进入一种社交化、关系化、结构化的生产状态。抖音这一最具有代表性的短视频平台从城市飞入了乡村，飞入了寻常百姓家。农民可以按照自己的爱好展现自己，抖音平台与生俱来的社交功能将乡村推向社会性的互联网空间。农村中年群体在抖音平台上如何呈现自己？有什么具体的表现？我们选取 20 名农村中年群体进行实证研究。

一、基于访谈对象的说明

我国县域经济已经进入了高速发展的快车道，经济结构不断升级，发展水平日益提高，农民生活水平总体大幅提高，大多农民的家庭经济水平呈现出稳定且持续增长的趋势。根据兰州大学高新才教授的说法，在实质上，我国当前的县域经济主要是农业经济、农村经济和农民经济。虎埠富安，隶属于江苏省东台市，总人口达86113人（2017年）。

联合国世界卫生组织根据全球健康的测定，对年龄划分标准作出规定，即：44岁以下为青年人，45岁至59岁为中年群体，60岁至74岁为年轻的老人。这一标准同样适用于本文的研究对象，即苏北农村的中年群体，20世纪60、70年代出生的农村中年群体往往与农业打了一辈子交道，相对于苏南，苏北农村中年群体对时代的敏感度不高，受教育程度普遍较低，视野相对较小，生活较单一，对新鲜事物的接受度远不及城市的中老年群体，但抖音平台中大量农村中年群体的涌入改变了这些人的形象。本研究关注的农村中年群体正处于吉登斯所说的"第三年龄"，"这是一个展示终生成就的时期，同时允许个人成长、学习和探索"。因而研究"落后"的农村中年群体更具有现实意义。

王桑村位于东台市富安镇，辖区面积为4.5平方公里，耕地面积为3710亩左右，全村分为9个自然小组，户籍户数为819户，户籍人口为2446人，常住人口为2130人。王桑村附近有富安明代住宅、东台泰山寺、黄海森林公园、西溪旅游文化景区、安丰古镇等旅游景点，有富安酥儿饼、东台发绣、东台西瓜、东台蚕茧、东台陈皮酒等特产。本研究从王桑村选择参加访谈的20名农村中年群体，以滚雪球式的方式接洽联络。初步从抖音上观察对象的作品、喜欢、获赞数量以及关注与粉丝，了解研究对象的基本情况以及对研究对象进行初步判断；拟定半结构式访谈问题进行访谈，得出研究对象抖音拍摄的情况，以此分析出研究对象使用抖音拍摄的共同点及不同点；通过观察研究对象拍摄不同类型的视频，从中可分析出农村中老年群体拍摄的心理、在抖音中扮演的角色，对他们在抖音上的行为进行剖析。

在20位访谈对象中，其中13位女性，7位男性，都有个人的抖音号，并仍然热衷于拍摄抖音。随附上20位受访者的基本资料，为保证尊重受访者的隐私，故而研究者对20位受访者进行编号（表1）。

表1　受访者基本信息表

编号	年龄	性别	目前职业	每天刷抖音时长
1	45	女	服装业	3-5小时
2	49	女	无业（带孙子）	5小时以上
3	51	男	瓦匠	3-5小时
4	46	男	家宴豆浆	3-5小时
5	45	女	染织厂人事主任	0-2小时
6	45	男	个体	0-2小时
7	47	男	教师	0-2小时
8	53	女	无业（带孙子）	5小时以上
9	49	女	务农	5小时以上
10	47	女	减肥美体美容	3-5小时
11	59	女	无业（跳舞）	5小时以上
12	48	男	捕鱼	0-2小时
13	55	女	无业（跳舞）	5小时以上
14	50	男	窗帘店老板	5小时以上
15	48	女	陪读	5小时以上
16	50	女	个体服装店	5小时以上
17	46	女	植物染发	3-5小时
18	52	女	陪读	5小时以上
19	54	女	无业（带孙子）	5小时以上
20	47	女	无业	5小时以上

二、农村中年群体媒介环境

（一）农村中年群体的媒介接触

20世纪60、70年代出生的农村中年群体眼中，手机只起到接打电话的作用，很多人依然使用老年机。对他们而言，只要能打电话、接电话就已经可以满足他们的日常生活需要。与当代年轻人追求时尚潮流的观念不同，手机之于农村中年群体，只是一种通信工具。美国学者普林斯基（Prensky）依据人们的数字化生存状态划分出两类人——数字原住民（digital natives）和数字移民（digital migrants），前者是极具时代优势的年轻群体，后者是努力适应新时代的中年群体。

在抖音出现之前的娱乐性社交软件有很多，如移动K歌软件、欢乐斗地主，大多农村中年群体的手机上或多或少下载了这些软件。除了不同年代群体的娱乐方式不同以外，男性与女性的娱乐活动也有差别。如45—59岁的农村中年男性会下载棋牌类的软件；45—59岁的农村中年女性因为需要照顾孙辈的孩子，更多会下载儿童的益智类软件或视频软件。

在抖音之前的同类视频软件如快手，部分农村中年群体也会使用，也有部分人只知道快手，不知道抖音，或只使用快手，不使用抖音。火山小视频、全民小视频等短视频类软件也具有同样的功能，但大多数人并不知道这些软件。抖音已经渗透进了苏北农村，并且取得了农村中年群体的认可。抖音的出现几乎替代了其他软件的作用，抖音可以唱歌，可以与朋友交流，语言、动作的表现比起文字更能充分体现人的情感状态，不仅促使乡亲们更加积极地使用抖音，也在无形中改变了人们的观念，从心理上接受在网络上拍视频、社交的行为，并主动尝试拍摄、表现自我。

（二）农村中年群体的媒介素养

1992年，美国媒介素养研究中心将媒介素养定义为：人们面对媒介各种信息时的选择能力、理解能力、质疑能力、评估能力、创造和生产能力以及思辨的反应能力。在本文中媒介素养的主要内涵是指正确地、建设性地享用大众传播资源的能力，能够充分利用媒介资源完善自我，参与社会进步，主要包括公众利用媒介资源的动机、使用媒介资源的方式方法与态度、利用媒介资源的有效程度以及对传媒的批判能力等。

抖音短视频起初是为年轻人打造的互动平台，这种平台往往是青少年使用的社交手段，在抖音不断下沉四五线城市的同时，抖音慢慢渗透到了农村。人们印象中淳朴简单的农民也可以瞬间"高大上"。抖音通过制造这种审美反差，给农民以新鲜感；同时农民也学习视频中的潮流穿搭，打破了大众对农民的固有认知。相对于语言和文字，制作短视频不需要太多的知识素养，被互联网"隔离"的农民也能快速上手。随着技术的不断发展和生活水平的提高，家庭WiFi与廉价流量包在农村各个角落都随处可见，农民可以简单地利用碎片化拍摄完成一次视频创作。

在社会主义市场化背景下的乡村振兴，农业仍然是我国的第一产业，而作为经济主体的农民，对媒介信息的依赖程度越来越高。农村居民需要通过新媒介获取社会生活信息以应对社会中日新月异的变化，因此，农民需要提高增强媒介素养的意识。农村居民手机媒介素养涵盖四个层面的内容。第一是媒介使用，包括农村居民手机媒介的使用频率和使用时长；第二是媒介认知，指农村居民对手机媒介信息内容是否有准确的认知和理解；第三是媒介

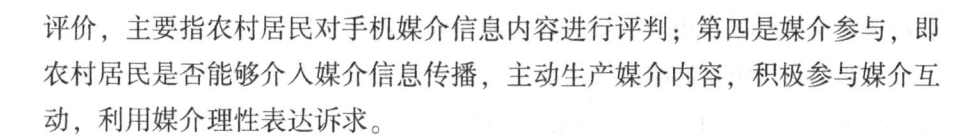

评价，主要指农村居民对手机媒介信息内容进行评判；第四是媒介参与，即农村居民是否能够介入媒介信息传播，主动生产媒介内容，积极参与媒介互动，利用媒介理性表达诉求。

三、农村中老年群体媒介素养现状调查

（一）农村中年群体的媒介接触动机

1. 社会环境引发的从众心理

多数受访者开始使用抖音都是因为身边的家人朋友开始使用才下载玩玩，希望能与朋友家人多一些共同话题，与朋友家人更好地交流。受访者1表示"一开始我还不以为然，后来我自己也下载玩了，自己也开始拍视频"。受访者2表示，"我一开始也不懂，邻居在玩，我让他帮我下载，第一个视频还是他帮我拍的，拍的我孙子"。受访者7表示，"我就是看我同事在玩，然后我也下载玩，就拍拍我的学生、同事聚餐等"。

2. 追求美好事物的视觉心理

"农村中年群体"在很多年轻人眼中是落后的上一代人，他们看电视的习惯很容易迁移到抖音这样的短视频平台。中老年网红时尚视频对三四十岁的中年人群还有一种抚慰效果，舒缓他们害怕变老的心理。抖音的使用让他们的心态更加年轻，让农村的中年人轻松地追赶时尚，跟上年轻人的步伐，其主要原因在于中老年群体不服输、不服老的年轻心态。

受访者11表示，"我虽然59岁了，我照样会玩抖音，他们能我也能，他们会我也会"。59岁的朱奶奶在受访时仍在认真学习镇上举办的舞蹈比赛的舞蹈，"跳一场舞下来就喘得不行了，很费力"。虽然体力精力跟不上，但每天朱奶奶都坚持排练舞蹈，学习化妆，在抖音上发布自己跳舞的视频，她表示并不在意别人的看法，只要自己能够开心就很满足。

3. 利用碎片化时间的娱乐心理

部分受访者表示，使用抖音是因为无聊打发时间，看一个视频仅需几十秒，不用花费长时间看电视剧，且能够随时停止刷抖音的行为，不影响主要工作。

虽然一开始部分受访者表示是为了打发时间，但通过深入访谈发现，大部分受访者表示有时候使用抖音也误事，导致没时间正常工作。显然，工作的忙碌程度也对受访者的使用时间产生很大的影响。农村中年群体的工作不外乎带孩子、农活以及外出打工（如瓦匠、漆匠等零散工），因而受访者3

表示"在家的时候玩得多，出去打工的时候就没空玩"。

苏北的农村中年群体世代是农民，近些年来随着生活条件的变好，他们的时间也开始富余了，广场舞这一群体性娱乐性活动也成为他们的"习惯"。部分受访者表示喜欢跳广场舞，在抖音上也喜欢刷这一类的视频，自己也会上传跳舞的视频。匿名性与开放性并存的抖音让这些农村中年群体找到了施展拳脚的地方，他们在网络上发布自拍视频，既满足了自我表现的愿望，获得别人的点赞关注，又避免了自己被大庭广众注目导致尴尬的场景。抖音在一定程度上使得害羞的农村中年群体学会外放自己的情感，学会自我表达，促使了乡镇新面貌的转变。

（二）农村中年群体的媒介使用动机

1. 日常生活的自我呈现

通过对受访者拍摄视频的观察发现，受访者更愿意在抖音平台上发布自拍的视频，展现自己的生活和家人朋友的幸福时刻。苏珊·桑塔格说："人类无可救赎地留在柏拉图的洞穴里，老习惯未改，依然在并非真实本身而仅是真实的影像中陶醉。"手机媒体的时代，不仅未让人们走出这种"陶醉"，似乎更加剧了人们的自我欣赏和沉浸。所有的受访者都表示喜欢拍摄自己的家人朋友，记录生活。当照片进入社交媒体后，它不再是沉默不语的图像和画面，而成为可以与他人沟通交流的"媒介"。受访者5、13表示喜欢拍摄自己唱歌跳舞的视频，喜欢表现自己，渴望健康美丽时尚，热衷与同龄人交流，享受生活，追求更高品质的生活。

在发布的唱歌视频中，所有的采访者都是选择网络上的背景音乐，选择对口型而不是真唱，虽然背景音乐并不是受访者自己演唱，但评论下方仍有"唱得不错""唱得很好听"等称赞的评论。部分受访者表示自己也会点赞他人对口型的视频，一方面是觉得好玩，表情管理很到位；一方面是别人点赞了自己也得回赞，有来有往更有礼貌。

除了拍摄自己跳舞唱歌的视频，部分受访者也会主动学习抖音上流行的手势舞，被问及学手势舞难不难时，受访者1表示"难啊，我学了一个晚上，拍了好几回，才会了一点点"；受访者18笑着说"拍得怎么样啊，蛮好的吧，我学了一会儿就会了"。从他们拍摄的手势舞视频点赞数量和评论数量来看，才艺类的视频往往能得到更多的赞和评论，能够吸引更多的人关注。受访者11的手势舞评论下面，很多朋友都表示手势很到位，表情也很丰富。

2. 自媒体平台线上销售

随着身边朋友都越来越关注抖音，很多人开始在抖音上推销自己的产品，将抖音平台当作自己的另一个工作发力点，并且受访者表示，他们的产品在抖音上都可以推销出去。

受访者4（从事家宴豆浆服务）："我是第一个在我们这儿做豆浆的，后来好多人开始学，但都没我家做的好吃。"他在抖音上接到了无锡80桌的豆浆单子，买主贴补车费，他只要早起磨豆浆送到无锡。被问及网络上对豆浆的评价如何时，他很自信地说"喝过的人都说好"。

受访者10（美容店老板）："我会在抖音上发给人家做美容的视频，好多人来问我买产品，也没有人说不好的评价，都是好的评价。"

3. 满足现实社交需求

被问及一开始喜欢刷什么视频，所有的受访者都说喜欢搞笑的视频，一开始看着好玩，然后就开始使用抖音。所有的受访者都会在别人评论后回复，但一般不回复所有评论，受访者会选择自己想回复的回复，多数受访者在称赞的评论后都会回复谢谢。受访者4、10会在工作使用时，对大多数询问产品的评论进行回复。

通过对所有受访者拍摄视频的观察发现，他们拍摄的视频以生活类视频为主，发布上传与家人、朋友的互动视频，他们喜欢刷的视频也是家庭生活类的视频。多数受访者表示喜欢看这类视频，可以知道别人的生活状态。抖音成为他们上传个人生活视频的首选，微信成了只是通话联系的工具。

4. 专业知识技能的学习

除了娱乐外，45—59岁的农村中年群体的生活以往大多被农事占据，但随着时代的发展，人们的生活水平提高，种田的人也少了许多，捕鱼、针织、服装厂零工、养蚕等工作一直穿插在农事中。45—59岁的农村中年群体大多都养过蚕，忙的时候既要照顾孩子，又要忙田事，还要时刻关注蚕的状况，常常晚上要起床看蚕室的温度，添桑叶。等到蚕长大织成茧卖掉之后，会有一段空闲期，这期间部分人去服装厂、针织厂做零工，部分人继续做捕鱼、虾的生意，还有一部分年纪稍大的人会选择在家种种菜、带孩子。

多数受访者表示在抖音上学到了很多技能，大多中年女性喜欢刷厨艺类的视频，会学习抖音上的菜式；还有一些生活小技巧，如怎么洗去油渍、怎么把鞋刷白等；还有关于工作方面的技能。

(三) 农村中年群体的媒介信息利用能力

1. 缩小年龄代沟，中年群体年轻化

中年人的信息审美在于个人喜好，更愿意关注同龄人的视频、家庭生活的视频，喜欢的歌曲是轻快且富有情感的。当被问到是否知道《酒醉的蝴蝶》《忘情牛肉面》等歌曲时，多数受访者都表示很喜欢听，而且还会唱。年龄、年代的区隔也决定了审美的区隔，因此农村中年群体刷的视频与年轻人也大不相同，中年人更喜欢生活化、慢节奏的视频。虽然中年人与年轻人的代沟仍然存在，但是显而易见和朋友家人的互动明显更多了。被问及抖音对生活有什么影响，所有受访者均表示短视频是打发时间的调剂品，虽然不是必需品，但每天都要拿出来刷一刷。这表明抖音已经成功成为农村中年群体生活中的一部分，并且对受访者产生或大或小的影响。

2. 构建社会场景，娱乐生活多样化

多数受访者都是娱乐地拍摄自己的生活视频，表现自己才艺如唱歌跳舞的视频。受访者 4 看到抖音上"养蜂人阿明"为自己的蜂蜜宣传的视频，也学着视频中的样子给自己脖子上挂着豆浆壶，写上了名字号码做宣传。很多人给这个视频点赞评论，上述所说无锡 80 桌的单子也是通过这个视频接到的。受访人 19 是镇上广场舞的领舞，平时会在广场舞 APP 糖豆上学习新舞蹈，以便晚上教其他人学习舞蹈，因此她的抖音视频大部分都是舞蹈的视频。受访者 13 会跟随抖音当下正火的特效的步伐，比如"新年快乐"特效、"手舞大挑战"等特效，也制作很多自己的首发视频，她表示"这些特效很好看，而且还有很多视频的小游戏，我很喜欢玩，如果没有美颜特效，我也不愿意玩"

3. 电商深度交互，媒介使用态度两极化

近些年来电商的发达也给抖音提供了新的发展前景，很多人选择在抖音进行电商交易，广告也开始不断地出现在人们刷到的视频中。在访谈的 20 位受访者中，有 2 位受访者在抖音上买过商品。受访者 1 表示再也不在抖音上买东西了，买的东西都是假的，退款还很麻烦；受访者 6 表示买得还挺划算的，已经在抖音上买了几十件东西。其余未在抖音上买过东西的人，部分表示不相信，不敢买抖音上的商品，有时候很心动很想买，但是又怕是假的；一部分表示不知道如何在抖音上买东西。

四、农村中老年群体媒介素养存在的问题

(一) 接触信息单一，媒介参与度不高

在使用抖音的时长方面，多数受访者表示初期刷抖音长达一整天，只要有空闲的时间就刷，认为新奇、好玩，但时间长了，刷的内容越发同质化。到了使用抖音的中后期阶段，使用抖音的乐趣仅存在于人与人之间的互动与新效果带来的新奇感。农村居民的整体文化水平不高，接触信息也较为单一，加之现在大众传媒娱乐信息的泛滥，大多农村中年群体接触媒介的动机就是为了娱乐，这就导致他们媒介参与积极性不高，仍然停留在表层阶段，利用媒介参与社会运行与决策的意愿不明显。

(二) 媒介认知薄弱，媒介使用普遍失衡

大多农村中年群体在此之前并未接触过此类短视频软件，娱乐活动仅限于看电视、跳广场舞或者钓鱼等活动。相对于传统媒体，从访谈中可以发现，受访者认为看电视太费时间，而且广告过多导致看剧的连续性中断，抖音的短暂性可以使得受访者利用空闲时间观看，并且不会有中断感。但是电视仍然是农村居民最常见、最长期使用、操作最简单的大众媒介。

与同类短视频软件相比，部分受访者表示，不知道其他软件，身边的朋友都使用抖音；部分使用快手的受访者表示快手界面一开始是一个个小方块，需要点开来看，而抖音只要划过去就可以。与社交软件相比，虽然抖音有私信、评论功能，但是大多人并不在抖音上聊天，更多还是选择微信。多数受访者表示从来不在抖音上与陌生人私信，很多陌生人私信也不回，也不同意加为好友。"生活世界可以被视为文化资料的储存库，是生活在一起的社群所共享和共有的，其主要作用是促使人类相互间的沟通。"除电视和手机媒介接触已经进入成熟阶段外，以互联网为代表的新兴媒体在农村居民的媒介接触尚未成熟，网络在农村的推广尚需时日，这与托夫勒的"第三次浪潮"所描述的景象相去甚远。

(三) 文化素养较低，媒介使用能力不足

本文提取的样本为农村中年群体中喜欢拍抖音的人，但仍有一部分农村中年群体因自身年龄、文化程度、社会环境等原因并不会使用智能手机，也不知道抖音为何物；也有很多人喜欢刷抖音而不拍视频的。大多受访者年龄是50岁以下，很多超过50岁的中年人并不会使用抖音，他们表示学不会使用抖音。在新的乡村空间和新媒体领域，农村中年群体拥有和其他群体相同

的使用权和创造能力，但长久看来，年轻人比中年人更具有主导权和发言权，城市比农村更具有创造技术空间，农村中年群体的自我表现亟须实现共享与互动，挖掘出农村的独特景观。

五、总结

中国互联网络信息中心（CNNIC）8月27日发布的第48次《中国互联网络发展状况统计报告》指出，截至2021年6月，我国网民规模为10.11亿，互联网普及率达71.6%。其中，农村网民规模为2.97亿，较2020年3月增长5471万；农村地区互联网普及率为59.2%，较2020年12月提升3.3个百分点，城乡互联网普及率进一步缩小至19.1个百分点。由此不难看出，农村地区互联网普及率和总体普及率的差距在不断缩小。

在这一背景下探讨提升农村群体媒介素养显得尤为必要，更是社会发展的诉求。随着乡村振兴战略的提出，乡村媒介素养教育不仅关乎乡村振兴总要求中的"乡风文明""治理有效"，更是缩小城乡差距过程中的一个重要着力点。农村地区拥有庞大的人口，他们的媒介素养一定程度上可以反作用于乡村振兴战略的实施。同样对农民而言，农民媒介素养的高低影响农民生活水平高低，影响农民生活幸福指数。因此，提升农民媒介素养，推进新农村稳步建设成为国家发展转型的重要一步，同时这事关乡村振兴战略推进的整体步伐。在此基础上，政府更应多角度引导农村群体接受新兴媒体，同时加强农村基础建设；而媒体更应打通"最后一公里"，建设县级融媒体；农民群体自身努力提高自身文化素养，记录社会的现代化、科技化，以积极的态度参与媒介，参与社会管理，推动我国新型城镇化的顺利开展。

参考文献：

[1] 高颂. 农民的视频表达与角色建构［D］. 上海：上海社会科学院，2019.

[2] 丁武，杨宁魏湘. 西部县域经济发达地区农民群体新媒体使用分析——基于陕西省神木县农村地区的调查研究［J］. 东南传播，2014（10）.

[3] 张显春. 欢乐还是幻乐：麻将娱乐对农村中老年群体幸福感的影响机制［J］. 西北人口，2019，40（4）.

[4] 国家统计局农村社会经济调查司编. 中国县域统计年鉴·2018（乡镇卷）［M］. 北京：中国统计出版社，2019.

[5] Mark Prensky. Digital Natives, Digital Immigrants［M］, On The Horizon, vol. 9, no.

5. 2001, Pp. 1—6.

[6] 尼古拉·尼葛洛庞帝. 数字化生存 [M]. 胡泳, 范海燕, 译. 海口：海南出版社, 1997.

[7] 彭兰, 社会化媒体 [M], 北京：中国人民大学出版社, 2015.

[8] 孙信茹, 赵洁. 手机拍照、社会参与及主体建构——基于一个城市中老年女性群体的观察 [J]. 现代传播（中国传媒大学学报）, 2018, 40 (2).

[9] 黄卫宁. 表达与联系：中老年移动 K 歌用户的参与式文化呈现 [D]. 合肥：安徽大学, 2018.

[10] 张显春. 欢乐还是幻乐：麻将娱乐对农村中老年群体幸福感的影响机制 [J]. 西北人口, 2019, 40 (4).

[11] 安东尼·吉登斯. 社会学 [M]. 赵旭东, 译. 北京：北京大学出版社, 2013.

[12] 新京报网. 抖音春节大数据报告：合拍成与父母交流情感新方式 [EB/OL]. [2019-02-13]. http://www.bjnews.com.cn/finance/2019/02/13/546545.html.

[13] 中国互联网络信息中心. 第 48 次中国互联网络发展状况统计报告 [EB/OL]. [2022-07-06]. http://www.cnnic.cn/n4/2022/0401/c136-5299.html.

作者王莹系浙江传媒学院党委宣传部助理研究员；崔倩娴、何新雨系浙江传媒学院新闻与传播专业硕士研究生。

传播技术创新与传播素养提升

段　琳　张延美

摘要：传播技术的发展与人类社会的发展进步基本上是同步的，传播技术的每一次创新与重大变革都有力地促进了生产力和生产关系的发展，促进了社会的全面进步，更极大地促进了传播素养的丰富与提升。本文深入研究传播技术的发展规律，分析传播技术与传播素养的辩证关系，以及传播技术对传播素养的作用和影响，从而探求传播素养的基本建构和提升路径。

关键词：传播技术；创新；传播素养；提升

在当代舆论场和信息网络环境中，技术创新与素养提升是最重要的影响因素，决定着网络经济、信息经济、知识经济的发展，决定着党和国家的舆论方向和舆论影响力。大力促进传播技术的创新发展和公民社会传播素养的丰富提升既具有现实的意义，又具有战略层面的重大意义。研究传播技术创新与传播素养提升，应当从传播发展的基本历程入手，剖析两者之间存在的关系，挖掘出规律性的存在和方向性的发展趋势。

一、传播技术及其发展脉络

人类社会的文明进步，是与科学技术的发展进步紧密相连，人类不断对自身进行超越。从语言的产生和文字的创造，到印刷术发明和广泛利用，再到电磁科学与技术的发展，再到互联网的兴起，人类社会不断跨越自我，从而构建起以传播技术不断创新为支撑的传播环境和模式。

（一）传播技术及其基本特征

传播技术是指将各种信息通过一定的方式、渠道实现大众传播的技术手段和技术体系。广义上说，传播技术包括人类进入文明社会以来形成的一切传播信息的手段，包括语言、文字、印刷术，以及现代传播技术手段等；狭义上说，传播技术指通过多种现代技术方法的融合利用，将信息向社会公众传播扩散的技术体系，包括印刷、电磁波、计算机、互联网等。其目的是满足受众媒体信息需求的同时，传播自己及所代表的团体的价值理念和思想观点，从而影响受众。

人类进入现代社会以来，传播技术越来越体现出与以往不同的显著特征：一是信息传播的即时性。信息传播速度快，通过互联网、互联网、手机等实现信息的即时传播。二是传播内容的直观性、形象性。媒体融合时代，文字和图片、图像实现综合编排，使传播的信息表现形式更加直观、形象。三是传播产品的海量性。媒体融合使得人人成为信息的发布者和传播者，从而产生了海量的信息在各类媒介系统中进行传播。四是传播范围的广泛性。新的传播技术彻底打破了地域、区域、国家的限制，实现了更大范围的覆盖。五是传播受众的针对性。与以往撒网式的广而告之的方式不同，媒体融合使得信息传播可以选取精准对象，从而提高信息传送的针对性。六是传播信息的权威性。对权威媒体的信息，一般是经过"组织化"的过程，发送单位有较高的声望，取得接收者信赖。

随着传播技术的日新月异，传播技术越呈现出各种技术手段的融合，媒体信息产品呈现出个性化、可交互体验和再增值趋势。

（二）传播技术的发展阶段

传播技术的发展是随着文明前进的步伐而不断前进的。人类社会进入文明阶段以后至互联网时代到来之前，传播技术经历过四次重大变革，而每一次变革都是传播技术的彻底的革命性的改变。

第一次变革是语言的产生。语言是人类最重要的交际工具，是人们进行沟通的主要表达方式。人们借助语言传递和保存各种信息。语言的产生把人和动物区分开来，使得人在传递信息时获得了独特的优势。语言传播的局限性体现在：口语信息传送距离、范围的限制；声音信息可保存性差，转瞬即逝。

第二次变革是文字的创造。文字是人类文明发展的最关键的突破，文字改变了语言的转瞬即逝性，把有用信息长久保存，给人类知识、经验积累提供了有效载体。同时，文字传播打破了距离限制，扩展了人们交流空间。文字传播的局限性体现在文字需要通过教育学习掌握，在没有印刷术之前靠手写传播效率低、规模小。

第三次变革是印刷术的发明，特别是活字印刷的出现使文字信息可以批量复制，大量的人类知识成果得以在更大范围扩散。人类文明传播进入了新阶段。

第四次变革是电磁技术的发展和电子媒体的出现，实现了声音信息、图像信息的远距离快速传播和实时传播，使信息传播更快捷、更丰富、更直观，影响力更大。

从语言到文字，从印刷术到电磁技术的发展进化过程，是人类传播技术不断进步不断提升的过程，也是人类传播素养不断积累不断丰富的过程。

（三）新时代传播技术的革命性变革

从语言到电磁手段的运用，人类社会传播技术的进程经过了漫长的过程，进入互联网时代以来，才呈现出高强度发展的状态，形成对传播技术的革命性变革。

1. 基于互联网技术和"两微一端"的媒体融合发展

21世纪以来，互联网技术的加速发展，使新闻信息的传播内容、渠道、环境发生了巨大变化。这种变化的表现就是媒体融合时代的到来。媒体融合是业界近来使用最频繁的关键词之一。媒体融合就是运用多种媒介和终端，以文字、图片、声音、影像等元素全方位、立体化地展示传播内容的媒体融合，已经成为当今传媒行业的发展趋势。这对传统媒体从业者来说是一次巨大的翻天覆地的变化。

2. 基于云计算平台的大数据传播

云计算和大数据使信息生产理念、流程产生重大变化，带来了信息生产领域新的发展机遇，利用大数据辅助新闻进行报道的趋势，云端和大数据成为新闻来源，利用大数据和移动互联技术可以更快捷、更准确地实现信息的采集、处理、传播、应用，通过各种的组合与重新配置，实现信息的个性化、按需定制等需求。

3. 基于人工智能和虚拟现实技术的"智慧媒体"

人工智能技术的发展，促使 VR（虚拟现实）、AR（增强现实）、MR（混合现实）在融媒体中越来越多得到运用。近几年，虚拟演播室、主持机器人、写稿机器人开始出现。日本 NHK 运用机器主持人引起了广泛注意。南方都市报写稿机器人"小南"正式上岗并推出第一篇春运报道。媒体融合发展的正在进入"智慧媒体"时代。

二、传播技术创新对传播素养的作用和影响

传播技术的创新，为现代社会传播素养的提升提供了物质基础和技术根基，给传播素养的提升带来了各方面的影响。

（一）传播技术与传播素养的辩证关系

传播技术变革与传播素养的提升是双向互动的。传播技术与传播素养有所区别，一个是实现传播的技术融合，一个是实现传播的能力、修养、知识，但二者并不是完全脱离的，而是互相促进、相辅相成的。一方面，传播技术是传播素养的基石和前提，传播技术决定着传播素养的基本内容和构成，传播技术的发展推动着传播素养的提升。人类社会传播技术的演进，传播手段的进步和提高，客观上推动人类的传播素养得到相应的提高，使人们对传播知识的掌握和运用能力达到新的高度。在这方面，技术手段对传播素养具有决定意义。另一方面，传播素养有助于促进传播技术的综合运用和实现更好的传播效果。传播的最终目的信息的发送和传播，运用传播技术为自己服务。良好的传播素养，使传播者和受众在传送信息时有更多的能动作用，更好地理解接受或者分析批判媒体所提供的各类信息，激发人们更主动、更频繁地使用媒介来获取更多的信息，从而深化传播效果。

（二）传播技术创新推动传播素养内涵丰富和外延扩展

传播素养既是现代社会传媒工作者专业要求，也是公民素养的组成部分。对专业人士而言，传播素养是指正确地判断和估计媒介信息的意义和作

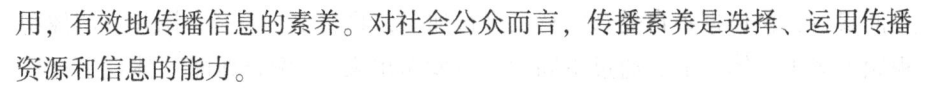

用、有效地传播信息的素养。对社会公众而言，传播素养是选择、运用传播资源和信息的能力。

在互联网时代到来之前，所谓传播素养，更多地是指从业人员的素养，而传播技术的创新使人人都参与到信息的生产和制造过程之中，传播素养的外延很大的扩展。

传播素养的内涵包括与传播相关的各类知识、传播工具技能等的利用、信息的发布和传播、信息的辨识和筛选等方面。第一，传播技术的创新，使得与传播相关的知识得到极大丰富和提升，媒介融合、人工智能、虚拟现实都是全新的概念，新的知识内容使传播素养的内涵得以极大地丰富和提升，这在互联网时代到来之前是不可想象的。第二，借助于越来越复杂、越来越智能的传播工具和技能，实现信息的广泛传播。第三，互联网时代到来之前，主要是专业人士进行信息发布和传播，而传播技术的进步，使得每个人都成为信息发布的平台，实现了信息的最大化传播。第四，由传播技术进步带来海量信息，需要受众进行辨别、筛选，从中选择对自己有价值的信息。可以看出，传播技术的创新，使传播素养的内涵和外延得到了丰富升华和提高扩展。

（三）传播技术革命给传播素养带来新课题新挑战

媒体融合时代，媒介环境的整体变迁带来新闻传播内容、渠道、方式以及传播观念等方面的巨大变化，并使其呈现出诸多全新特质，这些都对媒体人的传播素养提出了新的挑战。

1. 对新兴媒体信息的辨识能力挑战

面对前所未有的复杂的信息来源，专业媒体人应该有意识地扮演起信息的验证者与过滤者的角色。信息的驳杂挑战媒体人的信息把关能力和认知批判能力。媒体融合时代，媒介形态的多样化增加了人们接触信息的频率，新闻来源的多元化、复杂化，信息传播的速度加快等，都使得虚假新闻和失实报道的数量增加。尤其是在信息的横向传播过程中，即信息在不同媒体之间转发、转播、转载的再传播过程中，传播方为了在瞬息万变的媒体环境下提高时效性，仓促之间往往会对信息缺少把关。媒体融合环境下新闻信息多次传播的保真度，考验的正是媒体从业人员对信息的辨识能力。

2. 对新兴媒体资源的协调、组织与整合能力挑战

媒介融合使新闻以一种融合的姿态出现在受众面前，即"融合新闻"。"融合新闻"突破了传统媒体间的限制，其整合所有的媒介，集中力量采集新闻素材，再根据各自受众的特点进行加工，将文字、声音、图片、图像和视频等集于一体，最后通过不同的渠道发布出来。"融合新闻"体现了这样一种理念：媒体对事件的处理更加多角度，更注重原创性和多媒体化，更倡导受众参与，更注重与受众的互动。这在很大程度上对媒体工作者的信息筛选与整合能力提出了更高的要求。

同时，对新兴媒体资源的整合能力，在很大程度上体现为对碎片信息的筛选与整合能力。在质量参差、数量众多的海量信息中辨识选择有价值的信息，过滤虚假新闻、不实信息，要通过有效的业务模式发掘不同信息和不同个体的价值，并将其有机地组织起来。这也是媒体融合对从业者的能力要求。

3. 运用新兴媒体进行自我拓展的能力挑战

新兴媒体不仅可以给专业媒体提供补充性资源，更有可能为媒体带来全方位的拓展空间。例如报道的拓展、个人能力的拓展、内容的拓展和品牌的拓展等。只有充分认识新兴媒体的传播模式与规律，才能把新兴媒体的潜力真正转化为个人与媒体的能力。

4. 新兴媒体时代的数据与技术素养挑战

信息传播方式的变化改变了传统媒体信息采集与制作的流程，即不同的媒体集中在同一个信息操作平台上，统一策划，资源共享，根据各自媒体和受众的特点对信息进行分类加工，制作不同的新闻产品，最后通过不同的传播渠道传播给特定受众。这种业务流程是对信息和资源的整合与重构，对传播者的传播能力在传统的基础上兼具媒体融合的数据整理和技术操作能力提出了操作要求。

三、技术创新背景下传播素养的构建与提升

技术的创新与发展使传播素养的内涵更加丰富和复杂，因而传播素养提升成为一项系统工程，必须从个人和机构即内外因两个方面做出努力。随着传播技术的不断发展，新媒体给传统媒体带来越来越大的挑战和竞争压力，也对社会公众的传播素养提出了更高的要求。

（一）要把不断提高传播素养作为一种价值追求和行动自觉

1. 加强理论学习，提高思想素养，增强价值判断能力

理论影响思想，思想决定高度，价值决定命运。媒体融合发展对媒体从业者在思想理论方面的素养提出了更高的要求。媒体工作者在职业素养与社

会责任的提升过程中，面对网络纷繁复杂的信息，必须进行价值判断。价值判断是一种个人立场，作为媒体工作者，必须世界观、价值观、人生观"三观"正确，才能在对社会事件进行报道与评论的过程中正确引导舆论。

2. 加强知识学习，扩大知识面，提高信息处理能力

媒体融合时代，媒体工作者要面对浩如烟海的信息，筛选、探寻、鉴别真正有价值的信息，并将其有序整合和立体呈现，帮助受众更加真实、系统、深入地了解和把握这个世界。当今社会，谁拥有更强的信息分析处理能力，谁就拥有更大的社会影响力和更大的发展空间。因此，媒体融合时代要求媒体人具备多专业的复合知识结构，既要有新闻理论和新闻业务基础知识，掌握跨媒体的技术技能，又要熟悉报道的内容、专业，努力从心理上走近受众，了解他们的信息需求，这更加需要媒体工作者具有宽广深厚的知识素养。

3. 加强业务学习，提高专业技能，增强创新意识和创造能力

媒体融合时代，新媒体技术的发展日新月异、瞬息万变，媒体工作者要想创作出优秀的作品，达到最佳传播效果，必须具有与时俱进的创新能力，通过创新创造，紧跟媒体和时代步伐，顺应时代发展要求，借助新媒体技术实现自身从传统媒体人向互联网新媒体人的转型。

4. 加强道德修养，恪守媒体职业道德，保持媒体工作理想和荣誉感

在媒介化社会的今天，媒体的大众化、商业化、市场化程度愈深，坚持媒体职业道德，增强荣誉感尤为重要。一是要加强对新闻工作者的马克思主义新闻观教育，坚定新闻工作理想。二是要实事求是，树立严谨的新闻工作作风，防止虚假新闻传播。三是把媒体职业道德规范内化为职业自觉，增强自己的社会责任意识和道德修养。四是抵御低俗之风，为全社会做好道德示范，发挥表率作用。

（二）媒体组织要积极创造传播素养提升的良好环境

面对新媒体带来的新挑战和新机遇，媒体机构应当根据自身实际创新传播素养提升路径。

1. 提高对传播素养重要性的认识，树立正确导向

要加强对提高传播素养重要性的认识和把握，从思想上高度重视。媒体工作者的政治修养决定着舆论引导的方向。媒体工作者要胜任自己的工作，必须把握正确的政治方向，在新闻宣传工作中始终保持思想上与党中央高度一致。新媒体时代，媒体格局和舆论生态日趋复杂，引领社会、凝聚人心、推动发展的使命任务更加艰巨，媒体工作者要牢牢把握宣传思想工作的根本任务和基本要求，必须不断强化自身的政治修养，始终保持政治上的清醒和坚定，对重大政治原则和大是大非问题，必须旗帜鲜明、态度坚定。

2. 加强传播素养的教育培训

首先必须从传播素养教育理念上对媒体工作者进行合理引导。其次要大力开展常态化的专业培训：一方面，媒体组织员工分批到相关高等院校和其他媒体，进行不同层次的培训、学习、考察，了解认识和掌握最新媒介理论和发展趋势、新闻与经营的运作手段等内容；另一方面，邀请专家教授进行各类现场讲座、专题辅导，这样能使大多数从业者得到培训。再次要注重内部资源的开发和利用，通过搭建平台，让员工更加主动自觉进行学习交流，取长补短，共同提高。

3. 构建传播素养考核激励机制

习惯上，媒体更注重对业绩和成果的考核，但是从提升传播素养的角度，应当加强对工作人员基本素养的考核，通过考核激励机制，提高工作人员学习的积极性，吸引人才、留住人才。首先要建立长效机制，大力吸引各方面媒体人才，创造高素质修养人才高地。其次要定期对媒体工作者的素质能力进行考核，建立质化量化结合的评价体系。再次要把素养考核与绩效考核相结合，建立综合评价工作人员的激励制度。

4. 加强对传播素养的研究与探索

提升传播素养是一项系统工程，国家、社会、机构、个人都有各自的责任义务。加强传播素养的理论研究和实践探索是明确传播素养的构成要素、找准传播素养的存在问题、探寻提升素养的方式方法、对传播素养教育的开展提供理论指导的必由之路。要建立社会、媒体、院校、研究者、教育工作者和媒体之间长期的、有效的合作机制，推进传播素养研究的进程，满足人们接受传播素养教育、提升传播素养的需要。

参考文献：

[1] 王强，郭渝慧，杨安宁. 融媒体环境下媒体技术的创新与发展[J]. 出版与印刷，2017（2）.

[2] 芮必峰，陈夏蕊. 新传播技术呼唤新"传播素养"[J]. 新闻界，2013（14）.

[3] 潘彤. 我国网民媒介素养的提升及其传播学思考[J]. 今传媒，2016（4）.

[4] 唐颖. 新传播技术与新闻理念的融合研究 [J]. 今传媒, 2015 (9).
[5] 施冬. "智慧广电"与传播技术的创新 [J]. 新闻战线, 2018 (1).

作者系山东省泰安市广播电视台人力资源部副主任、青工委主任。张延美系山东省泰安市广播电视台电视党建中心专题部副主任。

数字化时代基于"情感转向"的播音主持教学研究

傅婷玉

摘要：数字化时代高等教育数字化战略发展已成为趋势和必然。当前，我国高等教育数字化发展呈现出依托数字技术的教学革新、基于大数据建设的现代教育治理、全过程伴随式动态评价体系，以及提升各学科教师数字素养等特征。数字生态催生的播音主持教学，在积极与数字技术融合实践的同时，显现出"情感脱域"的困境。面对这一问题，以"情感转向"为核心概念重塑播音主持情感教学存在其可能性和必要性。本文拟从情感教学心理学和数字素养教育的视角出发，融合数字化时代的特性，从教学理念、教学内容、教学策略与教学评价四个方面，尝试提出数字化转型的播音主持教学实践路径优化，赋能新文科教育的多元纵深发展。

关键词：教育数字化转型；情感转向；播音主持教学；数字素养；情感教学

数字技术对推动教育高质量发展、实现教育现代化起到了关键性作用。2022年，教育数字化战略行动在我国全面实施。作为关系到国家核心竞争力强弱和发展的高等教育，数字化教育的理念更是渗透教育资源、应用、服务、治理体系等各方面。关于教育数字化转型的定义，学者陈辉、熊璋（2022）从中华民族伟大复兴战略全局和世界百年未有之大变局的宏观视角，阐述高等教育数字化是通过数字技术创新和数字经济发展推动高等教育数字化战略的实施，并催化促进高等教育升级到新的生态。这一转型是符合国家战略、人才培养需要，以立德树人为根本任务的要求。江苏师范大学智慧教育学院院长杨现民认为教育数字化转型是一个动作性的过程，是通过数字技术和数据技术的综合创新应用，促使教育要素、教育业务、教育场景实现全面数字化，进而逐步形成与现代经济社会发展高度配适的高质量教育体系的持续过程。

2022年第三届世界高等教育大会提出"重塑高等教育，实现可持续未来"的理念，并提出高等教育的六大变革方向。其中，技术赋能高效的教学与研究，构建内容多样和方式灵活的综合学习体系，提供满足青年和成年人终身学习需求的途径等变革思路，正符合当下我国立足数字时代，教育强国和教育现代化等战略背景下，全面推进教育数字化转型的任务需求。数字时代高等教育归根结底还是对人的培养，"为谁培养人，培养什么人，怎样培养人"等根本性问题。因此，高等教育教学数字化转型的本质是人的转型。教师和学生作为教育教学的主体，在高等教育数字化转型的过程中需要被重点关注。同时，数字素养的内涵与教育更是媒介素养在数字时代的具体化延伸。

一、教育数字化转型过程中的数字素养

当前，我国正处于教育数字化转型的关键时期。陈辉、熊璋（2022）在高等教育数字化战略的研究中指出，高等教育数字化战略将加强数字素养与技能类课程建设，推动数字素养融入专业课程。由此可见，数字素养与专业课程、技能类课程的融合教育建设是数字化转型的核心目标之一。《2022年提升全民数字素养与技能工作要点》中明确部署了8个方面29项重点任务，其中，提出全方面提升学校数字教育水平，初步构建全民终身数字学习体系。数字时代教育数字化转型是一项必然任务，更是提升全民数字素养的必经路径。

关于数字素养的定义与研究，1997年保罗·吉尔斯特（Paul Gilster）在著作《数字素养》中正式提出这一专业概念。欧盟委员会、联合国教科文组织等从技术角度认为数字素养是查找、检索数字信息，组织、管理和理解数字信息的技能。国内学者从技术层面延展进行界定，认为数字素养是现代公民必备的基本能力和态度，是信息、科学和媒介素养的延伸，是对数字技术和数字化内容等进行综合处理和运用的多维能力。目前国内外学界关于数字素养模型运用最广泛的是以色列学者Yoram Eshet – Alkalai，他最早提

出了关于数字素养的框架,并认为数字素养模型由五部分构成:图片－视觉素养(Photo－Visual Literacy)、再生产素养(Reproduction Literacy)、分支素养(Branching Literacy)、信息素养(Information Literacy)和社会－情感素养(Socio－Emotional Literacy),即在工作、学习、生活等所有场景下,自主、批判和创新性地使用数字技术处理数字信息的综合能力。将数字素养融入传统学科,深入融合专业教育的探索实践是数字教育时代的具体化应用。从Yoram Eshet－Alkalai提出的数字素养框架来看,社会－情感素养是通过数字技术共享知识、交流情感的能力,它是所有素养中最高级、最复杂的素养。它与语言、技术、情感交互与体验等方面紧密关联。笔者认为,从对社会－情感素养的关注为切入点,为融合数字素养与播音主持专业课程的情感教学模式优化奠定了实践可能性。本研究拟立足高等教育数字化转型的时代背景,进行数字素养融入播音主持专业课程的探讨,分析在融合教学中数字技术赋能对播音主持专业教学的影响与产生的问题,并尝试通过情感教学心理学与数字素养教育的融合实践具体作用于播音主持教学的内容、模式、策略和评价中,实现数字素养融入播音主持专业课程的路径优化。

二、数字生态催生播音主持教学中情感"脱域"的问题

近年来,各高校积极发展MOOC教学、翻转课堂、线上线下混合式教学,充分将数字技术运用到专业教学中。播音主持教学在教育数字化转型中更是充分结合本专业特性与数字技术深度融合,转变传统师徒制的教学理念与模式,形成线上线下混合式团队协同教学模式,即线上理论讲授与线下实践训练相结合的团队协同教学。以浙江传媒学院播音主持教学为例,《普通话语音与发声》《播音主持创作基础》《即兴口语表达》《播音业务》《主持业务》等专业必修课程均已建立线上线下混合式团队协同教学模式,并运用于日常教学中。笔者在多年教学观察中发现,被誉为"数字土著""数字原生"一代的学生群体在数字化生存时代中能尽情地享受前所未有的数字化教育的技术红利,而对教师群体而言,数字化教学的理念与教学实践能力还有待进一步普及与提升。线上教学大多数时候都是作为线下教学的补充,学生的学习态度、学习能力及监管等大大影响了线上学习效果,造成线上理论学习与线下实践应用的脱节,学生无法形成深度学习场域。

法国社会学家皮埃尔·布迪厄(P. Bourdieu)在《实践与反思——反思社会引导》一书中提到了"场域"的概念,他认为场域是指在各种位置之

间存在客观关系的一个网络或一个构型。线上线下混合式教学所形成的学习场域是由教育者、学习者共同组成的关系网络，通过各种硬件、软件有序架构形成的相互作用、相互影响、相互建构的主观环境与客观环境。学者邹红军（2022）将数字时代定义为"数字洞穴"，他认为"洞穴"化生存的隐忧会造成主体性的迷失，即当人们越亲近数字化空间，就越容易沦落到单向度、均质化的对象化重复运动，制造群体性的意识囚徒，最终导致情感的贫困和心灵的无产。在数字化教学实践中，我们不得不面对这样一个现实：机械数字化教学催生的情感"脱域"。播音主持学习场域强调人与人之间情感的共知、共通与共鸣，但在时空界限消失或脱离的线上线下学习情境中容易陷入唯见认知、无视情感的传统教学观，将线上理论与线下实践简单割裂的教学场景与教学内容的划分并没有真正实现技术与专业教学的纵深融合。笔者认为在推动数字技术与专业教育的深度融合过程中，技术不应该成为消磨情感流通的障碍，而应成为有效联结作为"传者"的教师与作为"受者"的学生主体间的动态情感回路，成为激发学生学习中的积极性、创造性与批判性思考的有效助力。因此尝试数字素养教育的情感转向，融合"以情优教"的情感教学理念，是实现播音主持教学数字化、现代化的策略。

三、数字化转型的播音主持情感教学实践路径优化

数字化时代的教育正逐渐转变学生的认知方式和学习方式，人机结合成为学生的基本认知；泛在学习发展为主要的学习方式，它嵌入学生的日常生活中，打破了正式学习与非正式学习之间的界限。与传统教学相比，教学场域不再局限于传统课堂上，数字技术地融入延伸了课堂的时间域和空间域，在"真实的情境"（线下课堂）与"虚拟的情境"（线上学习）的融合过程中，也使得教师和学生都面临"真实的我"与"虚拟的我"的认知困境。从情感教学的视角重新认识混合式教学，有利于促进数字时代教师与学生主体间虚拟与现实交往的顺利进行。教育数字化转型期线上线下混合式教学将成为高等教育发展的主要趋势，那么数字素养水平将是教师和学生高效开展混合式教学的基础。播音主持数字化教学的关注点不能仅停留在人与数字媒介之间的信息互动等相关能力，而是人通过数字媒介与他人互动所需要的素养和能力。我们不仅仅要思考如何使用数字媒介获取、解读和表达信息，还要思考如何在数字媒介建构的生活世界中建立健康的社交关系，从而真正获得精神慰藉和情感支持。笔者认为这是数字时代播音主持情感教

学的实践目标之一。

情感教学心理学是心理学对情感领域的研究分支，进行以情感教学应用为导向的基础性研究和以情感教学理念为导向的应用性研究。学者卢家楣及其团队经过多年研究与反复论证建构了情感教学心理学理论框架与应用体系。在基础性研究中主要包括对教学中的情感现象、教学中的情感作用、教学中的情绪调控、教学中的学习苦乐属性、教学中的情知矛盾等内容；应用性研究中主要包括对情感教学理念、情感教学现状、情感教学原则、情感教学策略、情感教学模式、情感教学目标和评价等内容。针对当前播音主持教学的特性与发展，融合数字素养与情感教学视角，笔者拟从数字素养培养、播音主持教学实践、学生数字媒介适应力与胜任力三个方面进行有机结合，优化播音主持教学实践路径。

（一）数字素养培养融入播音主持情感教学理念

情感，是播音创作的动力源泉，更是进行有效播音学习的重要条件。在数字素养模型中，社会-情感素养指的是人们借助数字技术实现知识共享、情感交流的能力，这是数字素养能力中最高级、最复杂的能力诉求。从播音主持教学规律与特点来看，要求培养学生具备以下专业素养：理解感受能力，语言表达能力，生活实践的积累，以及对相关艺术的借鉴能力。总体可以归纳整理为对学生"理解力、感受力、表达力、感染力、情感力"的素养要求。由此可见，情感素养是数字时代播音主持教学中不可忽视的重要组成部分，尤其在数字技术融入专业教学过程中容易陷入任务化、打卡式的机械数字化教学，丢失了教学过程中情感教学的温度，陷入学生要不要学、愿不愿学的基本矛盾的情感层面。

学者卢家楣（1999）提出并论证了"以情优教"的情感教学理念，指出要在充分考虑教学中的认知因素的同时，又充分重视教学中的情感因素，努力发挥其积极的作用，以完善教学目标，改进教学的各个环节，优化教学效果，促进学生素质的全面发展。教学有情作为公认的教学心理现象，需要从静态层面与动态层面进行实践。静态层面上的教师情感、学生情感和教材中情感三大源点是进行有效情感教学的主体。动态层面上师生间伴随教学中认知信息传递而形成的情感交流回路、师生人际关系中的情感交流回路、师生情感的自控回路及其各自的分支回路，为情感教学在播音主持数字化教学实践中提供了认知路径。笔者认为，重认知轻情感的传统教学观不利于数字时代人机结合的认知方式与泛在学习的推广与发展。在以情优教的理念指导下，以教材中显性情感因素为基础，激发教师教学情感动能，融合数字技术实践教学情感性策略，形成情感教学动态层面的情感交流回路，建构"诱发—陶冶—激励—调控"的教学结构框架和活动程序，促进播音主持教学创作情感的引发、强化与触发，形成良性教学情感回路。

(二) 数字时代播音主持教学实践中的情感教学活动

当前播音主持数字化教学模式主要体现在线上线下混合式教学的实践，通过共享丰富的线上教学资源、多元数字化信息，组织学生进行线上理论课程的泛在式学习，为线下开展实践教学做好理论铺垫。然而大部分教学模式并没有因为数字技术的引入发生真正意义上的教学模式转变，只不过是简单转换了学习场域，依旧是沿袭传统教学中由教师向学生单向输出式、讲授式、示范式教学，忽略了以学生为中心，以问题意识为导向的学习者中心的教学模式。因此数字时代融合情感教学与数字素养的播音主持教学活动可以从教学模式与教学评价两个方面进行优化。

1. 情感教学模式优化

通过建构情感教学模式的结构—程序，以情感作为目标，贯穿播音主持教学始终。以情感作为手段，调动情感的动力功能提高学生的学习积极性；优化情感的调节功能促进学生情绪的把控；利用情感的迁移功能推进学生以兴趣为起点，主动掌握与之相关的学习内容与方法，提升学生的创造性；发挥情感的疏导功能，帮助学生获得积极正向的情绪疏导能力；增进情感的信号功能，拓展非言语交流渠道，优化教学中信息传递的效果。具体教学结构可以分为诱发—陶冶—激励—调控四个部分，可应用于线上线下混合式情感教学实践中。

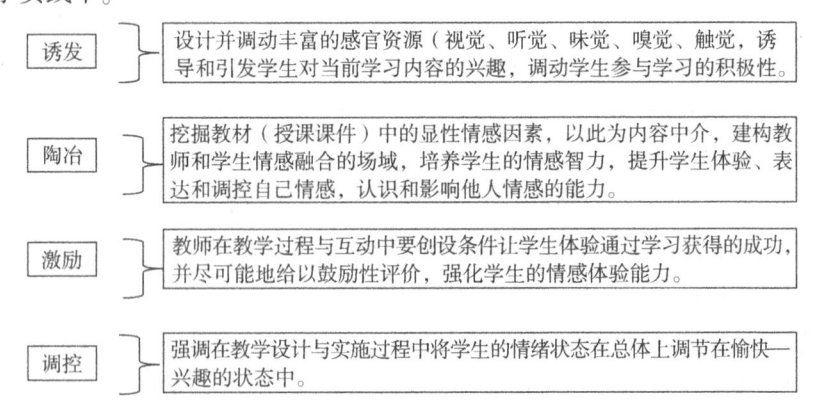

诱发	设计并调动丰富的感官资源（视觉、听觉、味觉、嗅觉、触觉），诱导和引发学生对当前学习内容的兴趣，调动学生参与学习的积极性。
陶冶	挖掘教材（授课课件）中的显性情感因素，以此为内容中介，建构教师和学生情感融合的场域，培养学生的情感智力，提升学生体验、表达和调控自己情感，认识和影响他人情感的能力。
激励	教师在教学过程与互动中要创设条件让学生体验通过学习获得的成功，并尽可能地给以鼓励性评价，强化学生的情感体验能力。
调控	强调在教学设计与实施过程中将学生的情绪状态在总体上调节在愉快—兴趣的状态中。

图 1　情感教学模式结构

2. 情感教学评价升级

情感教学评价通常可以分为形成性评价与终结性评价，尤其在面对数字化混合教学的播音主持课程时，测评具体的一堂线上或线下课程中情感教学模式是否有利于引发学生应有的情感反应，是十分必要的。另外，利用数字信息技术通过全程式、跟踪式、个性化记录学生情感反应分析与测评，对终结性评价情感教学模式在长时间是否在学生身上产生了积极的情感变化与影响，具有重要价值和意义。基于此，笔者借鉴"三维度四层次"的情感目标分类体系，融合翻转课堂等小程序技术，对学生进行个性化、定期化、追踪式的情感教学测评记录，进一步促进情感教学的实施；也符合播音主持教学规律中的差异化教学与个性化培养。

	乐情度	冶情度	融情度
逐级递进 逐步内化 →	接受 ↓ 反应 ↓ 兴趣 ↓ 热爱	感受 ↓ 感动 ↓ 感悟 ↓ 感化	互动 ↓ 互悦 ↓ 互纳 ↓ 互爱

图 2　课堂教学情感目标测评

课堂教学情感目标测评分别从乐情度（教学在促进学生对其喜欢方面所能发挥作用的程度）、冶情度（教学在促进学生获得积极情感体验方面所能发挥作用的程度）、融情度（教学在促进师生情感融洽方面所能发挥的程度）三维度展开，并在每一个维度中逐级递进，逐步内化为四层次的评价标准。学生可以根据此评价体系测评记录每一节课堂的情感感受与体验，教师也可以依据评价反馈实时进行教学内容与教学设计的调整。

参考文献：

[1] 何曼. 江苏师范大学智慧教育学院院长杨现民：激活数据要素价值 赋能教育数字化向纵深发展 [J]. 在线学习，2022 (6).

[2] 韩锡斌，陈香好，刁均峰，周潜. 高等教育教学数字化转型核心要素分析——基于学生和教师的视角 [J]. 中国电化教育，2022 (7).

[3] 陈辉，熊璋. 高等教育数字化战略的研究 [J]. 中国高等教育，2022 (9).

[4] 李玉婷，王海福. 数字时代高校教师数字素养提升策略研究 [J]. 数字教育，

2022，8（1）.

［5］皮埃尔·布迪厄.实践与反思——反思社会引导［M］.李猛，李康，译.北京：中央编译出版社，1998.

［6］杨一丹.深度学习场域下的高职院校"线上线下混合式教学"常态化构建［J］.江苏高教，2020（6）.

［7］邹红军.走出数字洞穴：数字化时代的生存隐忧与教育应对［J］.重庆高教研究，2022（8）.

［8］石晋阳，陈刚.论媒介素养教育的情感转向［J］.现代传播，2016（4）.

［9］卢家楣.对情感教学心理研究的思考与探索［J］.心理发展与教育，2015，31（1）.

［10］卢家楣.论情感教学模式［J］.教育研究，2006（12）.

［11］卢家楣.情感教学心理学研究［J］.心理科学，2012，35（3）.

［12］郭景萍.情感社会学：理论·历史·现实［M］.上海：上海三联书店，2008.

［13］Yoram Eshet-Alkalai. Digital Literacy: A Conceptual Framework for Survival Skills in the Digita Era［J］. Journal of Educational Multimedia and Hypermedia，2004，13（1）：93—106.

［14］GILSTER P. Digital Literacy［M］. New York：John Wiley & Sons，1997.

作者系韩国国民大学哲学博士，浙江传媒学院播音主持艺术学院专业教师、研究生导师。

媒介（数字）素养对于乡村振兴和社会建设的影响研究

——以广西广播电视台"党旗领航·乡村振兴·我为家乡代言"活动为例

周友杰

摘要：广西广播电视台以习近平新时代中国特色社会主义思想为指导，全面贯彻党的十八大、十九大、二十大精神，整合多方资源，探索公共服务新型模式的经营之路，全力办好"党旗领航·乡村振兴·我为家乡代言"活动，着力打造"政府+电商+大小屏传播平台"创新模式，助力加快推进乡村振兴建设。这对于借助媒介素养的支持，推动乡村振兴和社会建设活动有效开展，提供了一定的借鉴意义和方向指导。

关键词：媒介素养；乡村振兴；社会建设；党旗领航

前言

近年来，广西广播电视台充分运用主流媒体平台，以党建引领的方式助推乡村振兴发展，通过深入基层采访，引导广大群众运用电商直播带货，努力讲好基层党建、乡村振兴和农村电商的广西故事。2016 年至 2021 年，五年来共完成 45 场活动，推荐农特产品 2000 余个，完成 50 亿元的销售总额。活动利用"政府＋电商＋大小屏传播平台"的模式，成功提升各级政府机关、民营企业、致富能手、普通村民的媒介素养，通过电商带货助力乡村振兴。在新时代新环境下，如何更好地提升大众的媒介素养，使新媒体技术的应用能够为更多人所熟知，这是一个重要的课题。现如今，随着新媒体技术的普及，直播带货、产品宣传等手段风起云涌地出现，为乡村振兴和社会建设提供了一个重要的传播途径。因此，研究提升大众媒介素养，促进乡村振兴和社会建设的发展就十分有必要。

一、媒介（数字）素养支持下乡村振兴和社会建设的有效路径

（一）构建媒体电商助力乡村振兴新模式

广西广播电视台通过建立全媒体联动农村电商服务平台的乡村振兴直播节目，立足于广西地区农村发展需求与农业特色产品，借助媒体平台的支持，构建线下＋线上销售平台，为农民群体，尤其是困难群众，提供了更为多样的销售渠道的支持；通过构建特色农产品品牌，为本地区农业发展开辟了更加广阔的道路。在广西网络广播电视台、新华网、新浪、县级融媒体中心等网络平台的联动支持之下，农产品宣传和销售活动得以更加全面而持续地开展。以 2020 年公共频道执行的四场大集为例，2020 年度"党旗领航·乡村振兴·我为家乡代言"活动的开展，电商大集的线上线下销售额高达上千万元。这提示我们，媒介素养支持下的乡村振兴和社会建设活动的有效开展，可以借助构建并践行媒体电商助力乡村振兴模式，借助短视频录制和播放等形式来对农产品种类及特色加以介绍，挖掘农产品背后的非遗文化故事，打造带有地域特色和民族特色的农产品品牌，将广西农村地区的农产品

以更加多样的形式推向全国各地。

（二）借助媒体讲好家乡好故事

为了增强农产品的附加价值和市场竞争力，不仅要保证其质量、拓宽销售市场，更重要的是做好品牌效应。而农产品品牌的确立和维护，并不仅仅依靠于产品自身，更重要的是深入挖掘其背后蕴含的民族特色和文化内涵，赋予其故事性。因此，媒介素养支持下的乡村振兴和社会建设活动的开展，可以借助媒体讲好家乡好故事来进行。家乡好故事涉及的范围和讲述的事例需要围绕"乡村振兴"这一基本内核。一方面，应当深入挖掘本地区富有特色和代表性的农产品，借助图片、文字、视频等多样化的媒体形式来对其加以介绍；另一方面，也应当对本地区淳朴的人物世界加以阐述，尤其是党领导农村地区艰苦奋斗、振兴发展的重要事迹，充分展现和谐的党群关系，将创新性、鲜活性以及积极性融入家乡故事当中。比如，在田东县举行的"我为家乡代言"活动紧扣"七一红色购物季"和百色·田东芒果文化活动月，突出"红色元素"，汇聚红色能量。

（三）深入基层，密切联系群众

乡村振兴和社会建设活动开展的最终目标在于满足最广大人民群众的日常生活需求，提升农村地区整体生活水平。乡村振兴和社会建设活动开展的根本路径也在于植根群众，深入基层，在密切联系群众的基础之上，听取人民群众最真实的声音，发挥最广大人民群众的支持力量，从而为乡村振兴和社会建设活动的开展提供源源不断的动力和创造力。这就要求有关部门及人员，在借助媒体手段构建振兴乡村和社会建设新模式的过程当中，应当自主转换角色，从观看者转化为践行者，真实地参与到乡村振兴活动开展过程当中，真实地把握基层农村的实际情况和现实需求，促使选品、拍摄、选代言人、宣传推广和最终的活动执行都能够真正地做到为家乡代言，为农民代言。广西"党旗领航·乡村振兴·我为家乡代言"活动的开展正是在以群众为根基的前提之下，取得了诸多成效：党旗领航·电商扶贫2019年"七一红色购物季"，暨百色·田东芒果文化活动月启动仪式联动田东县、兴安县、全州县、龙州县等地共同启动，创造了多县联动、一县一品的扶贫助推新模式，田东县委书记在直播一周后发来信息：今年田东芒果的销量远超历史。

二、媒介（数字）素养对于乡村振兴和社会建设的影响

（一）推动党建工作与乡村振兴同频共振

党旗领航下的乡村振兴和社会建设活动的开展有利于推动党建工作与乡

村振兴同频共振。在借助媒介平台开展乡村振兴和社会建设活动时，讲述感人肺腑的党员故事，有利于彰显中国共产党始终为最广大人民群众努力奋斗的积极形象，提升党员影响力和号召力；更可以引导党员群体相互学习，共同进步，自觉树立并践行为人民服务的宗旨和原则，从而为党建工作的高效有序开展添薪加火；更有利于引导党员群体科学合理地融入乡村振兴和社会建设当中，为其提供力量，从而推动党建工作和乡村振兴活动高质量开展，进而将党的建设贯注于社会经济、政治、文化持续性发展过程当中。

（二）推动电商经济和特色产业持续发展

媒介素养支持下的乡村振兴和社会建设活动开展的主要形式在于构建媒体电商经济，通过打造线上+线下销售联动机制，推出特色农产品品牌，从而有利于推动电商经济和特色产业持续发展，在增加农民群体收入的同时，提高本地区经济发展驱动力。电商经济模式的开发和应用，不仅有利于为农产品销售拓宽渠道，简省环节，控制成本，同时也有利于带动各类新兴产业如旅游产业等的兴起和发展，进而有利于切实撬动"三农"经济长效发展，真正成为地方招商投资的"引路石"。当然电商经济和特色产业的开发和发展需要高新科技和高素质人才的支持，在开展人才培训和人才引入的过程当中，有利于提升本地区人民的综合素质，由经济脱贫拓展为思想脱贫。

（三）实现经济效益与社会效益双丰收

媒介素养支持下的乡村振兴和社会建设活动的开展，不仅有利于增加本地区收入，产生一定的经济效益，同时也带来一定的社会效益。尤其是"我为家乡代言，我为家乡讲好故事"活动的推出，有利于展现当地淳朴的民风民情，有利于宣传感人肺腑的党群故事，从而有利于构建更加和谐的党群关系。当然，乡村振兴工作的高效有序开展，也有利于推动各地区协调共建，改善社会发展不均衡的情况，推动公共服务的转型发展，构建更加健康完善的社会管理和运行体制。

结语

综上所述，媒介素养对于有效推动乡村振兴与社会建设发挥着多方面的积极促进作用。为此，有关部门及人员应当在深度理解媒介素养核心理念的前提之下，在自觉树立并践行媒介素养的基础之下，创新乡村振兴和社会建设形式，为乡村振兴活动的开展注入源源不断的活力和充足的创造力。

参考文献：

[1] 李佳芳. 文化产业振兴背景下高职院校中文专业教育实践与管理创新研究 [J]. 科教文汇, 2017 (28).

[2] 靳满乾. 新时期实现乡村产业振兴的路径探析 [J]. 改革与开放, 2018 (21).

[3] 张群芳. 网红经济视角下乡村产业振兴发展的策略探究 [J]. 特区经济, 2020 (7).

[4] 何志武, 陈天明. 乡村社会治理视域下县级融媒体的服务加冕与行动框架 [J]. 西南民族大学学报（人文社会科学版）. 2021 (11).

作者系广西广播电视台编导。

拥抱与裹挟：数字媒介时代老年群体的媒介素养研究

——以抖音平台老年主播为例

陈　旭　陈楚君　赵　莉

摘要： 随着数字媒介时代的到来和发展，中国社会老龄化程度不断加剧。随之产生的数字生存问题频发，使得提升老年群体的媒介素养变得愈发重要和迫切。本文主要采用内容分析法，以抖音平台上多位老年主播为切入口，通过建立编码表，分析在短视频环境下老年博主这一媒介素养相对较高的老年群体所面临的现状和问题。经过研究发现，老年博主群体中的网红博主和素人博主两类人群所面临的问题各有不同。前者能够通过短视频等新媒体技术拥抱数字时代，获得较高的情绪价值和产生不俗的经济效益，实现老年群体通过媒介接触触达数字世界的美好愿景，而后者之中的部分人群则不幸陷入网红经济催生下的乱象之中，这部分老年群体被裹挟着无奈加入数字洪流，致使其自身利益受到一定程度损害。本文通过对结果分析，从相关问题中提炼出提升老年群体媒介素养的相关对策建议，以期在积极老龄化的背景下，从个人、社区、平台、社会等角度探讨如何改善老龄化数字鸿沟的根本问题。

关键词： 老年群体；媒介素养；网红经济；数字鸿沟

一、研究缘起

在互联网迅猛发展、各种新媒介技术层出不穷的今天，中国人口的老龄化程度也在加剧。根据国家统计局发布的第七次全国人口普查数据显示，截至 2020 年 11 月 1 日，我国 65 岁及以上人口比重达到 13.50%，人口老龄化程度已高于世界平均水平（65 岁及以上人口占比 9.3%）。

同时，互联网技术也不断向中高龄人群渗透。根据 2021 年 2 月发布的《第 47 次中国互联网络发展状况统计报告》，60 岁及以上网民群体占比由 2020 年 6 月的 10.3% 上升到 11.2%，与 2020 年 3 月的 6.7% 相比，有了极大提升。这也标志着人口老龄化和生活数字化正成为当前中国社会发展的重要趋势。

然而，虽然技术不断朝着现代化、交互化、智能化方向不断发展，但在综合作用的影响下，老年群体在社会网络发展进程中常常面临着"数字鸿沟""信息孤岛""刻板印象"等挑战，其媒介素养也亟待提高。

与生长于互联网时代的年轻原住民及正处于学习吸收能力黄金时期的中壮年相比，老年群体在信息化社会中困难重重。现实生活中的他们不仅网络风险感知能力较低，同时也是网络谣言的易感人群。而又基于目前我国媒介素养教育的对象为大学生和青少年儿童，社会和公众对老年群体的媒介素养教育的关注仍旧相当有限。因此，本文以老年博主这一群体为研究对象，通过分析其短视频内容文本及效果切入，研究老年博主接触媒介的现实情况及其媒介素养；再根据多个个体的经历和经验，进一步总结提炼出培养老年群体利用媒介为己服务的有效措施，建设利于老年群体实现自我发展目标的良态适老社会，最终打造整个社会全面的敬老适老之风，提升老年群体的媒介素养和数字生存的质量。

二、研究综述

在詹姆斯·波特《媒介素养》这本书中，媒介素养的构成基石被归纳为三大类："知识结构""技能""个人定位"。书中强调了媒介素养的特性是一个连续多维的统一体，波特试图从情感领域、道德领域、美学领域等方面论述媒介素养。而在新媒体语境中，媒介的独特性基于其批判性思维和高效利用媒介来助力自身的数字化生存与实践。而我们今天一直提到的提升老年群体媒介素养也正是从这两点延展开来：旨在早期培养老年群体对各类新媒体媒介的认知，属于认识阶段；在经过一段时间的学习和操作后，通过潜移默化的培养使得老年群体能够批判地应用媒介，并利用媒介来服务自身的生活，从而达到真正意义上的提升媒介素养效果。基于现有专家学者对老年群体媒介素养的文献分析，本文主要从以下两个方面进行分别论述。

（一）国外研究常聚焦于社会参与

"媒介素养"（media literacy）理念缘起于20世纪30年代，英国学者富兰克·雷蒙德·李维斯和丹尼斯·托马森（1933）提出了大众传媒的负面影响，指出媒介素养教育的职责是给公众打预防针，防止侵害。进入20世纪60年代，学者Hall和Whannel等指出，媒介素养是指人们对不同媒介内容的选择和判断力。来到80年代，由于大众媒介制造假性意识，于是对媒介素养的定义中增加了批判性内容，认为"媒介素养是培养和批判解读能力"。90年代以来的参与式社区行动，强调受众媒介素养的过程性和综合能力。美国媒体素养研究中心（1992）认为：媒介素养是指在人们面对不同媒体中各种信息时所表现出的信息选择能力、质疑能力、理解能力、评估能力、创造和生产能力以及思辨的反应能力。21世纪以来，社交媒体网络、互联网、移动革命等新媒介层出不穷，媒介素养强调公民性、技术性与参与性。Sonia Livingstone（2007）认为，新媒介素养是让人们能够不再仅仅是一个被动接受的、被选择的，而是批判性的、主动参与的。简而言之，人们不再是单纯的消费者，而是有批判性思维的公民。

关于老年群体的媒介素养研究则始于2006年，但其数量有限。多名学者从老年人的所处区域（国家）、年龄、经济状况、教育水平、道德与文化等因素和互联网（新技术）使用强度的关系进行分析，试图通过媒介素养解决老年人的数字鸿沟问题。2014年以来，研究深度和广度开始提升，但其数量只是相对增加，学者们主要的研究聚焦点仍在老年群体的社会参与度之上。

（二）国内研究多关注于需求与培育

国内学者对老年群体媒介素养研究始于2010年前后，但研究成果比较有限，研究内容主要集中在以下两个方面。

1. 老年群体新媒体使用现状调查与提升研究

陈月华、陈荟竹（2011）采用实证调查的研究方法，以哈尔滨和上海两地的老年人群体围绕老年人接触新媒体的意愿、老年人接触新媒体的动机、老年人对新媒体的批判意识三个方面展开论述和思考。东北师范大学传媒科学学院的赵海霞（2017）则将研究对象聚焦于"互联网+"背景下的"60后"准老年群体，探索这一群体媒介信息研究的目标设定、技术路线和研究内容，试图构建政府、社会、社区、媒体、企业与子女多方参与的媒介素养联动机制，并在实施过程中制定相应的标准。孟博文与殷文（2021）则紧随社交媒体的发展，从老年人的新媒介使用状况、素养、环境、需求与效果着眼，以智能手机及微信、抖音等 APP 为例，主要采用问卷调查与访谈的形式获取数据，研究新媒介与老年群体的交互关系以及当下老年传播中存在的适老性问题，为构建适老型社会提供参考。

2. 新媒体使用改善老年人生活质量的研究

张晓宇、初琦（2006）从公民媒介素养的发生、发展出发，肯定了媒介素养教育在提高对信息辨别能力、使用能力等方面的促进作用，对媒介素养在"灰发族""银发族"中的开展提出了一些刍议。中共上海市委老干部局课题组范传伟、袁长婷（2014）指出：新媒介，如基于互联网的智能手机、平板电脑、互动电视（广播、报纸）等将在老年群体的晚年生活中扮演越来越重要的角色，给他们的生活带来前所未有的快捷和便利。王琪（2020）也在探析自媒体老年短视频火爆现象时表示，随着移动互联网的普及和成熟，如今的短视频凭借社交属性强、易创作、时长短等特点深受大众青睐。以抖音为代表的短视频平台不仅为年轻人展示自我提供了地盘，也掀起了老年网红崛起的热潮，成为短视频领域新的增长点。该观点一出，使得此后的老年群体媒介素养分析被更多的专家学者聚焦于"短视频"领域。

（三）研究评价

结合上文内容分析，当前国内外学者对老年群体媒介素养方面的研究较少，时间始于 2010 年前后，且于 2015 年达到高潮。但为数不多的研究成果也只集中于 60 岁及以上老年人，相对缺乏对老年群体具体分类与媒介使用行为、效果之间关系的分析。因此，本研究以老年群体中的老年博主为研究对象，结合老年网红经济的现状、乱象和治理措施等内容，探讨在数字媒介时代，老年博主面对新媒体媒介的各种信息时如何建构与培养选择能力、理解能力、评估质疑能力、创造和生产能力以及思辨的反应能力。这对提高社会老龄化后的媒介素养教育、改善老年生活质量、增强老年经济等具有现实和指导意义。综上，本研究拟解决以下两个问题：

① 数字媒介时代，抖音平台中老年博主面临哪些机遇与挑战？

② 通过对老年博主的视频内容及效果分析，从中可以得到哪些有价值的途径方法用以提升我国老年群体的媒介素养？

三、研究方法与设计

基于上文所述的研究问题与相关理论，本文将选取以下 8 位抖音平台上的老年博主为研究对象，以视频内容与表现形式为两个分析单位，采用量化与质化相结合的研究方法，试分析在数字媒介时代下抖音平台中老年博主面临哪些机遇与挑战？并根据分析结果，进一步讨论从中可以得到哪些有价值的途径方法用以提升我国老年群体的媒介素养。

（一）内容分析法

本研究选取了抖音老年博主赛道较为出圈的 8 位老年博主为研究对象，通过对他们的账号调性和视频内容进行编码分析。在初步观察视频样本后，两位编码员（作者）对样本的视频内容与表现形式进行独立编码（见表 1、2），并对出现不一致的编码结果进行交流讨论，直到消除差异性。

表 1 内容分析编码表——视频内容

分析单位一		编码类目	
视频内容	时尚潮人	只穿高跟鞋的汪奶奶	1457.7W
		末那大叔	1701.2W
		北海爷爷	47.0W
	祖孙档	我是田姥姥	3589.3W
		姥爷的耀杨	987.9W
	夫妻档	流星锤老爹和没牙姨	186.6W
	姐妹档	三支花	539.6W
	情感类	济公爷爷游本昌	1023.0W

部分类目的具体编码标准如下。

在视频内容这一分析单位中，主要将 8 位博主在老年博主的标签之下，根据其账号调性和内容分析，进行进一步的垂直赛道编码，主要分为五大类，分别是：时尚潮人、祖孙档、夫妻档、姐妹档和情感类。其中，每个账号对应的抖音平台粉丝数量（截至 2022 年 6 月 15 日）也已列出，可以直观地看到老年博主定位"人设"与其粉丝量的关系。具体分析将在结果中一一阐述。

表2 内容分析编码表——表现形式

分析单位二		编码类目	具体类型
表现形式	画面	出镜人数	(1) 0；(2) 1；(3) 2个及以上
		出镜人性别	(1) 只有男性；(2) 只有女性；(3) 男女都有
		特效	(1) 使用特效；(2) 不使用特效
		字幕	(1) 使用字幕；(2) 不使用字幕
		竖屏	(1) 竖屏；(2) 非竖屏
	声音	声画关系	(1) 没有使用同期声和配音；(2) 使用同期声；(3) 使用配音；(4) 使用同期声和配音
		配乐类型	(1) 无配乐；(2) 使用有节奏配乐；(3) 其他
		语言类型	(1) 无语言；(2) 使用方言；(3) 不是用方言

在表现形式这一分析单位中，配乐类型对"有节奏配乐"的划定是指：短视频中常见的需要配合剧情的节奏音效或音乐，此外的其他音乐类型均另做"其他"分类。

（二）文本分析法

在对视频内容进行分析时，本研究采用"目的抽样法"，选取播放数据最突出的高热度视频作为文本分析的对象，具体考察每个视频在强调内容关键词时的视听特点，寻求它们之间的异同，以归纳文本内容的规律性特征。

此外，还需特别提及的是：本研究及论文中所用的视频、图片等材料都是在抖音、B站、淘宝等平台公开发表的，任何人都可以通过网络搜索追溯来源。

四、结果分析

随着社交媒体的不断发展，蕴含极高影音信息量及拥有较低进入门槛的短视频领域呈现一片蓝海趋势。越来越多的老年用户投入其中，完成了他们对短视频媒介的认识、接触和使用。下面将对上文通过编码获得的研究结果进行概述。

（一）银发 KOL 势头正猛，少数幸存者才能"名利兼收"

身高166厘米、体重43公斤，穿高跟鞋和修身的裙子，一口一个"小闺蜜"，教屏幕前的年轻女孩要爱自己，这是79岁高龄网红"只穿高跟鞋的汪奶奶"每天的日常。截至2022年6月15日，汪奶奶在抖音有超过1500万粉丝，在过去3个月里，她创下了最高单场销售额537万元的直播带货记录，这个成绩不仅在银发网红中位居前列，在抖音所有直播达人中也可称得上亮眼。

比起年轻人，中老年 KOL 凭借其平易近人的形象和有天然优势的"老人言"更容易建立起与用户之间的信任感，所以妆容精致的汪奶奶卖起美妆护肤品也是顺理成章。搭载上新媒体技术的快车，再利用好抖音之类的短视频平台，头部的中老年 KOL 自然凭借 MCN 机构为其打造的光鲜形象完成了流量变现之路。同时，另一人设更加接地气的头部银发网红田姥姥，也在自己的带货首秀中获得音浪收入 2.3 万元的好成绩，超过 97.55% 主播。

通过对这些老年主播背后资本的分析，可以获知比起有专业团队运营的银发网红，单打独斗的红人往往面临许多的局限。例如：在内容创作上很难有持续性，视频风格大同小异、更容易让粉丝产生审美疲劳，后期制作也更显粗糙。在做直播时，素人与有团队辅助的老年人差距更加明显。换句话说，越是头部的银发网红，越能在其媒介触达、使用上获得更多价值，随之而来的还有显而易见的经济效益。

（二）蓝海之下也有暗流，素人主播难上加难

除了头部老年主播可以获得较高的资源回报和媒介使用感之外，其他素人老年主播的道路大多异常艰难。除了上文分析过的 8 位知名主播，当我们把目光从头部主播下移到素人老年主播身上时，情况就大不相同了。每天直播的"闫奶奶的快乐生活"就是一个经典案例。追踪闫奶奶最近 14 天的直播数据，发现闫奶奶多在深夜开播，而且经常出现连续直播超过 10 个小时的情况。这些超长时间的直播显然没有经过策划，大部分时候只是把手机镜头对着空房间和疲惫入睡的闫奶奶拍摄而已。

但是长时间直播并没有带来高收益，蝉妈妈数据分析平台显示，闫奶奶每天获得的音浪在几百个不等，等于个位数的收入，近 1 月内闫奶奶最高获得 8541 个音浪，约合人民币 850 元。这个数字和头部收入相比，有云泥之别。

此外，KOL 本人与 MCN 机构的利益分配历来被大众所关心，在银发网红这个领域，层出不穷的问题同样存在。有一家 MCN 公司曾揭露，去年公司孵化的老年网红组合爆火仅 2 月就面临解散，其中几位退出后自行成立了另一个组合，两个团队的纷争至今仍未解决。

由此可见，中老年 KOL 要吸粉不难，难的是如何变现，比起年轻的 KOL，银发网红本身就面临着体力差距的劣势。同时，学习软件、进行操作是老年网红要面临的一大难关，而中老年 KOL 能否持续变现也是一个大问

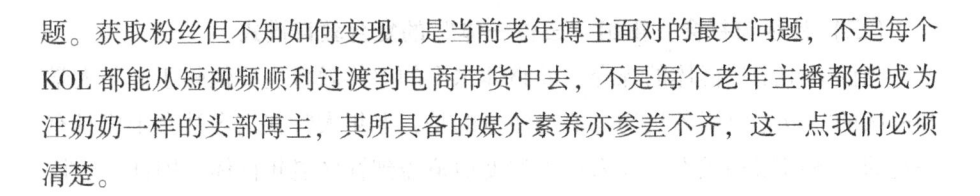

题。获取粉丝但不知如何变现，是当前老年博主面对的最大问题，不是每个 KOL 都能从短视频顺利过渡到电商带货中去，不是每个老年主播都能成为汪奶奶一样的头部博主，其所具备的媒介素养亦参差不齐，这一点我们必须清楚。

五、反思与讨论

（一）个人与家庭：注重个人意愿和数字反哺

培养老年人对互联网主动学习的意愿和技能，是提升老年群体媒介素养的重要驱动力。这需要老年个体主动克服和消除对数字技术的抗拒心理，愿意拥抱接受新鲜事物，才能更好地适应和融入智媒环境。而在中国传统的家庭模式中，老年群体主要依靠来自家庭和子女的文化数字反哺进行学习，获得社交媒体及短视频平台的使用技能，这也体现于老年主播背后要么依靠 MCN 机构的青壮年，要么依赖亲友子女辅助运营的现象之中。但对媒介使用技能的反哺，仅仅是提升老年群体对新媒体认知的基础一步，还应该加强子女们对老年群体关于网络信息安全普及等方面更深层次的数字内容反哺。来自家庭的支持和子女的文化反哺是提升老年人媒介素养的关键，也成为年轻一代新的家庭责任。

（二）平台与市场：增设专门老年用户版本

推进市场和平台开发专门针对老年群体的互联网产品是提升老年人媒介素养的重要辅助措施。当前，大量的手机 APP 应用主要针对未成年人推出了未成年人模式，而忽略了庞大老年群体的用户需求。正如我们和平台方都清楚儿童需要防沉迷和护眼设计，那么身体机能和思维反应能力均有所下降的老年群体也应收到特殊对待和关照。因此，应用类 APP 及移动智能终端等产品在设计之初，就应加入针对老年人的考量，方便其信息搜索、减少垃圾信息对其的干扰，在实践中培养老年人理性使用互联网的能力。例如老年用户大多习惯于手写输入法，那么手机生产商及市场就可以在用户这一痛点上大下功夫，采用更大的字体显示与专业定制的手写屏幕使老年用户使用起来更加便捷舒适。在软件安装方面，推出老年定制版本或老年模式，从技术的源头改善老年群体触网、用网的体验感和满意度。最终达到提升老年用户的媒介素养，促进其商品自身的销量，同时也不断增加老年用户群体的满意度和美誉度的多维度综合目标。

（三）社区与社会：重组"三位一体"的复合教育模式

当前老年用户群体的媒介素养整体水平的整体教育主要依赖于老年大学和社区的零散志愿服务机构。值得注意的是，老年大学在当今社会中仍具有一定的入场门槛和成本，并未最大程度地覆盖到社区老年群体。因此，建议将媒介教育的培养方式增设到各地区的高校之中，通过老年大学+高校青年群体志愿反哺服务+社区定期组织培训的"三位一体"综合教育模式，帮助落实老年群体获得较为系统性的数字技术培训。社区层面要注重相关培训的实用性和趣味性，除了传统的歌舞、插画、书法等老年课堂，增设直播、运营、剪辑、拍摄等与新媒体强挂钩的实操课程。同时，从国外媒介素养教育情况来看，西方的加拿大等国家，呈现出自下而上的趋势，由民间机构首先进行媒介素养教育。随着媒介素养机构的增加，政府逐步从政策层面给予媒介素养教育较大支持，使其加入公民教育体系中。我国媒介素养教育发展亦可借鉴该思路展开。

（四）政府与监管：重拳出击，构建安全适老网络环境

从政府角度来说，应增强公共机构对老年群体互联网使用的宣传和指导，普及媒介素养教育的意义，携手教育部等相关部门，引导老年群体学会批判地使用互联网，提高信息获取和搜寻能力。同时，网络监管部门也应该加强对网络信息的严格监管。面对不实信息、不法行为、不明之事施以重拳，同媒介素养相关部门通力合作，运用大数据找到老年群体在网络上容易受到误导且具有共性的信息或关键词，整合成数据案例提供给媒介素养教育相关部门作为案例进行下沉教学。双管齐下，边打击边追踪，构建网络信息安全防线体系，整体净化当前网络空间。

六、小结

借用复旦大学新闻学院陆晔教授的一句话：在中老年这个受众群体中，信息技术的运用面临着两极分化的趋势：一方面有相当一部分中老年朋友能够熟练地使用电脑，使用新的媒介技术上网，能够通过网络获得需要的东西；另一方面，大部分老年人却被传媒、新技术、新的生活方式所忽略，出现信息鸿沟现象。

好的社会不应该以让渡一部分人的权益来追求整体利益的最大化，而数字媒介时代的技术浪潮也不应该遗忘任何一位公民。因此，在数字化与老龄化并行的社会环境下，鼓励和帮助老年群体提高媒介素养应该成为今天每个

人的共识。我们应该不断探索、共同努力，构建出一个更加适应老年群体特征的适老型社会，不断提升老年群体的数字化生存质量。

但囿于笔者自身水平所限，本研究尚存在不完善之处如下：第一，本文缺少一些对不同老年博主个体的深度访谈，因此无法更进一步地呈现老年人对其所属群体媒介素养的认知及体会；第二，在对本文所列出的老年博主的选择上，不可避免会受到作者的主观影响，进而影响研究对象的典型性。针对以上不足之处，在未来的研究中，笔者也将尝试，通过发放调查问卷和增加适宜样本量的深度访谈等量化质化相结合的研究方法，来进行后续的补充和改善。

参考文献：

[1] 陈雅雪. 数字鸿沟视角下老年群体微信的采纳与使用研究[D]. 深圳：深圳大学, 2017.

[2] 甘勇灿. 我国老年群体新媒介使用行为与影响因素研究[D]. 哈尔滨：哈尔滨工业大学, 2013.

[3] 丁卓菁. 新媒体环境下老年群体媒介素养教育探讨[J]. 新闻大学, 2012 (3).

[4] 凌惠. 积极老龄化背景下老年人新媒体素养研究[D]. 杭州：浙江传媒学院, 2016.

[5] 谷生然, 魏茂琳. 国内外媒介素养研究综述[J]. 西南石油大学学报（社会科学版）, 2019, 21 (4).

[6] 武晓立. 跨越"数字鸿沟"：社交媒体时代老年人媒介素养的提升[J]. 青年记者, 2020 (25).

[7] 赵海霞. "互联网+"背景下"60后"准老年群体媒体信息素养之研究[J]. 图书馆学研究, 2017 (23).

[8] 邬晶晶. 现阶段老年人媒介素养现状考察与提升对策[J]. 传媒评论, 2015 (4).

[9] 张一丹. 老年群体媒介使用现状调查研究[D]. 西安：长安大学, 2019.

[10] 闫玉荣. 新加坡提升老年群体媒介素养的启示[J]. 青年记者, 2019 (4).

[11] 马莉, 陈龙根. "互联网+"下的社区老年群体网络媒介素养教育[J]. 职教论坛, 2016 (15).

[12] 刘倩. 自媒体环境下老年群体的媒介素养教育——基于"积极老龄化"的视角[J]. 青年记者, 2019 (8).

[13] 李筱佳. 新媒体语境下老人与媒介素养[J]. 新闻传播, 2018 (18).

[14] 朱琳，田瑞琪. 老年群体新媒介素养现状的研究［J］. 传媒论坛，2020，3（21）.
[15] 聂潇. 老年网络主播的媒介使用与满足研究［D］. 上海：上海师范大学，2020.
[16] 黄晓晶. 数字鸿沟视域下老年群体数字化生存的重构之道——以新媒体接触为例［J］. 声屏世界，2020（16）.
[17] 孟博文，殷文. 老年传播视角下新媒介适老性研究——以智能手机与微信、抖音等 APP 为例［J］. 传媒观察，2021（8）.

作者陈旭、陈楚君系浙江传媒学院新闻与传播专业硕士研究生；赵莉系浙江传媒学院新闻与传播学院教授。

第三部分

数字素养研究

数字时代媒介素养的内涵拓展

洪长晖

摘要：互联网技术经过数次迭代，正成为全社会的基础设施，并引领社会进入数字时代。在重新构造的数字时代中，公众力量、网络技术与全球变局叠加在一起，形成了整体性的挑战。宏观社会发展需要公众在媒介化社会中更有作为，而在微观个体层面则意味着公众要更加有效地利用媒介，更加有效地适应"媒介即存有"的耦合情境。此前基于传媒与人的二元框架的媒介素养内涵面临着扩展与重塑，原有的信息接收、理解、评判、制作、发布能力要求不但没有过时，而且有所提升。更重要的是对媒介技术的驯化能力、自我形象管理能力、公共传播话语能力，都成为数字时代衡量"数字人"的尺度。

关键词：数字时代；媒介素养；内涵拓展

2020年初，"新冠病毒"疫情发生后，在短短几个月里成为席卷全球的重大事件。世界卫生组织更是在1月30日宣布新冠疫情为"国际关注的突发公共卫生事件（PHEIC）"，这是该组织史上第六次做出类似宣布。世卫组织的表态和其后疫情的发展，都在表明新冠疫情成为全球化背景下一次"划时代"的重大突发公共事件。

而在此次疫情过程中，政府、媒体、公众都面临着前所未有的信息挑战。仅从信息数量来看，据新榜统计显示，仅是2020年1月25日疫情信息进入公众视野之后的一个月内，与"疫情"相关的文章多达824万篇，总阅读量达到254亿。而与如此众多纷繁的信息相伴的媒介素养问题，无论是纵向的内涵拓展，还是横向的主体责任，都牵涉诸般，尤为值得关注。

一、媒介素养的历史话语与现实情境

从根本上说，媒介素养的话题从人类诞生的那天起就存在。史蒂芬·平克（Steven Pinker）就指出："语言是最重要的文化发明，会使用符号，是人与野兽最大不同的不同点"。换言之，语言作为一种交流沟通的媒介，与人之所以成为人是相伴而生的，并且人与人之间在说话的能力上是存在着先天或后天差别的（先天如阿斯伯格综合征，后天则是性别、教育、地位、阶层等一系列影响所致）。那么毫无疑问地，语言能力的高低所反映出的是媒介素养的高低。

当然，语言能力的差别尽管非常关键，可还远不是唯一的影响因素，因为人类交流沟通的媒介本就不是唯一的。媒介发展史告诉我们，人类创造和利用媒介的能力处于一个积累式发展的过程，尽管有不少媒介形态由于各种原因退出了历史舞台，或不再承担原有的媒介功能，可更为常见的则是在媒介叠加发展的过程中，旧媒介通过策略性的调适自身，重新获得生存和发展的空间。这就意味着从人类总体发展来说，媒介承载是日趋复杂化的过程，那么相应地，媒介素养所指涉的也必定日趋复杂，而媒介素养的高低同样会横亘整个人类媒介发展史，并愈演愈烈。

媒介素养尽管具有横亘人类社会的历时性，可只有到了大众传播时代才真正作为一个关乎社会与个人的议题被凸显出来。台湾传播学研究的先驱之一王洪钧先生就曾这样写道："实在因大众传播活动在无形中已满布于人类社会，是社会改变的动力，也是人类社会化的必然途径。"具体而言，现代社会中的大众传媒扮演了极其重要的社会信息发布和传播的角色，而信息则成为社会生活中的人们认知、选择和决断的重要参考资源。所以，让普罗大众有稳定的途径或设备获得必要与可靠的信息，就变得至关重要。正是在这样的"天命召唤"下，"知情权"应运而生。1945年，时任美联社执行董事的肯特·库珀（Kent Cooper）在一次演讲中提出，"有渠道获取充分、准确的新闻是公民的权利。若无对'知情权'的尊重，某一个国家或全世界就不会有政治自由"。

与"知情权"密切相关，在整个大众传播时代，获取准确、有效、完整的信息就构成了媒介素养的核心追求。当然，需要指出的是，在最先发起媒介素养教育的英国，其最早是作为一种对大众传媒的防备策略而提出的。如果对当时在媒介素养领域用力最勤的几位学者稍作了解，或许明白这样的立场就毫不令人意外。例如首倡者利维斯（Frank Raymond Leavis）是著名的文学批评家，同时也是英国文化"伟大的传统"（该语出自他在1948年出版的同名著作）的积极维护者。在他那里，大众传媒无疑构成对伟大传统的破坏，不可等闲视之。

美国媒介素养研究中心就曾给出一个宽泛的定义，认为媒介素养是人们面对媒介各种信息时的选择能力、理解能力、质疑能力、评价能力、创造和制作能力以及思辨的反应能力。这也是迄今为止被引用最多的定义之一，尽管这一定义没有特别明确地体现出对信息/传播的不信任感，可同样需要注意的是，它瞄准的历史语境是大众传播时代。那么，问题随之而来。当人类社会发明互联网，进而实现互联网移动化，当初的概念与话语是否还能够继续很好地容纳和涵括这一现实？

略作归检即可发现，美国媒介素养研究中心给出的这个定义是建基于信息与人处于主客体二元对立的前提之上的，而其中蕴含的逻辑则是以大众传媒为核心的信息发布者传递信息，个体接受和处理信息，即两者之间的角色定位是明晰的。而在移动互联网成为社会的基础设施之后，一个相当普遍的认知则是传受角色的随机性互换，用一句口号式的话来形容就是"这是一个人人都有麦克风的时代"，而当传播权被赋予每一个个体生命的时候，其实也就意味着每一个个体生命同时也是所有信息的潜在接收者。换言之，至少在传播活动发生时，主客体二元对立的边界是游移的。在这样的现实情境下，此前的话语逻辑显然就需要重新调整，以求准确地涵括移动互联网语境下的多元主体、多维面向和多重意涵。

二、媒介素养的内涵扩展

当初库珀在提出"知情权"时，其落脚点是在公民的权利上。在今天，公民作为自主性个体，正史无前例地参与到传播活动过程中，形成真正意义上的"参与文化"（participatory culture）。这个传播自主性得到彰显的过程，通常就被认为是新媒体的"赋权"（empower）所致，使得从前隐而不彰的大众（mass）终于得以在话语的光谱上拥有了自己的位置。众所周知，话语权的概念脱胎于法国思想家福柯，在这位特立独行的思想家眼里，话语（discourse）就是权力（power）。已有学者指出，在传统时代特别是遭遇公共危机时，通常存在着三种话语权的交锋：一是由政治权力、物质财富和知识资源所赋予的自上而下的精英话语体系；二是普罗大众通过上书、上访、集会、游行、示威、抗议等形式行使的自下而上的公民话语体系；三是报刊、广播、电视等传统媒体一直宣称或追求的"第三方话语"。不仅如此，这三种话语之间从来都不是均衡的，而是充满了合谋、对抗、甚至绞杀；只具有有限独立性的传统媒体的"第三方话语"倾向于哪一方，基本上就反映了它所存赖的传媒体制与社会制度。而以自下而上为特点的公民话语在很大程度上就变成了"沉默的大多数",以至于只有采取极端的方式才有可能"被看见",正是在此意义上,技术尤其是新媒体技术就彰显出革命性的力量。国内著名传播学者喻国明就曾高度评价以快手为代表的短视频平台,"从4G时代开始,视频为普罗大众赋能赋权,将社会话语的表达权给了越来越多的普通人,每一个都可以用视频这种最为简要、直观的形式与他人和社会分享,这是一种具有革命性意义的改变"。

然而,"能"未必代表着"会"。当一个个以往的信息接收者走向前台,成为集信息生产与接收于一体的产消者(prosumer),媒介素养问题几乎也同步变成了一个对公众而言均质化、高阶化的要求。具体来说,在大众传播时代的公众所需要的是信息的接收、辨别能力和对媒介文化的批判能力,但是在自媒体盛行的语境下,则还需要公众能制作符合广泛传播、适合传播的信息,从内容到形式都具有更为严格的要求。以社会区隔的视角看,这一变化的潜在作用比大众传播时代更突出了,正如理查德·塞勒·林(Richard Seyler Ling)指出的,"对某一特定全体而言,其认可对该技术的使用(或被迫使用这一技术),并借此促进了群体的运作。在一定程度上而言,不使用该技术使我们成为'异类',并由此产生了技术使用中的社会压力"。

三、数字时代媒介素养的新构成

在人类漫长的社会历史演进中,先后经历了史前文明、农业文明、工业文明;而正在大规模进入的则是数字文明。数字文明是一种基于大数据、云计算、物联网、区块链等新一代技术,以高科技为主要特征的文明形式,核心是网络化、信息化与智能化的深度融合。与此相呼应,我们当下所处的时代完全可以称作"数字时代"。如果说工业化时代和后工业时代相继以蒸汽机、电力及初代信息技术作为驱动力,那么数字时代的核心驱动力则是数字技术。数字技术与现代社会的变化互为因果,在相互作用中发展,数字技术的变化引起了社会的变化,而社会的变化进一步诱发了数字技术的变化。在数字时代,人们的传播网络逐渐向机器的信息系统让步,数字系统取代人类获得了言说的可能,成为机器主体(machine subject)。

以硅基为底色的数字文明时代,技术与人之间的耦合呈现出共进迭代的趋势。在此条件下,公众与技术、信息系统及社会整体之间的关系既创造了一种构建"数字共同体"的可能,又潜在蕴含着一种"新异化诞生"的风险。而这种交相作用的现实趋势，就对公众或者说媒介素养在原有的基础上提出了新要求。

（一）新媒体技术"驯化"能力

早在电视进入千家万户时，媒介研究者罗杰·西尔弗斯通（Roger Silverstone）就提出了"驯化"框架，用以描述家庭如何引入电视、接纳电视同步进入公共生活。理查德·塞勒·林（Richard Seyler Ling）和莱斯利·哈登（Leslie Haddon）则将这一理论应用于对移动传播的考察，认为该理论"更好地理解技术采纳与个人决定之间的关系"。在西尔弗斯通看来，驯化过程包含了六个方面：商品化（commodification）、想象（imagination）、挪用（appropriation）、客体化（objectification）、整合（incorporation）和转化（conversion）。近年来国内学者也频繁借用这一理论以分析老年群体对微信的使用、网络直播与消费者的互动、玩家与电子游戏的关系等。笔者完全认同这些研究所揭示的各个现实面向，同时想进一步指出，正如哈尔特穆特·罗萨（Hartmut Rosa）所说的，我们正处于一个加速社会，在经验上体现为科技加速、社会变迁加速和生活步调加速，三个范畴的绞合催动了"驯化"将不再能够形成一个闭环，而是处于一种不断纠缠和涌现的状态，表现在现实生活中，就好比一个人可能刚刚接纳了微信语音聊天，结果朋友圈里已经纷纷刷起了视频号，当总算也学会了拍摄上传视频，又猛然发现柳夜熙、小缪等虚拟人正汹涌而来。日常生活中的互联网实践已经无孔不入，这就意味着要想在数字时代能够正常、体面地生存，新媒体技术的驯化能力几乎必须是要面对和掌握的。

（二）自我形象管理能力

数字时代的传播活动特别讲求对公众注意力的争夺，从呈现方式上看这也是一个追求传播可视化的时代，由此直接导致传播者常常会主动或被动地让自身形象暴露于公众视野。显而易见的是，大众传播时代的职业传播者不仅在信息制作、内容传播上受过专业的训练，而且在个人形象管理上亦绝非今日"网众"可以比拟。换言之，数字时代的媒介素养在内涵上还应当强调形象管理的重要性。

美国社会学家欧文·戈夫曼（Erving Goffman）以其"拟剧理论"行世，他认为人类的行为从根本上看是一种角色扮演，而且会根据不同的情境区分"前台行为"和"幕后行为"。更重要的是，"在扮演某一角色的过程中，个体必须努力使他在情境中传达出来的印象与实际赋予他的同角色相符的个人素质相一致"。然而，这种自我形象的角色契合与转换匹配的能力对非专业人员来说则是极大的挑战。2019年发生在斗鱼直播平台上的"乔碧萝殿下露脸事件"可以说是对此的最佳注脚。事件中所谓的"萝莉变大妈"从直播伦理规范角度看，当然是对粉丝的欺骗，而以网络镜像层面看，则也很好地说明前台和后台的区别，以及自我形象管理的重要性。其实，现如今的政府机构同样频频在网络亮相，各种网络新闻发布、地方政府官员代言（带货）既显示出对媒介化社会中传播渠道立体化、多元化的重视，也提示需要重视甚至专门化训练相关人员进行网络自我形象管理，以免出现纰漏，反过来影响新闻发布等的导向和效果，损害政府部门的公信力。

（三）公共传播话语能力

"交往"是人类的存在方式，然而，自人类诞生以来，理想的交往沟通又往往面临着太多变数，以致难以实现。无论是人与人之间，还是国际传播领域，都遍布着话语冲突。数字时代的交往更加复杂多变、虚实相生，从不同立场出发，国家、社会、市场都生产出各自的话语体系，这些交织共生的话语体系映射在网络空间则推动了传播隔阂的产生，甚至导致群体极化现象，严重影响到"清朗"网络的建设进程。如果说在今天，网络技术知识应当成为一种社会知识、公共知识，那么公共传播话语能力的建设则更是题中之义。

话语可以分为协调性和交往性两类，前者集中体现在政策建构活动中，后者则主要表现为将协调性话语所产生的结果交于公众探讨和审议的话语。但是不得不说的是，今天的各大社交媒体平台上很少风行有基于探讨和审议的声音，存在众多情绪宣泄甚至是粗鄙的骂战。而这种状况无疑偏离了互联网诞生之初被寄予的美好想象。德国哲学家哈贝马斯曾经论述理想中的公共领域，他认为新闻出版物在现代市民社会中具有不可替代的作用，报刊促进了现代意义上活跃的、理性的"公众"诞生。在互联网刚进入普及阶段时，人们也对其充满期待，希望一个开放包容、理性探讨、思想交流的互联网公共领域浮现于新世纪的地平线。换言之，哈贝马斯对报刊的定位被移置到了互联网社交媒体上。但是，很遗憾的是，今天的社交媒体空间并没有构成一个可能性的公共领域。

对此情势，当然不能消极以待，国内传播学者吴飞说："当理解受阻、共识难达、承认无望，分配的正义亦有障碍，那么人类首先建立一种与他者共在的理念，并努力发展共情的关爱，将有利于解决全球传播中'对空言说'的传播困境。"将这种"共情的关爱"落到实处的第一步,就是需要在全社会培养和实践公共传播话语的能力。中国自来是"礼仪之邦",宽容和礼貌更是人际交往中常见的话语规范,而在众生喧哗的社交媒体空间中,理性与情感并在、反思与互惠兼备、中庸与务实共存的公共传播话语尤其需要成为公众能力。

四、结语

曾几何时,当中国的互联网进入寻常百姓家,并迅速实现移动化时,人们都在感叹和思考这样一个问题:互联网是否改变中国?应该说,这个问题其实并不能成为问题,毕竟当互联网接入成为今日社会的基础设施,改变几乎就是必然的。与其探讨"改变中国",不如首先问问"改变中国"的程度。而要说改变,又毫无疑问地需要落实到中国社会的公众身上,公众的进步才有可能推动和实现社会的进步。

数字化是这个时代的底色之一。曾经面向大众传播时代所倡导的媒介素养,一方面正日益成为一种公众素养的必备构成,另一方面其内涵又在不断拓展。数字时代媒介素养的内涵将会像一条大河,流动不止,不断更新。

参考文献:

[1] 看电视. 尽享疫情"红利"的垂直媒体 [EB/OL]. (2020-3-6). https://xw.qq.com/amphtml/20200306A0WRIP00.

[2] 史蒂芬·平克. 语言本能:探索人类语言进化的奥秘 [M]. 洪兰,译. 汕头:汕头大学出版社,2004.

[3] 王洪钧. 大众传播与现代社会 [M]. 台北:台北正中书局,1992.

[4] 迈克尔·舒德森. 知情权的兴起:美国政治与透明文化(1945—1975)[M]. 郑一卉,译. 北京:北京大学出版社,2018:5.

[5] 郭铮. 英国青少年媒介素养教育的发展历程及启示 [J]. 新闻爱好者,2013(6).

[6] 胡百精. 互联网、公共危机与社会认同 [J]. 山东社会科学,2016(4)..

[7] 快手研究院. 快手是什么 [M]. 北京:中信出版社,2020.

[8] 理查德·塞勒·林. 习以为常:手机传播的社会嵌入 [M]. 刘君,郑奕,译. 上海:复旦大学出版社,2020.

[9] 哈特穆特·罗萨. 新异化的诞生:社会加速理论批判大纲 [M]. 郑作彧,译. 上海:上海人民出版社,2018.

[10] 戈夫曼．日常接触［M］．徐江敏，等，译．北京：华夏出版社，1990．
[11] 维维恩·施密特，马雪松．认真对待观念与话语：话语制度主义如何解释变迁［J］．天津社会科学，2016（1）．
[12] 吴飞．共情传播的理论基础与实践路径探索［J］．新闻与传播研究，2019，26（5）．

作者系上海大学新闻传播学院副教授。

数字移民的困境：抖音平台"奶奶带娃"污名化现象研究

安利利　王晶莹

摘要：老年人污名化这一问题一直是学界的研究焦点，但已有的研究多关注媒体报道中老年人负面的公共形象，忽略了广泛存在的自媒体歪曲老年人在家庭场域中表现的污名化现象。"隔代抚养"是中国目前主要的育儿形式之一，女性长辈成为家庭抚养的主力军，深刻影响到当代中国社会最基本的单位——家庭。由于性别差异、家庭分工和代际矛盾，围绕"奶奶带娃"的网络炒梗甚至污名化的现象时有发生。个别老人带娃的不当行为被网络放大、渲染，最终形成了老人育儿观念落伍、无原则纵容、错误行为示范的污名化媒介形象。研究分析抖音平台上带娃奶奶的污名化形象的特征，结合对现实中的带娃奶奶及其家人的深度访谈，还原了生活积极、尊重克制、以家庭为重的带娃奶奶真实形象，进而分析污名化背后社会逻辑动因，直面当代数字社会背景下老年移民的失语困境。

关键词：隔代抚养；奶奶带娃；抖音视频；污名化

一、问题的提出

中国社会人口老龄化程度不断加深，已进入深度老龄化社会。在我国近年来流动人口规模逐年下降的背景下，老年流动人口数量却逐年增长，其中北京、上海、广州、深圳、武汉、西安6个城市的老年流动人口平均占总流动人口的12.8%。而老年人大规模流动的背后离不开日益复杂、增多的隔代抚养现象。

"隔代抚养"是我国社会转型时期出现的普遍现象，指"在个人职业和资源压力下，父母通过代际合作与分工，将育儿压力部分或全部向上转移给祖父母辈"。随着城市化进程加快、社会"内卷化"形势加剧、二胎三胎政策相继出台，"隔代抚养"的数字势必会继续增加。抚育孙辈俨然已成为当代中国老年人的生活常态，祖父母辈尤其女性长辈成为家庭抚养的主力军，年轻父母转变为"晚间父母"甚至"假期父母"，这既改变了个体与家庭的生活结构方式，也引发了很多的社会性代际问题。"有一种冷叫奶奶觉得你冷，有一种饿叫奶奶觉得你饿""奶奶带娃是实用性，妈妈带娃是观赏性""婆婆的错误育儿观念，你家中了几个"成为"奶奶带娃"的"网络名梗"。纵观网络舆论，由于性别差异、家庭分工和代际矛盾，个别老人带娃的不当行为被网络放大，网友跟风渲染，呈现出"奶奶带娃"的污名化媒介现象。

数字化生存的现代社会背景下，媒介对社会群体的形象建构影响深远。在资本利益驱使和圈层传播效应及媒介素养区隔下，"奶奶带娃"认真负责、经验丰富的形象正在被数字媒介忽略和颠覆，她们被贴上不科学、脏乱差、只抚养不教育等标签。这一污名化现象既容易激化家庭矛盾，也容易引发并强化社会对老年群体的偏见，给其身心带来巨大伤害。关注"奶奶带娃"污名化现象，还原污名化背后的建构图景并解释其成因，对于有效引导社会舆论、化解代际矛盾、缓解老龄化社会危机、构建和谐健康的网络舆论环境及现实社会环境具有积极意义。

二、文献综述与研究方法

（一）隔代抚养

社会发展使得成年父母的工作愈加繁忙，家庭越来越小型化、核心化的变革导致国内外普遍出现隔代抚养现象。国外学界20世纪80年代便出现讨论隔代抚养利弊的研究，多聚焦于隔代抚养对祖父母的影响，探讨这一方式能否将孤立的祖父母纳入家庭主流，并改善他们的生活质量。在我国现代化进程加速及传统家庭观念影响的背景下，抚养孙辈的重担自然转移到祖父母辈身上。国内相关研究大致分为两个角度。早期研究从孩子出发探讨隔代抚养给儿童带来的教育、心理问题及亲子关系问题,农村留守儿童及第二代独生子女为重点关注对象,有研究认为祖父母辈受教育水平普遍较低且容易溺爱孩子,因此会对儿童智力和社会适应能力、与父母的关系等产生消极影响,延迟其社会化进程;也有研究认为祖父母辈拥有丰富的人生阅历、育儿经验以及充裕的时间,有助于儿童勤奋刻苦品质的形成,祖父母辈的一些控制行为,可以对儿童产生积极影响。另一视角则从祖父母辈出发,主要分析隔代抚养对祖父母辈身心健康、生活质量、社会需求、养老行为等方面的影响,有研究认为隔代抚养使老年人呈现更好的心理健康状态,并且促进成年子女与其父母的沟通,子女提供的精神支持和情感交流使老人的自身健康能力和生活自理能力更强。但同时由于隔代抚养任务繁杂、重复性强,老人不得不推迟自身需求,正常社交活动受到影响,因此也有研究认为隔代抚养对老人的日常活动能力、自身健康状况、心理健康状况均产生负面影响。虽然现有隔代抚养研究的关注点已经逐渐从孩子向老人过渡,关注老年人在隔代抚养中的生活状态与心理健康,但是现有的影响因素多聚焦于家庭关系、日常生活、经济条件、社会服务支持等隔代抚养中常见问题,忽视了媒介呈现、社会舆论对隔代育儿的老人的污名化,及其对老年人身心带来的后续影响。

(二) 老年群体污名化

"污名"一词源于希腊文,"stigma"指一种刺入或烙入奴隶犯人体内的身体记号,以显示此人有污点,应避免与之接触,其含义贴近耻辱。按照美国社会学家欧文·戈夫曼(E. Goffman)的定义,污名是指某人或某群体拥有与常人不同的特点,使他人厌恶,并声称这人或这群体的其他特征也具有欺骗性,从而形成对其负面的标签化的刻板印象。污名有三个来源:直接感受、社会互动和媒体影响,后两者传递的内容不可避免地影响我们对现象的理解,在脑海中形成个体污名认知,再通过个体间的沟通和行动形成社会污名认知。污名化则指由于拥有"受损的身份",而在社会其他人眼中逐渐丧失社会信誉和社会价值,并因此遭受到排斥性社会回应的过程。

"污名化"的研究在国外由来已久,被广泛应用到社会心理学、历史学、社会学、人类学等各个领域。国内关于"污名化"的研究多偏向于现象研究,如对残障、疾病人士等弱势群体的污名研究。

关于老年群体污名化的研究在国外出现较早,研究中老年群体的污名化常与精神障碍、艾滋病、病毒、痴呆等词一起出现,可以看出当时的污名化诋毁多针对老年人身体机能方面的缺陷。国内针对老年群体污名化的研究起步较晚且内容较少，从最早"扶老人"新闻报道的反转引发社会讨论，到"中国大妈"引起国内外关注，再到围绕老年人整体媒介形象进行去污名化策略探讨。值得注意的是，国内关于老年群体污名化的研究从一开始便与媒介有着密切关联，一方面体现出开放、自由、匿名的互联网时代的污名化现象高发，另一方面也体现出老年群体因缺乏媒介素养，无法掌握媒介话语权，只能被动接受网络污名却无力反击的现实困境。老年人污名化研究的主战场也逐步转移到网络场域之中。但是目前关于老年人污名化的研究多围绕新闻中对老年人片面化的报道和负面性的话语引导，老年人的污名化形象也多呈现为无知、蛮横、制造麻烦的社会公共秩序破坏者，忽视了广大自媒体歪曲放大老年人在家庭场域中的表现这一细微却又普遍存在、影响深刻的污名化现象。

综上，不管是隔代抚养研究还是老年群体污名化研究，对老人带娃行为的媒介呈现，尤其是女性长辈——"奶奶带娃"的媒介呈现研究仍属空白地带。奶奶成为隔代抚养主力军的同时，也成为媒介污名化的主要对象，引发值得关注的媒介和社会现象。研究聚焦网络上"奶奶带娃"污名化的形象，选取时下热门的短视频社交软件"抖音"为研究平台，探讨"奶奶带娃"污名化现行背后的生成机制，并对奶奶及其家人进行线下深度访谈，尽可能还原带娃奶奶的真实形象。主要涉及以下几个研究问题：

1. 抖音平台中带娃奶奶的污名化形象有哪些特征？该形象在被谁如何建构？

2. 现实中带娃奶奶的形象如何？与污名化的网络形象有何区别？

3. 针对"奶奶带娃"的污名化现象有何去除策略？

（三）研究方法

研究采用文本分析与深度访谈相结合的质性研究方法。抖音是一个面向全年龄段用户的短视频社区平台，因其界面设计简单、操作门槛低、可利用碎片时间、传播性强等特点，满足人们作为受众收获信息、作为制作者发布视频表达情感的媒介需求，迅速成为网络平台中老少皆宜的佼佼者。而PGC+UGC（专业生产内容+用户生成内容）的生产方式，也让用户感兴趣的内容得以形成阵势并迅速传播。因此研究以抖音平台中关于"奶奶带娃"的短视频文本为研究对象，在抖音平台以"奶奶带娃""奶奶""隔代抚育/养"等为关键词进行检索，过滤不符合要求的视频后，共筛选获得60个用于分析的视频样本，长度在 1—2 分钟。运用文本分析方法从短视频的配文、影像内容及发布者等方面分析"奶奶带娃"污名化现象，同时以半结构访谈形式、采用目的性抽样方法以滚雪球方式选取 6 位奶奶及其家人进行深度访谈，了解奶奶们在日常生活真实的带娃现状以及对其污名化媒介形象的认知和处理方式，绘制现实形象图谱并与网络上的污名化形象进行对比，探究"奶奶带娃"污名化现象的媒介偏差及背后的深层原因，客观地为带娃奶奶群体正名。

表 1 访谈对象基本情况

序号	化名	年龄	学历	户口类型	职业	孩子情况
第一组	暖暖妈妈	39 岁	博士	城市	教师	女，一胎，4 岁
	暖暖奶奶	64 岁	中专	城市	中医医生（退休）	
第二组	乐乐妈妈	33 岁	硕士	城市	私企人事主管	男，一胎，3 岁 4 个月
	乐乐奶奶	59 岁	高中	乡镇	自由职业	
第三组	童童妈妈	35 岁	博士	城市	公务员	男，一胎，1 岁
	童童奶奶	64 岁	本科	城市	医院会计（退休）	
第四组	琪琪妈妈	35 岁	本科	城市	自主创业	女，一胎，1 岁 4 个月
	琪琪奶奶	64 岁	大专	城市	交通事业单位（退休）	
第五组	多多妈妈	33 岁	大专	城市	证券从业者	男，一胎，3 岁 6 个月
	多多奶奶	58 岁	中专	城市	私营老总（退休）	
第六组	星星妈妈	32 岁	硕士	城市	教师	女，一胎，10 个月
	星星奶奶	59 岁	高中	城市	酒店职工（退休）	

三、强势而落后："奶奶"网络污名化形象特征分析

在奶奶带娃污名化形象塑造过程中，网络媒体发挥着不可忽视的作用。将所有样本视频的文本转换成文字，共获得 115 个高频词语，利用图云软件绘制高频词图，可以看出在"奶奶带娃"的污名化视频中，除了"奶奶""孩子""育儿"等关键词之外，核心词语有"教育""父母""妈妈""婆婆""婆媳""经验"等，综合反映出了媒介对带娃奶奶污名化的核心内容。为满足信度需求，两名研究者分别分析视频文本，遇到分歧再进行讨论，最后核定带娃奶奶的污名化形象可以被总结为以下三类：育儿观念陈腐的落后者、情感偏向的无原则纵容者以及行为举止的不良示范者。

图1 "奶奶带娃"污名化视频高频词图

（一）育儿观念：被时代淘汰的落伍者

由于出生年代与成长背景不同，"属于同一代的个体被预先设定了思想与经验的特定模式和历史行动的某种特征"，导致各代际间在价值观、偏好、态度与行为等方面呈现出具有差异性的群体特征，即代沟。祖父母辈与父母辈两代人在育儿观念、方式上因代沟而必然存在差异。"奶奶带娃"污名化视频多围绕老年人持有的传统育儿观念做文章，认为奶奶们深受"旧"思想影响，文化程度低，育儿思想落后陈腐。具体体现为以下三点：第一，奶奶的日常照料观念和方式落后，隔代抚养的孩子接受不到科学养育。很多短视频里的奶奶对医院存有先验认知偏见，孩子生病了不去医院，仗着自身经验自作主张投喂"民间偏方"导致孩子病情加重。或在孩子不听话时讲神鬼故事，把孩子吓哭，引发孩子心理阴影，总体呈现出固执恐怖的奶奶形象。第二，奶奶在育儿装扮中的审美取向粗糙低俗，将孙辈打扮得"又丑又土"。多采用极夸张的拍摄手法将奶奶打扮的孩子与妈妈打扮的孩子进行对比，妈妈带的孩子打扮得光鲜亮丽，奶奶带的孩子则土里土气、脏兮兮或被裹成"小粽子"，以此讽刺奶奶不科学、不美观、不注意卫生安全的形象。第三，更是直接将奶奶塑造成愚昧迷信、无法引导孩子树立正确价值观的负面形象。很多视频里的奶奶重男轻女思想严重，每天念叨着抱孙子传宗接代，更有视频里的奶奶爱占小便宜、没有社会公德，从而认为奶奶给孙辈树立了错误的价值规范，带来极深远的不良影响。固执愚昧、落后腐朽的育儿观念与育儿行为，成为奶奶污名化的重要标签，吸引受众对她们进行猎奇围观与指点评说。

(二) 情感偏向:"隔代亲"的无原则纵容者

家族绵延在中国人心目中是一个难以改变的"情结",使得老人不忘对儿孙的责任,中国式的家庭养老和隔代抚养得以形成,主要源于传统伦理下代际间对彼此的责任与关心。老人对青春的眷恋、对自身血缘的认同、对子女感情的深化、化解孤独的需要等因素导致了"隔代亲"这种深厚感情的形成。顺应大众一直以来的偏见和热议,污名化视频将"隔代亲"的情感放大,认为这是影响奶奶养育、孙辈成长发展的重要因素。视频中奶奶对孩子的缺点视而不见、事事包办、无原则宠溺,导致孩子任性、没有规矩意识、缺乏独立能力。比如短视频中的奶奶会追着孩子喂饭、忍受孩子对自己乱喊乱骂甚至教孩子打架,成为孩子错误的道德示范,同时,视频中的奶奶都有意识与妈妈争夺家庭主导,想要成为主要教养者。由于奶奶在子代家庭中特殊的育儿角色和立场,污名化视频往往会夸大普遍存在的婆媳矛盾、亲家矛盾、亲子矛盾,倾向于一边倒地将孙辈的教育过失归结到奶奶身上,认为是奶奶"隔代亲"的情感偏向导致了孩辈养育的偏差与错误。更有个别视频为了博人眼球将标题取为"奶奶的带娃方式会害了孩子一生","妈妈生,奶奶养,爷爷挣钱把咱们养,姥姥姥爷来观赏,爸爸回家来上网"等内容,以及"世上只有妈妈好马上就要变成世上只有奶奶好了"的评论,这些对奶奶的片面污名化处理加深了妈妈的情感担忧,也更易引发代际抚育矛盾。"隔代亲"的奶奶被塑造成育儿过程中的越界者,溺爱与骄纵给孩子的性格养成、道德塑造、家庭关系都带来了不良影响。

(三) 行为示范:错误引导的身体力行者

家庭教养方式极大影响着个体表现出来的行为方式。幼儿正处于模仿、学习的关键期,而老年人的精力、语言、行动、思维都在逐步衰退化,这也成为污名化视频关注的重点。首先,污名化视频将奶奶在孙辈学业辅育方面塑造成文化水平低下、教育技能不足的形象。有视频中的奶奶不管来自哪里、条件如何、打扮是否光鲜,会带着口音把"小老虎"念成"小脑斧",把"蛇"叫作"大长虫",媒介用这些场景博人眼球,对奶奶进行调侃甚至嘲笑。其次,短视频有意强化奶奶"只管养不管教"的形象,延续其"隔代亲"的无原则纵容者形象塑造。奶奶缺少对孩子学习的监督和辅导能力,不能科学合理地安排家庭学习任务和计划,甚至主动放弃对孩子学业的管理,放任其无限制地玩耍,进而引发对奶奶的批判和声讨。再次,奶奶作为老年人的行动特征和生活习惯也被短视频拿来戏谑嘲弄,在一些摆拍、杜撰的短视频中，孩子有意模仿老人弯腰走路、跳广场舞、跷二郎腿，就被吐槽为"继承了奶奶的气质"，成为被围观和取笑的"小老人"。此外，很多视频中呈现了奶奶沉迷于打麻将、玩手机、聚会喝酒，对孩子疏于照顾，或是情感淡漠、见钱眼开。这都成为短视频竭力批判的孙辈不良生活习惯和心理状态的根源所在。

隔代抚养让奶奶肩负着照顾孩子的责任与压力，但污名化视频通过剧本撰写、视频拍摄强化了世俗长久以来对奶奶群体强势蛮横、思想落后、管教不力的偏见，使带娃奶奶的整体形象遭到质疑。

四、"我并不 OUT"：奶奶的现实形象揭示

污名化视频将奶奶这一群体塑造为脸谱化、单一化的负面形象。为厘清媒介形象与真实形象之偏差，我们对六位正在带娃的奶奶及其儿媳进行了半结构式采访。受访的奶奶对于抖音中流传的"奶奶带娃"污名化视频普遍都有接触且表现出反感的态度，她们均不知如何发声，苦于自己无法运用媒介去除"污名化"，这也客观反映了数字移民群体的整体困境。根据对奶奶和妈妈的访谈材料分析，我们对应媒介对奶奶的污名化形象建构，梳理总结出奶奶真实形象的以下特征。

（一）理解代沟：批判吸收的学习者

针对视频中育儿观念落伍的呈现，不仅受访奶奶认为这是一种较大的偏见与误读，而且在受访的妈妈眼里自己的婆婆也是"前卫""与时俱进""远超过同龄人的"。"我也会关心孩子穿得好不好看，也会关注很多信息，觉得小姑娘怎么打扮比较好看，不是像网络上说的那么邋遢、不讲究。"（星星奶奶，59岁）

现在的奶奶多是出生于20世纪50年代末、60年代甚至70年代的"新生代奶奶"，是老年人中的"年轻人"，仍保持着足够好的健康功能和心理状况。她们教育水平、工作经历、思想观念与审美能力都有很大提升，受访的奶奶中就有企业职工、退休医生和退伍军人等。她们普遍心态年轻、较为开明，在实际教养过程中能够认识并理解代沟的存在、尊重差异。她们虽然会抱怨现代科学育儿方式"太标准化""要求太高""专家自己都不一定能做到"，但对子代"照书养娃"给予充分的支持与信任，认为子代受教育程度高，更加符合当代社会精细喂养和科学育儿的现实需求。并且她们不甘落后，愿意主动学习先进科学的教养方式，更新自身的育儿理念，以适应新时

代的育儿需求。"现在看来是社会在发展，科学喂养已经是趋势了，所以我也要慢慢融入，我就觉得我现在老了，要重新学习育儿知识了。"（琪琪奶奶，64岁）"我们会交流，她拿不准的会问我，或者我有什么觉得很好的也会告诉她，她就会去尝试。"（乐乐妈妈，33岁）

奶奶们本身就有着丰富的养育孩子的实践经验，在新观念冲击下，她们没有迷信自己的经验，也没有盲目接受网络传播或子代反哺的新的各色育儿知识，而是基于经验做出质朴而智慧的判断。"有利是肯定的，了解信息的渠道很多，知道怎么去带孩子。但是也有弊，不是所有的都是好的，得去辨别真假！有的我就觉得说得不对。"（星星奶奶）"我婆婆是既相信自己年轻时的经验，又愿意积极地拥抱现在的数字媒介去主动寻求学习信息，然后结合在一起。"（童童妈妈，35岁）比如出于多年的传统和习惯，奶奶们对不能给孩子把尿、辅食营养搭配等观念有接受障碍，但在获得解释后也会尝试接受、改变。许多知识也为奶奶自身经验提供了科学依据。"现在就是更讲究了，以前好多做法是没道理的。比如吃辅食，我以前也知道是要喂蛋黄，但是现在才看到是因为蛋黄里含铁。以前这样做就不知道原理。"（星星奶奶）

（二）尊重子代：育儿过程的辅助者

在育儿角色分配方面，受访奶奶们普遍认为出现问题的是别人家，自己家中的育儿关系和谐、分工明确。父母是教育孩子的主导者，自己只是配合安顿家庭的辅助者，期待得到孩子父母的肯定和称赞，并且乐于将孩子还给空闲的父母，培养亲子亲密度、增长见识和社会技能，自己也能获得片刻喘息。"以她妈妈的意愿为主，我们只能帮助儿媳妇带孩子，他们俩的工作太累、负担太重，我们尽最大的努力把家里安排好，把孩子照顾好。"（暖暖奶奶，64岁）"她（奶奶）的互动很频繁，我发了消息她也会回，她发了消息也会在意我有没有回，不像我爸我妈可能发完消息就不管了。"（童童妈妈）

通过采访可以发现，普遍存在的隔代亲行为以及因教养形成的孙辈依赖，确实会给父母的管教造成一定阻力。"肯定会有分歧，比如我看闺女的时候，就让她自己玩，不会近距离地黏着她，想让她独立。但是我婆婆可能为了她的安全就总跟着她。我觉得这个行为不太符合我的预期。"（琪琪妈妈，35岁）"对孩子来讲，她觉得有一个躲避的港湾，我在跟她生气的时候，她永远会找奶奶，奶奶拉过一两回。后来跟他们说，在我教育孩子的时候，不要有人去扮白脸，就形成了一种默契。"（暖暖妈妈，39岁）但在中国这样一个注重个体之间的相互融入、和谐共存的社会里，家庭的和睦与尊严往往会优先于个体需求。因此在育儿观点产生分歧时，奶奶们会选择维护家庭的和谐，而孩子爸爸在这个过程中多充当调节的"工具人"。"现在跟以前那种关系不太一样，以前好像必须得听婆婆的，各方面规定都以婆婆为主，现在是自主的，婆婆和儿子儿媳都有自己的观念，大家讨论一下，谁说得对就听谁的。"（暖暖奶奶）而且长辈眼中家庭幸福的终极标志是养育完美的下一代、再下一代，沟通后奶奶们也会适当放手。"小孩不能娇生惯养，他要什么你就给什么。他要星星，你恨不得都不敢给他摘月亮，那就不行了。孩子是一张白纸，用自己的言行去影响孩子，首先自己应该做得更好。"（琪琪奶奶）

在传统向现代的转变过程中，我国家庭环境已然发生变化，其中祖父母辈群体的主导地位正在逐渐丢失。奶奶们在年轻时经历了同时兼顾家庭、工作和带娃的时代，受到传统婆媳关系的困扰，年老后并没有形成"多年媳妇熬成婆"的状态。作为对子女放手的第一代，她们允许子代建立自己的家庭。她们出于自己的经历和对子代生活压力的理解，成为子代核心家庭和育儿活动的融入者和辅助者，尊重子代的选择，一切行为的目的是子代家庭的幸福和睦以及血脉的延续。

（三）孩子为重：全新生活的融入者

对"奶奶带娃"不尽责、坏处多这类视频，奶奶们具有强烈的抵触情绪和反感心理。就像演员在舞台上扮演某一角色一样，人生活在群体中，个体的行为也会像按剧本演戏一样受到群体生活规范制约，在不同阶段、不同环境扮演不同的社会角色。"角色压力理论"认为个人在面临多重角色身份时，身份冲突会引发个体压力，在其心理上形成负面影响。"虽然网络言论自由，但是散布这种信息十分不负责任。""评论都挺不好听的，奶奶也是无辜的，都在尽心尽力帮人家带孩子，不要你一分钱，不要你说一句好的，舍了自我，为了儿女，不能一巴掌就拍死谁……老人从一个地方挪到另一个地方，生活习惯、心里的焦虑孤独，从来都不会跟儿女说的，就自己去消化，当小的不理解老的，但是也不能喷老的啊。"（乐乐奶奶，59岁）奶奶们受儿女委托，被赋予了更加强烈的责任感。奶奶们在如何有效和明确地进行隔代抚养、如何进行家庭成员间的理性对话、如何进行情绪的自我管理等方面面临着很大心理压力，因此有时甚至过于认真、过于担心。"带孩子责任很大的，不能有闪失，孩子小的时候磕了碰了我都受不了。"（乐乐奶奶）

"原来遇上感冒，我们就赶紧给孩子吃点药，积食了就吃点枣子干。过去是自己的孩子，现在可不敢，现在担的是责任。人家爹妈说看医生去，你说不去看，出了事怎么办？"（多多奶奶，58 岁）

受访奶奶们原本都过着多姿多彩的退休生活。来到一个新的家庭环境后，从相对自由者再次成为新家庭的照料者，原有的社会交往多为养育活动让路，这样的角色转换让其在短时间内难以应对。"我以前的生活还挺有规律的，退休以后我晚上去跳广场舞锻炼。现在不行，得看孩子、带孩子，这几年就没跳舞。在东北我们朋友多，跳舞、游泳、打球，反正每周都有活动，特别开心。这一下子一天都玩不了，把以前的那些规律都打乱了，就感觉特别孤单、不怎么适应。"（暖暖奶奶）奶奶们很可能承受家庭职业的倦怠感和不真实感，从而产生"情感失调"，影响其心理健康和幸福感。网络上很多内容都抓住了这一点，宣扬"奶奶带娃"对自身的负面影响，"带孩子不是奶奶的责任""带了孩子也不落好，也不给养老"，想要引起老年人的共鸣。但是受访奶奶表示这种言论是让人反感的胡说八道。

社会变迁如此巨大，奶奶们处于传统理念与现代理念中的交互影响中，既拥有了女性自我解放意识，主动或被动地接受代际的剥离与独立，也无法放下家族责任，认为带娃是一种传统、传承，不应要求物质性的回报。在曾经近 40 年独生子女政策下，传统的多子多福思想无法实现，孙辈作为新生命的到来给予奶奶希望和机会来弥补缺憾，她们主动让渡了自己的社交及娱乐，将生活的重心转移到孙辈身上，试图通过抚养孙辈来找到生活的新意义。"真是充满乐趣，有时候睡觉之前我都要先看一看别人家做的什么、怎么做的，第二天就琢磨着给他做，把这当成一种乐趣了。这都是新鲜事物，老了还能学点育儿知识，我感觉也融入其中了。"（琪琪奶奶）"付出了自己的全部心血，比带儿女付出的还多，但是最终获得了幸福，幸福指数 5 颗星，每天看着孩子哈哈一笑，我就想现在有大孙子真幸福。孩子健康快乐，儿子家庭和睦，这就是老人的幸福，不图别的。"（乐乐奶奶）比起压力和不适，奶奶们更容易满足于天伦之乐带来的幸福感，呈现负责且知足的心态。

五、刻板印象与囿于困境："奶奶带娃"污名化现象的构建分析

在生活节奏如此之快、人际交往成本昂贵的今天，社会大众除了对身边的老人有所了解，对陌生老人乃至整个老人群体的了解主要来源于网络，很

大程度受媒体影响，极易出现偏差。因此一旦网络给"奶奶带娃"冠上不科学、脏乱差、只抚育不教育等标签，参与隔代抚养、承担照料儿孙重担的奶奶就要背负这样的偏见。在媒介、受众、家人、老年群体自身四者的综合作用下，"奶奶带娃"污名化现象蔚然成风。

（一）家庭代际矛盾难以解决

代际矛盾是家庭场域永恒的话题，观念差异导致代际间呈现传统与现代认知的博弈，进而促发媒介天平的倾斜。隔代抚养在拉近家人空间距离、增强代际互动的同时，也会对代际关系产生消极影响。子代家庭除了夫妻亲密关系外，突然增添了亲子关系、祖孙关系、婆媳关系等多种代际关系。父母与子女、夫与妻这两种关系是家庭组织的基本轴心。但在中国传统的家庭中，前者的关系似乎更为重要。新生代奶奶虽然属于"不老之老"，心态较为年轻，但生长过程还是受传统观念影响较多，养育观念多来自长辈或自身生活经验。但是子代受教育程度更高，在养育过程中更多触及西方育儿观念和现代科学方式。在城乡一体化过程中，长为尊、男主外等观念被逐渐颠覆，人人平等、个人中心观念急剧增长，导致代际之间的矛盾更容易被激化。

同时，两代人又有一个共同的目标——第三代，在具体实践中，在团结一致的家庭状态下围绕着如何抚养第三代的矛盾也容易产生。很多奶奶都说"要不是因为看孩子，我们（和子代）平时都没有矛盾"。隔代抚养强化了祖父母辈的家长角色，孕育下一代也强化了年轻父母摆脱"孩子化"角色的愿望。在现实生活中，不论父方还是母方的亲戚，都对孩子感兴趣，由于家庭边界不清晰、家庭角色错位、生活模式迥异、价值观念差别等，家庭成员间的角色冲突与代际矛盾不管是在"姥姥带娃"还是"奶奶带娃"中都会出现。不同的是，就养育孩子来说，多数父亲只是母亲的助手，偶尔是孩子的玩伴，母亲承担更多的义务，养育纠纷也更经常地发生在母亲这一方。由于母女之间的血缘和亲密关系，"姥姥带娃"的冲突很容易被消解，而"奶奶带娃"过程中的婆媳矛盾往往处于"看不了又说不了"的尴尬境地，双方出于对家庭面子的维护，多是互相妥协、较为平和地共同生活。所以越来越多的家庭也开始倾向于选择姥姥来带娃。

短视频的内容和评论则抓住了本就普遍存在于隔代抚养家庭中的代际矛盾、婆媳关系等问题，对现实进行夸张化与剧情化的演绎，把一些心理层面的情绪具象化。由于奶奶在家庭生活和隔代抚养中出场过多且自身媒介素养有限，无法自主运用新媒介完成自身形象建构与书写，首当其冲成为被污名化演绎的对象。媒介成为年轻人，特别是媳妇表达对老人不满的重要渠道，她们通过制作短视频、刷短视频、参与评论收获群体认同，获得心理慰藉，在某种程度上成为"奶奶带娃"污名化形象的重要制造者、参与者、观看者和传播者。

（二）媒介污名之力制造形象

互联网时代，自媒体快速崛起，人人都有话筒，注意力成为一种稀缺的资源，诉诸感性比诉诸理性更易具有话题性，能够得到更多的传播与响应。许多自媒体人责任意识缺失，素质参差不齐，热衷于制造热点和蹭热点来获取商业利益。在涉及"奶奶带娃"的视频中，很多冠名"母婴用品""儿科医生""亲子教育"的自媒体账号，为了吸引眼球、增加点击率，惯于利用妈妈群体的接受心理，故意将"奶奶带娃"的形象污名化处理，强化婆媳间的矛盾和冲突，营造"语不惊人死不休"的传播效果，以赢得妈妈群体的关注进而贩卖自家的商品或服务。社交媒体上内容生产方和受众均能发表意见并进行交流，媒体将受众的积极互动视作对该类内容价值的肯定，有些主流媒体也相应调整，迎合受众的喜好选择报道议题。污名化视频的发布者中不乏地方官方媒体，自认为有针对性地报道个别的、特殊的事实，受众得到的却是对奶奶群体整体形象的感受。污名化内容铺天盖地，不可避免地会影响公众对奶奶形象的理解，强化公众对"奶奶带娃"污名的预设性认知，通过沟通和互动形成社会污名认知。媒体的镜头成了"放大镜"，迎合受众片面选材、缺乏深度剖析和客观评价的报道行为，在"奶奶带娃"污名化现象的形成和传播过程中起了强有力的推波助澜作用，最终形成明显对奶奶群体有失公平的舆论现实。

（三）当事人集体失语纵容污名

带娃奶奶群体作为数字移民正面临并遭受集体失语带来的媒介困境。尽管受访的奶奶意识到网络污名化的存在并感到十分不满，但她们在网上只能沉默忍让，几乎无一例外选择了点击"划上去""不看""不感兴趣"等做法来减少推送概率，偶尔气不过的评论辩驳也往往是石沉大海。奶奶们的沉默一方面可以归结为有待提高的媒介素养。尽管中老年网友越来越多，但更多人仅仅作为受众通过网络获取信息，她们普遍不具备制作、上传、发布短视频的媒介操作能力，缺乏主动发声的能力与自信。她们在现实生活中抱怨，在网络上保持沉默、消极应对，成为透明人。另一方面，受第三人效果影响，奶奶们倾向于认为媒体负面信息对他人的影响大于对自己的影响。视频中的问题可能出现在其他人身上，却与自己无关，自己不关注污名化视频，生活就不会受到影响。法国社会学家大卫·勒布雷东（David Le Breton）曾说："我们慢慢走向死亡，却始终感觉青春在自己身上得到了延长，感觉老人是另一个星球的事……在生命当中的很长一段时间里，老人都是指别人。"奶奶们没有将个体的行为与群体身份相联系，轻视了污名化对自身的危害。网络已成为我国最大的公共舆论集散地。谁占领网络，谁拥有话语权，谁的声音便成为主流和正确。新媒体从业者和受关注主体多是年轻人，很难从老年人的角度去观察和思考，由于缺乏话语权和合适的发声渠道，带娃奶奶们难以为自己辩驳。群体失语纵容了污名化形象的扩散。回到现实生活中，大众因为网络中的污名化改变对奶奶群体的看法和态度，奶奶们被迫承受着污名化带来的不公平待遇。

（四）受众围观效应强化舆论

在大众的观念中，家庭纠纷更经常地发生在媳妇和婆婆之间，人们理所当然地认为婆婆是媳妇的潜在对手。她们之间发生摩擦是司空见惯的，而关系和睦就会得到特殊的赞扬。媒介造成的首因效应和围观效应引导并强化着这种舆论。年轻群体本应向老年群体学习他们身上的优良传统和经验智慧，但因为批判、质疑和思辨能力不够，当媒体为了追求商业利润，瞄准奶奶群体的失范行为加以渲染，把奶奶放在大众对立面时，受众接触到过多对"奶奶带娃"的控诉，很容易轻信这些把关不足的信息，误将其当作真实，并在对奶奶出格行为的围观中获得自我认同和尊严。因此，在网络中"奶奶带娃"污名化内容占主导时，奶奶群体本身处于失语状态，"沉默的螺旋"效应也会使得一些想要为"奶奶带娃"发声的个体在铺天盖地的批评中感到自身的突兀，转而"集体失语"或依据他人的观点来形成评价，出现舆论一边倒的情况。负面形象一旦诞生，就会快速在受众中产生反馈，由于首因效应，即使事后再次纠正，影响力也会大打折扣。当别人拿出少数能够驳斥既存刻板印象的例子时，大多数人并不会改变他们的整体信念，反而会增强刻板信念，激发他们提出一些额外的证据来支持所持有的信念。越来越多人在网络的"同温层"中相信彼此的分享，忽略不相符的言论和证据。在媒介与受众来来回回的互动中，进一步推动了"奶奶带娃"污名化的进程。大众将网络上虚拟的刻板印象引申为现实中对带娃奶奶的偏见，很难对这一群体产生尊敬和好感，本就存在的代际冲突更为突出，导致带娃奶奶的社会形象转变、地位下降，受到误解和区别对待，彻底完成对带娃奶奶群体的污名化。

六、结论与启示

美国社会学家丹尼尔·帕特里克·莫伊尼汉（Daniel Patrick Moynihan）曾说：一个民族的文明质量可以从其照顾老人的态度和方法中得到反映，而一个民族的未来则可以从其照顾儿童的态度和方法中预测。奶奶带娃涉及老人、子女、孙子女三个群体，深刻影响到当代中国社会最基本的单位——家庭，关于这一群体的舆论问题十分值得我们关注。

通过分析视频文本、挖掘访谈内容，研究发现网络视频中带娃奶奶们普遍呈现出"强势又落后"的污名化形象，最能引起广大网友共鸣的无疑是夸大奶奶在带娃中对孩子情感处理、行为养成、价值引导的不当。而现实的奶奶们早已迈入育儿新纪元，主动将自己放在尊重子代的辅助者位置，出于家庭需要学习、接纳新的科学知识和生活方式，并且认为无论是在家庭还是网络中自己才是处于弱势的一方。现实形象与虚拟形象出现对立，现实地位感知与虚拟地位呈现出现错位，这背后除了长久存在于家庭中的代际矛盾、媒介利益驱使下的责任感缺失、奶奶群体作为数字移民的集体逃避式失语和长久地被忽视、大众普遍的误解和盲目跟风等原因，更是反映出亟待提升的全民媒介素养问题。但研究还有很多待完善之处，仅关注了新兴的短视频平台，媒介形象建构的整体性还需要进一步完善，并且访谈的对象多来自城市，涉及农村奶奶的访谈材料不足。随着孩子长大，隔代抚养家庭的矛盾也会也来越复杂。带娃奶奶群体还在沉默中等待大众直面存在已久的老年人污名化问题。

老人丰富的经验可以成为每个人人生的参考坐标，尊老敬老不仅是传统美德，也是现实生活的必需。近年来，相关部门大力推动互联网应用适老化水平，着力解决老年人在智能技术面前遇到的困难，让老年人公平地共享数字社会的福利。去除"奶奶带娃"的污名化，其家人应首先学会交流沟通、互相尊重，消弭因隔代抚养产生的矛盾，而不是积攒抱怨和不满，并利用自身知识和经验，在网络和现实中为带娃奶奶发声。媒体应提高从业者的媒介素养，强化责任意识，加强行业自律，注重内容价值增加受众黏性，更客观、全面、准确地呈现还原真实。平台作为发布信息的机构，应提高"把关人"监管审查力度，对上传的内容进行严格审核。带娃奶奶群体自身也应在形象传播方面做出努力,首先就要注意避免出现视频中的问题,同时通过学习和实践,拓展数字生活融入的广度和深度,享受网络提供的观点表达、情感交流、关系建构等服务,增强虚拟世界中的权利意识,积极发声,重构新生代心态年轻、积极开放、亲和睿智的奶奶形象。

中国社会人口老龄化不断加深,"老吾老以及人之老"。网络上不负责任的语言暴力,往往会导致一个群体遭遇现实中和虚拟中的双重人为困境。网络主体向年轻人的倾斜只是网络发展中的一个倾向,而绝不是向老年人紧闭大门的借口,老年女性作为社会群体,理应给予她们打破沉默、发出自己声音的平台。年轻人应善于运用自己的批判性思维,在话语错杂的当下,注重信息的真实性与客观性,不被情绪绑架,不以偏概全,给予带娃奶奶等老年群体更多的包容和支持,鼓励他们从社会边缘走向数字化中心。

参考文献:

[1] 新华社.《中国流动人口发展报告 2018》发布:流动人口规模进入调整期位 [EB/OL]. (2018 - 12 - 25) http://www.gov.cn/xinwen/2018 - 12/25/content_5352079.htm.

[2] 钟晓慧,郭巍青. 人口政策议题转换:从养育看生育——"全面二孩"下中产家庭的隔代抚养与儿童照顾 [J]. 探索与争鸣, 2017 (7).

[3] CHESCHEIR M W. The Use of the Elderly as Surrogate Parents [J]. Journal of Gerontological Social Work, 1981, 3 (1): 3—15.

[4] EMICK M A, HAYSLIP B. Custodial Grandparenting: New Roles for Middle - Aged and Older Adults [J]. The International Journal of Aging and Human Development, 1996, 43 (2): 135—154.

[5] 汪萍,宋璞,陈彩平,等. 隔代抚养对 1~3 岁婴幼儿智能发展影响的对照研究 [J]. 中国当代儿科杂志, 2009, 11 (12).

[6] 宋卫芳. 隔代抚养对幼儿社会化的影响及应对策略 [J]. 人民论坛, 2014 (8).

[7] 周宏霞. 农村隔代抚养对留守儿童成长的影响 [J]. 科协论坛(下半月), 2012 (2).

[8] 李维亚,张豪. 隔代抚养对农村留守儿童心理发展影响的个案研究 [J]. 校园心理, 2014, 12 (3).

[9] 宋璐,李树茁,李亮. 提供孙子女照料对农村老年人心理健康的影响研究 [J]. 人口与发展, 2008 (3).

[10] 郑佳然. 代际交换:隔代抚养的实质与挑战 [J]. 吉首大学学报(社会科学

版），2019，40（1）．

［11］周晶，韩央迪，MAO W Y，等．照料孙子女的经历对农村老年人生理健康的影响［J］．中国农村经济，2016（7）．

［12］肖雅勤．隔代照料对老年人健康状况的影响——基于 CHARLS 的实证研究［J］．社会保障研究，2017（1）．

［13］欧文·戈夫曼．污名 受损身份管理札记［M］．宋立宏，译．北京：商务印书馆，2009．

［14］DE MENDONÇA LIMA C A, et al. Stigma and discrimination against older people with mental disorders in Europe［J］. International Journal of Geriatric Psychiatry, 2003, 18（8）：679—682.

［15］OGUNMEFUN C, GILBERT L, SCHATZ E. Older Female Caregivers and HIV/AIDS - Related Secondary Stigma in Rural South Africa［J］. Journal of Cross - Cultural Gerontology, 2011, 26（1）：85—102.

［16］DEANGELO L M, Stereotypes and Stigma: Biased Attributions in Matching Older Persons with Drawings of Viruses?［J］. The International Journal of Aging and Human Development, 2000, 51（2）：143—154.

［17］LIU D D, et al. Reexamining the Relationships Among Dementia, Stigma, and Aging in Immigrant Chinese and Vietnamese Family Caregivers［J］. Journal of Cross - Cultural Gerontology, 2008, 23（3）：283—299.

［18］华乐．网络新闻中老年人形象塑造研究［J］．青年记者，2013（35）．

［19］阎瑾，王世军．新媒体语境下我国老年人形象污名化探析——以"大爷""大妈"为例［J］．传媒，2018（17）．

［20］李成波，周瑾．老年人媒介形象"去污名化"策略［J］．新闻战线，2018（10）．

［21］吴佳妮．音乐社交短视频软件何以走红——以抖音 APP 为例［J］．新媒体研究，2017，3（18）．

［22］常江，田浩．迷因理论视域下的短视频文化——基于抖音的个案研究［J］．新闻与写作，2018（12）．

［23］卡尔·曼海姆．卡尔·曼海姆精粹［M］．徐彬，译．南京：南京大学出版社，2002．

［24］张芹．"隔代亲"的心理剖析［J］．心理世界，2003（7）．

［25］布朗芬布伦纳．人类发展生态学［M］．曾淑贤，刘凯，陈淑芳，译．台北：心理出版社，2010．

［26］穆光宗．有品质的养老：新生代城市老人的新追求［J］．人民论坛，2019（13）．

[27] 金盛华. 社会心理学 [M]. 北京：高等教育出版社，2005.
[28] HOCHSCHILD A R. The Managed Heart: Commercialization of Human Feeling [M]. Berkeley: University of California Press, 1983.
[29] 李政葳. 我国网民规模超 10 亿——解读第 48 次《中国互联网络发展状况统计报告》[EB/OL]. (2021 – 08 – 28). https：//news. gmw. cn/2021 – 08/28/content_ 35119430. html.
[30] 郭庆光. 传播学教程 [M]. 北京：中国人民大学出版社，2011.
[31] 费孝通. 江村经济 [M]. 北京：北京大学出版社，2012.
[32] 埃略特·阿伦森，提摩太 D. 威尔逊，罗宾 M. 埃克特. 社会心理学（第五版）[M]. 侯玉波，朱颖，等，译，北京：中国轻工业出版社，2005.
[33] MOYNIHAN, D., Family and Nation [M]. New York: Harcourt, Brance Jovanovich, 1986: 68.

安利利系高校思想政治工作队伍培训研修中心（北京师范大学）助理研究员；王晶莹系北京师范大学2021级博士研究生。

器以载道：技术视域下传统文化符号传播的现代调适

申灵灵　吴文涛

摘要：新型技术的发展为传统文化传播带来前所未有的便利，但同时也导致传统文化的"器""道"背离。《视觉文化与媒介素养》教材以"人的发展"为宗旨开展传统文化教育，注重"器道合一"。《视觉文化与媒介素养》的内容以历史为纵向脉络，呈现传统文化之"器"的符号演变；以文化为横向脉络，阐释传统文化之"道"的理念内涵，诠释"道不离器"的思想。基于此，教材注重从三个层面培养学习者的"视觉—媒介信息素养"：建构传统文化的知识结构，提升文化底蕴；培养传统文化的认知能力，激发文化传承；生成传统文化的价值意识，促进全面发展。

关键词：器以载道；技术视域；传统文化；现代调适

《周易·系辞上》说："形而上者谓之道，形而下者谓之器。"古人制器用器，目的其实并非仅限于器物本身，而是重在以器载道。"器"与"道"是中国传统哲学中的重要范畴，"器"通常指器具或用具，供人所使用，是有形之物；"道"为无形之意，体现了世界万物的内涵。中国传统文化的物质性存在便是"器"与"道"的共生之物，中华民族的精神之道赋予生活中的衣、食、住、用之器，映射出历史的发展痕迹。《视觉文化与媒介素养》中的中篇——生活家园体验，便是通过感悟生活中的衣、食、住、用等视觉对象所包含的文化内涵，透过现象看本质，解析生活器物中被赋予的丰富内在信息，体会先人的生活情趣品位，把握优秀传统文化历史的来龙去脉，由"器"至"道"增强读者对生活视觉对象的解读和感悟能力，深刻体验生活家园的精神魅力。

一、技术视域下传统文化的器道分离

伴随新兴信息技术与媒介的深度融合，摄像头、手机、可穿戴设备等技术产品成为人与社会建立关系的日常媒介，并由此带来人们的视、听、触等感官体验发生重构。不置可否，技术的发展为传统文化的传播带来前所未有的便利，使传统文化之"器"成为人们唾手可得的数字化资源，逐渐走向大众化。尤其是虚拟现实、元宇宙等技术的出现，人们不仅可以隔着屏幕观看，甚至可以"走入"虚拟场景与传统文化进行互动，构建了"身在其中"的"在场"新内涵。例如2021年6月，中国首个游戏实体家园"天衣别院"落户湖南湘西芙蓉镇，将"天涯明月刀"的游戏场景与芙蓉镇土家族建筑特色和非遗技艺深度融合，让玩家线上线下深度体验非遗文化。福建泉州市也推出元宇宙项目，计划将世界遗产经典打造成虚拟现实形式。可以说，技术以丰富多样的形态扩容传统文化的表征，将传统文化转换成数字化器物进行推广。这无疑使人们能够更为直观和方便地了解我国悠久的传统文化。

然而，技术改变的只是传统文化的器物层面，并未触动其理念层面，这种技术视域下的传播逻辑也在一定程度上对传统文化产生了挑战与冲击。无论是人们的观看行为还是观看场域都已打破"眼见为实"的客观逻辑，走向"虚实结合"的主观逻辑。法国哲学家保罗·维利里奥（Paul Viritio）认为视频通信、全息摄影和计算机制图等技术发明使图像进入"逻辑反常时代"，物体或生灵实现了远距离远程在场，这是一种跨时空的反常在场。物

体已经脱离了直接或间接的观察，客观现实让位于机器分析，"所见即所得"的视觉思维被颠覆。抖音、微博等逐渐改变人们的阅读行为，人们处于"无尽的点击—恍惚"状态，沉迷于视觉和信息狂欢带来的快感，导致信息消费目的与结果背道而驰。碎片化、速成化的阅读成为习惯，人们对网络内容多是快速浏览而鲜有理性和深入分析，导致深度思考和注意能力频频降维。赫伯特·西蒙（Herbert A. Simon）指出"信息消费接受者的注意力，大量的信息会带来注意力的不足"之后，澳大利亚学者罗伯特·哈桑（Robert Hazen）进一步提出：人们在信息面前的软弱正日益变成一种病态，即慢性注意力分散，这对认真思考能力提出了巨大挑战。此外，当我们的"眼睛"可以看得更多、更远的同时，也不可避免地带来想象力的伤害。因此，纵使有丰富的传统文化资源摆到人们面前，却未必引发人们对传统文化的共鸣，更疏于上升至"道"的层面去深入感悟传统文化的精髓。这将导致传统文化在传播过程的"器"与"道"发生背离。

二、道不离器：《视觉文化与媒介素养》中的传统文化中符号的创新表现

面对技术对传统文化中"器"与"道"关系的消解，传统文化教育尤为重要。2017年中共中央办公厅、国务院办公厅印发《关于实施中华优秀传统文化传承发展工程的意见》，强调将中华优秀传统文化融入教育各环节。贯穿于教育各领域，强调以课程教材为重点构建"中华文化课程和教材体系"。南京师范大学视觉文化研究所在二十年的理论研究与教学实践基础上完成并修订了教材《视觉文化与媒介素养》，旨在帮助学习者更全面准确地认识和理解中国优秀的传统文化。中国传统文化内容丰富，《视觉文化与媒介素养》的中篇——生活家园体验是以贴合人们生活的衣、食、住、用为主线，解读其中的文化内涵与发展脉络。教材的形式以纸质版为主，帮助学生在浮躁的现代社会沉浸于书籍之中，用心感悟悠久的传统文化。此外，为了丰富教材的内容，教材中通过二维码扩充了数字化资源，使得传统文化的呈现更加多样化。

（一）以历史为纵向脉络，呈现传统文化之"器"的符号演变

生活家园篇的传统文化以历史的发展脉络为主线，沿着历史背景解析传统文化符号演变与特点。

案例1：在第五章中，服饰文化是中国传统文化中重要的组成部分，其

历史源远流长,从原始社会、商周、春秋战国、秦汉、魏晋南北朝、隋唐、宋辽夏金元、明、清直到近现代乃至现代,都以其独到、鲜明的特色为世界所瞩目。秦代服饰样式比较简单,总体以冷峻而严肃的服饰风格示人。秦时男子多以袍服为贵,袍是继深衣之后出现的一种长衣,始见于战国。袍服的样式以大袖收口为多,一般都有花边。汉代服饰的繁荣发展是建立在秦朝服饰文化基础之上的,自秦而汉,深衣有了一定的发展和变化。西汉时典型的女子深衣,有直裾和曲裾两种,裁剪已经不同于战国深衣。西汉男子深衣外衣领口詹宽至肩部,右衽直裾,前襟下垂及地,为方便活动,后襟自膝盖以下作梯形挖缺,使两侧襟成燕尾状。汉代女子劳动时喜欢上着短襦,下着长裙,敝屣上面装饰腰带长垂;汉代男子劳动时上着短襦,下着犊鼻裤,并在衣外围罩布裙,这种装束士农工商皆可穿着。朴素的大众服饰风格并不能简单掩盖汉代服饰的成就。

案例2:在第八章中,中国古建筑,从发展的进程考察古建筑的"语言系统"。古建筑结构由粗犷走向细腻,形式由单一走向多样,在各个历史阶段,建筑的外形都在不断地发展、进步。在夏商之前的原始社会时期,穴居是非常普遍的。这一时期的人类建筑,作用大于形式,居住功用大于外观审美,房屋形式简单,构建粗糙。秦王朝历史虽然短暂,但在建筑上留下深远影响,千载以后仍为世人所仰叹。阿房宫、骊山陵、万里长城,以及通行全国的驰道和远达塞外的道路,工程浩大宏伟,对后世建筑的发展带来了巨大影响。汉代兴建的长安城、未央宫、建章宫、上林苑和诸多的礼制建筑,也都是十分宏伟壮丽。这一时期建造的大规模都城与大尺度、大体量的宫殿,都令人印象深刻。到了隋、唐时期,国力强盛,建筑气魄宏伟,严整开朗。这时期建造的两座都城——长安城与洛阳城,是当时世界上规模最大的城市。如长安城南北8651.7米,东西9721米,城内除了宫城与皇城外,还有108座由坊墙围绕的里坊与东西市,建筑群规模惊人,同一历史时期的世界建筑群中无出右者。宋代时期的建筑一改唐代雄浑的特点,建筑体量较小,绚烂而富于变化,呈现出细致柔丽的风格,出现了各种复杂形式的殿、台、楼、阁。元明清时期的建筑,虽然在单体建筑的技术和造型上日趋定型,但在建筑群体组合、空间氛围的创造上,却取得了显著的成就。此时期建筑组群采用院落重叠纵向扩展,与左右横向扩展配合,以通过不同封闭空间的变化来突出主体建筑。其中以北京的故宫与四合院为典型。

从历史的发展脉络,我们可以用自己的眼睛真实地看到传统文化之

"器"的符号演变,犹如一段鲜活的场景再现,带给学习者充分的想象空间。

(二) 以文化为横向脉络,阐释传统文化之"道"的理念内涵

古人制器,无不以器体现思想,如鼎有方圆之别,圆鼎像天,方鼎像地。可以说,如果历史的纵向脉络是让人们对传统文化的符号特征知其然,那么文化的横向脉络则是让人们对传统文化的符号演变知其所以然,启发人们从深层次的角度去理解传统文化之"道"的理念内涵。

案例1:从第五章服饰文化中,我们可窥见服饰的特点与变化,这些变化的推动因素离不开历史背景下的文化内涵。例如,历史上的秦朝,实现了政权的统一。大一统的封建帝国,为服饰的综合发展提供了稳定的社会背景。秦始皇崇信"五德终始"说,自认以土德得天下,崇尚黑色。秦始皇本人废周代六冕,常服通天冠,郊祀时只着"袀玄"(一种祭祀礼服),上衣下裳同为黑色的大礼服。嫔妃服色以迎合秦始皇个人喜好为主,基本受五行思想的影响。而且不同地位的人具有不同的服饰要求。三品以上的官员穿绿袍,一般庶人穿白袍。官员头戴冠,腰佩刀,手执笏板(上朝用的记事工具),耳簪白笔(上朝用于记事)。百姓、劳动者或束发髻,或戴小帽、巾子,身穿交领、窄袖长衫。而博士、儒生是秦代十分重要的阶层,他们的服饰则表现出独特的一面,既拘泥于古礼,又有所变革。他们穿着的衣服虽然和当时流行的服装款式有所不同,但质地是一样的。博士、儒生们衣着很朴素,通常是冬天穿缊袍,夏天穿褐衣,即便是居于朝中的,衣着也是一般,基本都算不上华丽。农民的服装主要是由粗麻、葛等制作的褐衣、缊袍、衫、襦等。奴隶和刑徒最明显的服饰标志是红色,即史书上所说的"赭衣徒"。这些人都不得戴冠饰,只允许戴粗麻制成的红色毡巾。

案例2:在第八章,中国古建筑的演变特征十分突出,这些演变也离不开文化内涵的推动。例如,老子提出"天人合一"观点,认为人是自然界的组成部分,主张人与自然和谐共生。这一观念同样影响了建筑的聚落选址、总体布局、室内外环境设计布置,直至取材及营造技术各方面。中国古代房屋以"负阴抱阳,背山面水"为选址的基本原则和格局。古代风水学中,认为山体是大地的骨架,也是人们生活资源的天然库府,水域是万物生机之源泉。背靠高山,面对江河,坐北朝南,享受最充足的阳光,是修建房屋的最佳位置,这也体现了人渴望与自然相融合,从而达到天时、地利、人和的最佳居住环境。紫禁城的"紫"是指紫微星垣。我国古代天文学家将

天上的星宿分为三垣、二十八宿和若干其他星座。三垣指太微垣、紫微垣和天市垣。紫微垣是中垣，又称紫微宫、紫宫。它在北斗星的东北方。"太平天子当中坐，清慎官员四海分"，古人认为那是天帝居住的地方。再如，"家国同构"对建筑的影响也是深远。在中国，宗法制度兼备政治权力统治和血亲道德制约的双重功能。虽然历经动乱，社会经济形态、国家政权形式多有变迁，但构成中国社会基础的始终是由血缘纽带维系着的宗法性组织——家族。"家"在中国古代是社会的基本细胞。"家族"与国家在组织、结构方面是一致的，国是大的家，家是小的国，具有"家国同构"的特征。在这样一种社会特征之下，一切思考便均是由"家"开始的。家，是社会思考的基本单位。这一点，在建筑上有着深刻的反映。北京典型的四合院住宅，可以说是一个中国封建大家庭在建筑上的缩影。以家为起点的特征，导致中国古代建筑具有以"住宅"为发展原型的特征。

基于文化的横向脉络，我们可以在传统文化之"器"的基础上进一步感悟其"道"，与历史的横向脉络架构经纬，促进学习者对传统文化的深度感知。

三、器以载道：《视觉文化与媒介素养》中的现代综合素养培养的实践实现

中国传统文化所理解的器并非止于器，而是知识与思想的载体。因此，对传统文化的认知不能满足于对器物性质特点的描述，而是要通过器见人睹事，否则我们就会与己身文明的精神蕴含失之交臂。《视觉文化与媒介素养》帮助学习者从知识、能力和价值三个层面去理解和吸纳传统文化，做到"目以见器，心怀以道"，在信息泛滥、文化交织的现代社会提升他们的文化自信，培养他们的视觉—媒介信息综合性素养。

（一）建构传统文化的知识框架，提升文化底蕴

对素养教育而言，实践过程完全可以从知识结构的构建开始，在知识与思维的双重协奏中，素养得以生成。只有掌握了传统文化的基本知识，方可进一步思考和理解传统文化的内涵。以第六章中华美食为例，该章首先介绍了传统的菜系，让学习者认识中国古今、大江南北的菜系特点。首先介绍了八大菜系，从其内容和特征到烹饪工艺再到调味工艺，在学习中全面了解我国的地方饮食。其次从主食的南米北面，介绍南北的差异。例如文中将其描述为："中国拥有着广袤的国土，自然地理也变化多样，由于自然条件和数

千年饮食习惯的影响，让生活在不同地域的中国人享受到截然不同的丰富主食。由于我国自然环境、气候条件、民族习俗等的地域差异，各地区和各民族在饮食结构和饮食习惯上又有所不同，其饮食文化更是丰富多彩，各个地区别具风格。北方人重面之鲜感，南方人重面之汤料。"然后，又介绍了中国传统的饮品——茶，从茶叶到茶具再到茶艺，将茶文化娓娓道来。此外，教材中还附有知识拓展的二维码，为学习者提供更加丰富的资源。

（二）培养传统文化的认知能力，激发文化传承

认知心理学认为认知就是信息加工，是对信息进行判断、筛选、分类、排序、分析、研究和组织等的一系列思维过程，目的是对信息去粗取精、去伪存真。对传统文化的认知是在知识的基础上进一步的加工和理解。《视觉文化与媒介素养》通过一些内涵解析以及相关练习帮助学习者提升认知能力。例如第六章中华美食，前面介绍完相关知识之后，第三节"优秀传统文化的折射与呼应"便是从节庆、审美以及生活态度三个角度了解中国美食体现出的文化精神特质。首先介绍了美食与节庆文化交相呼应，我国的节日文化与饮食文化密切联系，比如春节要吃饺子、端午要吃粽子、元宵要吃汤圆、中秋要吃月饼，这些食物往往都与中国传统节庆密不可分。其次指出美食折射的传统审美观念，例如月饼的形状为圆形，中秋节也是在月圆时刻，中国人对圆的这种审美观点，已经达到全民族的审美共识，渗透着对它无限向往和追求的情感。在中国的传统文化节日中，"圆满"代表着一种成功和境界。"圆满"成为团聚、幸福、美满、吉祥如意的代名词。然后指出美食反映的中华民族精神追求。比如，人们祈盼各种庄稼作物顺利生长发育乃至最终获取丰收，因此会利用象征食物作为媒介来表达其"五谷丰登""六畜兴旺"的美好愿望，如汉族的腊八粥、隔年饭，满族的饽饽、献场糕，朝鲜族的五谷饭，柯尔克孜族的克缺饭，土族的麦仁饭，土家族的合菜，纳西族的大锅饭，哈尼族的黄饭、红蛋，瑶族的鸟籽把，藏族、珞巴族的酥油糌粑，毛南族、布依族、仫佬族的五色糯米饭，等等。这些内涵的解析帮助学习者提升思维的能力，从而形成自己的认知模式。此外，教材中还通过"学习互动与思考"模块让学习者独立思考，举一反三。譬如，第六章的习题"通过对这些食物庆贺习俗的了解，请使用自己的语言解读并体会和学习中国的饮食文化、传统文化，并以'符号—能指—所指'语义三角形、所指意义层次图或'形而上—形而下'示意图进行图文并茂的表达"，便是让学生从传统文化之"器"的层面上升至"道"的层面来深入认

知文化内涵。

(三) 生成传统文化的价值意识，促进全面发展

价值意识是人脑的含有价值信息的活动，对信息的好坏、应当不应当等进行判断和内化。传统文化教育的最终目标需要帮助受众树立正确积极的价值观念、提升文化自信。因此，《视觉文化与媒介素养》在内容模块和"反思与实践探索"模块注重对学生价值意识的培养。例如第八章日用点滴中，使用了案例——北京奥运会奖牌设计。奥运奖牌"金镶玉"，喻示中国传统文化中的"金玉良缘"，体现了中国人对奥林匹克精神的礼赞和对运动员的褒奖。以"金镶玉"为创意的北京奥运会奖牌挂钩由中国传统玉双龙蒲纹璜演变而成。整个奖牌尊贵典雅，中国特色浓郁，既体现了对获胜者的礼赞，也形象诠释了中华民族自古以来以"玉"比"德"的价值观，是中华文明与奥林匹克精神在北京奥运会形象景观工程中的又一次"中西合璧"。这是对学习者价值观的引导，帮助他们提升对祖国文化的自信。再如第六章中华美食中的"反思与实践探索"中让学习者反思："如何才能让中国传统文化和传统美食文化发扬光大？中国传统文化与现代文化如何才能有效融合？"由此帮助他们提升对传统文化的认知和内化，并促进学习者积极主动地观看，以符合道德规范的方式获取知识、表达自我能力以及协同能力等终身学习能力。

四、总结

中国传统文化的传承与发扬是以器载道，是在"器"的基础上深入理解其文化的精神底蕴、上升至"道"的层面促进自我的发展。《视觉文化与媒介素养》教材恰是致力于传承中华优秀传统文化，以"人的发展"为宗旨开展传统文化教育，注重"器道合一"，增强人们对文化的认识与认同，提升文化自信，激发传承与发扬中华优秀传统文化的自觉意识，从而促进中华优秀传统文化的对外传播与多元文化的交融。

参考文献：

[1] 冯时. 器以载道 [J]. 读书，2020（4）.

[2] 马鸿霞，朱德全. 器以载道与学以成人：智能化时代教学价值的逻辑理路 [J]. 中国电化教育，2020（4）.

[3] 肖波. 虚拟世界的文明力量：文化遗产牵手元宇宙的三重维度 [J]. 东南文化，

2022（3）．

［4］申灵灵，周灵，吴文涛．媒介融合时代 V – MIL 教育的内容模型与实践路径［J］．现代远程教育研究，2021，33（6）．

［5］维利里奥．视觉机器［M］．张新木，魏舒，译．南京：南京大学出版社，2016．

［6］罗伯特·哈桑．注意力分散时代［M］．张宁，译．上海：复旦大学出版社，2021．

［7］关于实施中华优秀传统文化传承发展工程的意见［N］．人民日报，2017 – 01 – 26．

［8］冯友梅，颜士刚，李艺．从知识到素养：聚焦知识的整体人培养何以可能［J］．电化教育研究，2021，42（2）．

［9］唐挺，马哲明．信息消费过程中的信息加工模型研究［J］．图书情报工作，2007（10）．

［10］石共文，吕耀怀．信息加工中的主要问题及其伦理对策［J］．图书馆理论与实践，2014（6）．

［11］韩东屏．论价值意识［J］．江汉论坛，2012（10）．

［12］张舒予，赵丽，周灵．视觉—媒介信息素养：新综合性素养的概念提出与教育实践［J］．现代远程教育研究，2021，33（6）．

作者申灵灵系南京邮电大学教育科学与技术学院讲师；吴文涛系安徽师范大学教育科学学院副教授。

数字时代乡村振兴战略中的农民媒介素养
——以临安白牛村为例

王　润　王熙婕　刘雨娟　邹　鑫

摘要：在数字时代背景下，传统农业、电商关系发生了巨大变革，农民媒介素养对实施乡村振兴战略起到了至关重要的作用。本文以杭州市临安区的白牛村为对象，展开关于媒介素养的相关调查和普及，调查发现农民的媒介素养已得到了相对的提升，但其仍缺乏主动应用媒介的意识。

关键词：媒介素养；农村电商；数字乡村；乡村振兴

2019年5月16日，《数字乡村发展战略纲要》指出，到21世纪中叶，全面建成数字乡村，助力乡村全面振兴，全面实现农业强、农村美、农民富。2020年7月18日，《关于开展国家数字乡村试点工作的通知》要求积极探索数字乡村发展新模式，加快推进农业农村现代化建设，促进农业全面升级、农村全面进步、农民全面发展。在数字时代背景下，要充分应用电商、短视频等手段实现乡村振兴战略，就要努力提升农民的媒介素养。提升农民的媒介素养，发挥农民基层文化建设主体的作用，成为了实现农村农业全方面发展的至关重要的一步。

媒介素养是指"人们对各种媒介信息的解读和批判能力以及使用媒介信息为个人生活、社会发展所用的能力"。由于我国文化结构的现状和所处的生活环境等因素，我国的农民媒介素养相对低下。但由于数字时代的快速发展以及后疫情时代下短视频、直播带货的喷井式发展，农民的媒介素养已相对得到提升。农村电商和县域产业培育服务商、农业农村产业数字化运营商，积极响应国家数字乡村发展战略，已在持续推动数字乡村的建设，如数字文化、数字邻里、数字创业、数字农业等方面取得进展。

本文通过对前期的资料收集和讨论，在了解当地政策背景下，同农村电商和县域产业培育服务商、农业农村产业数字化运营商闻远科技公司的负责人针对目前的数字农村发展现状、农商发展现状和该公司旗下的白牛村等实例进行了调查访谈；并实地参观走访了"淘宝第一村"白牛村，通过参观考察村庄社区的运营发展模式，向白牛村负责人、商户农户采访了解白牛村和农户农产品的发展现状，分发调查问卷以了解农民媒介素养的真实水平；最后对现场座谈、村民采访、实地观察记录的资料进行整理并形成调研报告，包括乡村数字化的基本情况、农民媒介素养的现状及其影响因素等方面，并根据现状问题提出相关的解决措施。

一、数字时代乡村振兴战略与农民媒介素养

（一）提升农民个人的综合素养，促进美丽乡村的建设

媒介素养从某种程度上说是一种传统角度上的文化素养，或者说是一种延伸，只是因为互联网的普及，大部分公民成为网民，素养表现载体随之发生改变。在互联网时代的席卷之下，农民也不例外。我国一直是人口大国，其中农民占据了非常大的比例。想要早日建成现代化国家、减小城乡差距、建设美丽智慧乡村，提升农民的各方面素养就显得尤为重要，否则就可能出

现"软设施"跟不上"硬设施"的情况。故数字时代，农民的媒介素养值得深入研究。

（二）助力农民个人梦想的实现，带动农村经济发展

现在是一个自媒体大行其道的时代，很多人通过自媒体实现盈利而谋生，这里面不乏有很多身在农村的农民。然而随着自媒体发展的日益成熟，各种赛道都趋近于红海的状态，要想有一席之地，必然要求竞争者具备一定的媒介素养。所以，不管是农村电商还是农产品的营销推广，都离不开相关人员在媒介工作上做出努力。充分利用好媒介资源，不仅能够帮助个体实现梦想，也有利于农村的经济发展。

（三）利于塑造农村形象，输出优质的乡村文化

李子柒的现象级爆红，一定程度上表明大众对田园风光的钟情。不管城市的发展怎么迅速，人们心里总有一块柔软的地方为美丽的乡村保留。让土生土长的农村人学习优质的网络文化，培养良好的媒介素养，这将极大程度有利于将优质的乡村文化向外输出，在致富的同时也能够塑造农村形象。

二、数字乡村背景下，临安白牛村农民的媒介素养现状

（一）农民媒介素养的技术社会条件

杭州闻远科技有限公司成立于2013年，目前正在自主开发产业数字化云服务平台、农村电商大数据平台、数字人才线上培训平台、智慧电商物流系统、农产品供应链系统等技术应用，培育数字农业发展新业态新模式。其核心目的便是以技术驱动创新，打造数字化赋能产业升级服务体系，数字化助力产业高质量发展，数字化营销助推品牌打造，为乡村振兴提供数字化整体解决方案。

为提升农民的媒介素养，农业农村产业数字化运营商提供了具体的服务：

一是综合服务整合资源，电子商务公共服务中心面向全区提供人才培训、平台运营、农旅O2O等公共服务。同时指导各镇街道、行政村根据各自条件，设立农村电子商务公共服务点，如指导白牛村建立全区首个村级电商公共服务点和首个村级电子商务协会，服务当地淘宝店培育与发展。送服务下村，加强数字建设，由弱到强，通过数字化改革分层次提升整体从业者电商运营能力，大力营造电商氛围。调动协会、龙头企业、服务商企业的多方资源，整合各类资源优势，发挥公共服务中心的作用，在物流快递等服务

方面获得议价权，降低成本，形成交流、分享的良好氛围，综合提升各类网商企业的经营能力。服务中心积极对接协调各方资源，下基地直播，电商发力公益助农，助农产销对接，数字技术赋能农村发展。

二是培养优秀的本地人才，充分发挥新乡贤的关键性作用。在时代浪潮下，传统的乡愁文化正受着个人主义和功利主义的冲击，而新乡贤有着优秀乡土文化的传承者和现代文明的弘扬者的双重身份，不仅能深层次理解社会主义新思想，还能很好地践行。新乡贤参与社会治理填补了白牛村精英缺失的空白，抓住乡村的特色，大力发展山核桃、番薯等本地农产品品牌，增强乡村治理内生性动力；还通过建设网红打卡地、白牛博物馆等特色乡村旅游业为农村的经济发展带来观念和途径的更新，弘扬乡村情怀和农村改革发展记忆，推动乡村振兴朝着纵深方向发展。

三是助农产销人才培育，与高校、电商服务机构等合作，实施"菜单式"培训。发挥公共服务中心的优秀电子商务人才作用，突出电商龙头企业的人才作用，同时不定期组织电商服务商、运营商和电商专家，深入镇街、农村开展农村电商培训活动，帮助指导农村淘宝户装修网店、设计产品和网上销售，进一步增强了村民电商经营能力，提升其技能水平。完善人才激励机制，坚持精神、物质双重奖励，改善环境，加强配套，营造宜居、宜业的环境。开展"师带徒"计划，通过一对一指导、交流等方式，开展农村电商技术"传帮带"，加大工程培养力度，提升人才操作技术水平，加快培养一批电商领军人物。

（二）农民媒介素养的基本情况

一是农民对媒介的基本使用。通常而言，媒介素养主要有三个层面，即能力模式、知识模式和理解模式。媒介素养就是指正确地、建设性地共享大众传播资源的能力，能够充分利用媒介资源完善自我，参与社会进步。

由随机问卷调查来看，40岁以下村民一般借助互联网或电视来获取想要了解的信息。村民们能够流畅使用手机上网，平均每日上网时长在4—6个小时，其中，作为社交软件的微信是最常使用的软件，用于满足日常生活工作中与他人沟通交流；其次是淘宝、京东等电商购物软件；最后是抖音、快手等短视频娱乐软件，主要用于在闲暇之时消遣放松，获取信息。由此可见，随着互联网的普及，目前农村中的中年和青年人已经掌握了媒介的基本使用方式，能够通过不同的媒介平台来满足如社交、娱乐、购物等生活需要。

二是农民的产业化应用。媒介技能就是了解基础的媒介知识以及如何使用媒介、学习判断媒介信息的意义和价值、学习创造和传播信息的知识和技巧、了解如何使用大众传媒发展自己、强大自己。

在国家政府乡村振兴的战略推动下，2007年，白牛村潘小忠等村民大胆尝试，借助电子商务平台开展山核桃等农特产品销售，一跃成为"中国农村电子商务第一村"。目前，该村共有电商企业68家，创造了一年4.7亿销售额的"白牛奇迹"。

在媒介技能使用上，农民们已经熟练应用淘宝、京东等电商平台销售自家农副产品并获得极好的收益。一直在做山核桃销售的叶盛老板说："在2016、2017年，（通过电商）营销已经达到上亿。"不仅如此，叶老板的线上店铺已经连续几年成为淘宝皇冠店铺。如今网络直播带货兴起，叶老板以及当地诸多农户已经开始尝试直播带货的方式，希望利用媒介为自己带来更多收益。农民们已经开始逐渐应用淘宝、抖音等新媒体，为农副产品的销售拓宽了渠道，为自己和村里发展带来了极大的效益，实现脱贫致富。

三是农民媒介实践赋能乡村旅游。乡村振兴，振兴的不仅是乡村的产业经济与居住环境，还包括乡村的居民素养与整体的精神风貌。白牛村也在努力围绕新时代美丽乡村建设主线，以白牛村为核心建设白牛村落景区，统筹联盟、九龙、上营、后葛等周边农旅资源，主题定位"古韵昌化，云上白牛"。以"互联网＋"为引擎，以文旅产业为核心，整合旅游和农业资源，建成"云上白牛"示范型村落景区。立足杭徽魅力大走廊优势，以生态的规划思想来建立安全的景观格局，通过构建"园区系统"来优化整体空间实现生活（旅游）、生产、生态的持续发展，将白牛片区打造成为具有全国影响力的商贸文旅休闲"互联网＋"综合体标杆。

三、数字乡村背景下，影响农民媒介素养的因素

（一）身处大环境的压力，个体发展的需要

农民作为受众的同时也无可避免地成为传播者。农产品如果不通过网络平台进行销售，那么农产品就有可能会滞销而浪费掉，所以越来越多的农村博主开始直播带货。在这样的大势所趋下，如果想要获得个体的发展，必然要学会使用媒体并进行传播信息的工作。然而在各行各业都在内卷的大环境中要想脱颖而出，就要求农民在众多竞争者有更高质量的媒介产出，而高质量的输出和媒介素养有着必然联系，因此迫于压力以及个体对生存发展的需

要,这就会倒逼农民提升自我的媒介素养。值得一提的是,若是这种需要发生扭曲,他们对媒介素养的习得也会出现偏差。

(二)政府支持之下经验的积累

除了农民个体的内驱动力以外,还有政府政策的支持(最好是具体政策支撑)让农民可以减少后顾之忧。政府引进的相关企业或者产业在发展时起到了带头作用,农民便可以从成功的案例中发现自身欠缺和不足,从而了解到自己需要什么样的能力。以白牛村为例,闻远科技公司旗下合作的农户通过公司进行销售,也能够初步地了解到一些运营逻辑和媒体思维。在长久的合作之下,他们积累了经验,慢慢地就具备了一些原始的媒介素养。

(三)外来专业人员的指导

现在农村人口老龄化严重,年轻人少也造成了人才匮乏的问题。政府引进专业人才帮助农民接受以前没有的新技术和新思维。也就是说,外来专业人员在给农民指导的过程中也促进了农民对媒介的具体感知,相关的专业指导甚至能够直接影响农民媒介素养的高低。

四、目前农民媒介素养存在的问题

(一)能够接受数字乡村建设,但缺乏参与互联网的积极性

在问卷调查中发现,农民们普遍接受数字乡村建设,认为这能够给乡村发展带来便利,但其对互联网参与程度不高。农民们对互联网的使用主要还是在日常的社交娱乐购物等方面。虽然近年来农民使用电商卖货的积极性大幅度提升,但在网络中表达立场、传播属于自己的声音、如何通过网络来建设和提升自我乃至乡村的精神建设等方面参与度不高。

(二)缺乏辨别信息的能力,媒介应用能力单一

在问卷调查中,农民们对信息获取渠道的信任程度一致为:国内媒体 > 国内网络媒体 > 国外媒体。他们一般关注官方媒体和主流媒体报道来判断信息的真实性。大多数农民对通过媒介获得的讯息持有半信半疑的态度,部分农民在大多数情况下选择相信。对有所怀疑的媒介信息,大部分农民们会依据信息对自己的重要程度去判断,无法通过正确的思考方式来判断信息源的真实程度。

同时在实地调研中发现,即使是营销高达上亿的叶老板现在也在面临着困境。叶老板介绍说,线上一次性购物顾客很多,但回头客很少,产品复购率太低。

分析情况后认为，首先在于叶老板注重销售品质和渠道，忽视了产品的广告营销。据了解，叶老板一年广告费不超过10万，他认为推广费的投入和产出不成正比，完全缺乏广告营销的观念。其次，产品的销售中缺乏创新。现在，直播卖货等网络新型销售方式层出不穷，而叶老板只会通过网络平台线上售卖。不过叶老板也说，自己尝试过直播带货，但因始终找不到相关技术人才而暂时搁浅。最后，不会利用数据库解决问题。叶老板所面临的这些问题并没有找专业的人士进行数据分析，以至于叶老板面临困境却无从解决。目前大多数的农民们也并不会利用数据分析来帮助自己找到问题。

综上可见，目前新媒体的商业应用已经在白牛村普及并推广开来，但是如何让农民学习更加多元化、专业化、多维度地应用新媒体为乡村赋能，是目前提高农民媒介素养的一大问题，同时也是推动乡村振兴的一大难题。

（三）在农民"小富即安"的观念下，缺乏主动应用技术的意识

随着数字技术的发展，农民虽已取得了一定的经营突破，但对于商业、品牌产业化、产品运营等意识仍然淡薄，农民缺乏主动运用技术扩大生产、解决问题的观念。同时，相对闭塞的观念导致农民对于数字、媒介技术的使用十分浅显，没有多渠道地推动农村发展。"农民较强的生活满意度和幸福感恰是基于基本生存条件得到切实保障、社会尊重和自由实践处于不断改善中而产生的肯定性心理感受，形成'小富即安'的生活态度和价值追求的现实表达。"农民应充分适应时代浪潮，实现"小富即安"的现代化演变，稳妥推动农村改革现代化。

五、数字乡村背景下，提升农民媒介素养的解决方案

（一）培养和提高农民的媒介基础知识

乡村社区可定期开展一些有关于媒介素养的讲座、发布关于媒介素养基本知识的推文和宣传视频，让农民在学习中了解媒介的基本知识。其次，政府须完善数字乡村的基础设施建设，不仅要让农民们通过学习感受到媒介对乡村振兴的赋能，还要让农民们在日常生活中切身体验到媒介给生活和工作带来的便利。对农民进行媒介相关知识的教育是提高农民媒介素养、助力乡村振兴实施的基础。

（二）引入专业人才，利用媒介专业知识指导农民

人才稀缺是如今乡村振兴面临一大难题。政府应该鼓励人才到乡村地区

基层单位就业，对此给予更多优惠政策扶持，吸引更多专业型人才下乡发展，帮助农民系统性分析目前面临的难题，利用人才自身专业性，从更加专业的媒介素养角度帮助农民解决问题。

（三）使农民主动应用媒介技能，服务乡村振兴

授人以鱼不如授人以渔，政府可邀请专业人员下乡指导农民摄像剪辑、前期后期活动策划，开展网络云平台直播卖货、线上营销，同时号召已经能够熟练掌握媒介技能的农民带动和帮扶更多农民投入到媒介技能的学习当中，培养农民们树立主动应用媒介的意识和观念，让农民们通过学习和掌握新媒介技能，利用媒介服务自己，同时助力乡村振兴，推动乡村精神文明建设，实现乡村优秀文化的传播。

参考文献：

[1] 张志安，沈国麟. 媒介素养：一个亟待重视的全民教育课题——对中国大陆媒介素养研究的回顾和简评 [J]. 新闻记者，2004（5）.

[2] 韩梦瑶. 新乡贤：新时代乡村治理的重要人才资源 [J]. 乡村论丛，2022（4）.

[3] 曹琦. 乡村振兴战略中的农民媒介素养研究 [J]. 视听，2019（8）.

[4] 张欣. 乡村振兴战略背景下乡村旅游发展策略探析 [J]. 中国市场，2022（27）.

[5] 廖永松."小富即安"的农民：一个幸福经济学的视角 [J]. 中国农村经济，2014（9）.

作者王润系浙江传媒学院新闻与传播学院副教授；王熙婕、刘雨娟、邹鑫系浙江传媒学院新闻与传播学院学生。

美国公共图书馆数字素养实践研究及启示
——以纽约公共图书馆为例

王　琼　周雨晴　丁梓珂　宋　艳

摘要： 数字素养是数字公民在数字时代必备的生存技能，公共图书馆在提供公共技术服务方面，面向群体人数最多，实施数字素养教育，弥合数字

鸿沟。本文选取纽约公共图书馆作为案例，分析其如何进行数字素养实践，并为我国公共图书馆的数字素养实践提供几点建议。

关键词：数字素养；纽约公共图书馆；数字素养教育实践

引言

数字素养概念的提出是为了适应数字环境的变化，对公民提出的新要求。最初由以色列学者阿尔卡莱（Yoram Eshet-Alkalai）于1994年提出，并为数字素养提出"五框架概念说"。目前关于数字素养较为权威的定义是美国图书馆协会（American Library Association，ALA）提出的，即"定位和使用以及批判性思维的技能，利用信息和通信技术来查找、评估、创建和交流信息的能力"。

美国作为通信技术强国，数字素养教育一直走在世界前列，目前已经形成了由"政府—行业协会组织—图书馆"组成的数字素养教育三级保障体系。在政府、行业协会、学校、图书馆等多个主体构成的数字素养教育体系中，图书馆发挥着举足轻重的作用。美国图书馆数量繁多，不同类型图书馆针对的群体不同，学校图书馆主要针对K-12年级学生，配合课堂教学进行数字素养教育。高校图书馆以提升学生学术能力、进行学术研究为主。而公共图书馆面向的社会群体人数最多，与社区联系紧密，是进行数字素养教育的最佳实践场所。

目前关于我国公共图书馆数字素养教育的研究比较少，更多侧重人文素养。2021年初，国务院将"提升公民数字素养"纳入《中华人民共和国国民经济和社会发展第"十四五"规划和2035年远景目标纲要》。随着我国网络强国、数字中国建设的不断推进以及数字化基础设施的不断成熟，开展全民数字素养教育、提升全民数字技能以适应数字社会的生存与发展，应成为公共图书馆在数字时代的重要使命。消除社会数字化转型等多因素导致的数字鸿沟是促进公共图书馆提升公众数字素养的时代要求。

一、美国公共图书馆数字素养实践概况

美国图书馆行业协会牵头，积极布局公共数字素养教育实施进程。美国图书馆协会信息技术政策办公室（Office for Information Technology Policy，OITP）于2011年成立了数字素养工作小组，对17000所公共图书馆进行资

助以培养公民数字素养。数字素养委员会（Digital Literacy Committee，DLC）帮助公共图书馆满足与数字素养和技术使用相关的社区需求，为公共图书馆员提供关于数字素养的交流渠道，并为图书馆工作人员研究、识别和创建工具和资源。公共图书馆协会（Public Libraries Association，PLA）和美国电话电服公司 AT&T 合作帮助图书馆缩小数字鸿沟，提供数字素养课程，教授搜索、浏览网站、使用移动设备等基本数字技能。人们除了可以在 PLA 的网站 DigitalLearn.org 在线学习，还能在各公共图书馆线下学习。

长期以来，美国的图书馆和图书馆员正处于全国数字包容和数字扫盲工作的第一线。公共图书馆在带领公众进入数字世界，提升数字素养方面一直处于领先地位。2015 年数字包容性调查发现，美国 98% 的图书馆都提供免费的 WiFi，近 90% 提供基本的数字素养培训，主题涵盖新技术设备、安全在线、社交媒体使用，并提供扫盲课程。随着数字技术的快速发展，公共图书馆的建设逐渐围绕着数字素养和公民参与性。

（一）完善基础设施，提供数字资源

在美国人连接互联网的途径中，宽带技术仍处在主导地位，移动宽带的使用数量正在增长，技术成本也是影响选择的重要因素。研究表明，受到人口统计、地理位置等因素的影响，在连接互联网的数字接入沟上不同群体差异明显。总体来说，低收入、非亚裔少数族裔和农村家庭接入互联网比富裕人口、城市人口、白人或亚裔美国人建立联系的可能性要小得多。几乎每个公共图书馆都提供免费的公共访问互联网计算机，对这些人来说，公共图书馆是帮助他们接入互联网的主要场所。公共图书馆更能去克服数字鸿沟，教授数字素养，促进数字包容。

强大的宽带连接是图书馆的基本要求。美国联邦政府于 2009 年发布宽带技术机会计划（Broadband Technology Opportunities Program，BTOP），促进了图书馆对宽带服务的接入和使用。美国近 1.67 万座公共图书馆建筑都可以免费使用有线和无线宽带、台式机和越来越多的移动设备，配有具备数字技能的图书馆工作人员，并增加强大的数字内容和服务。公共图书馆免费提供电脑和无线上网服务，确保用户能够稳定地接入互联网，成为美国公民数字素养提升的重要场所。2020 年，微软公司捐赠 12 万美元帮助农村地区的公共图书馆提供硬件和公共 WiFi，那些不能在家接入互联网、不能承担宽带的家庭会选择去公共图书馆、社区中心等公共机构上网。

为每个人提供免费的信息和服务仍然是图书馆的使命和文化的核心。90%的公共图书馆都提供电子书、在线家庭作业帮助和在线语言学习等日益丰富和多样化的数字内容产品方便用户获取，图书馆员帮助公众在丰富的信息中寻求意义时提供指导。

（二）建设技术中心，提高数字技能

图书馆通常是最先引入新技术并向公众提供技术访问的场所。公共图书馆通常设有技术中心，帮助公众熟悉数字工具，提升数字技能。值得一提的是，大部分图书馆配备创客空间，用户能够使用各种新媒体技术。例如在堪萨斯城数字媒体实验室（Kansas City Digital Media Lab）中，青少年可以使用3D设计工具、音视频制作设备。

每个人都需要更强大的数字技能和应用知识，才能充分参与当今的数字世界。2015年4月，皮尤研究中心的一项调查发现，70%的受访者表示，图书馆应该帮助人们学习如何使用新技术。2016年新媒体联盟发布的《数字素养：NMC地平线项目战略简报》明确提出图书馆应致力于培养用户的数字能力，确保公民掌握可靠技术。无论是从公民自身的需求，还是从图书馆的定位来说，帮助公民提升数字技能都是公共图书馆的核心责任。约有94%的公共图书馆为用户提供正式或非正式的数字技术培训机会。

随着技术的快速发展，现实生活变得越来越数字化，学习、购物、工作、健康、公众参与都需要通过互联网才能顺利完成，数字技术已经渗透到了日常生活的方方面面，人们对其的依赖性也使得掌握数字技能成为必要。然而，在现实中许多大学生没有达到利用技术来提高他们的阅读及写作能力、获取有效信息的标准。在伊利诺伊州五所大学的一项研究中，大多数大学生甚至缺乏一些在高中时应该掌握的最基本的信息素养技能。数字技能的缺陷在职场上也很普遍，职场需求不断变化，公众需要学习技能基础知识，适应不断更新的职场环境。图书馆是提供公共访问技术的重要数字中心，这些技术可以用于教育、就业、公众参与和健康的目的，提高用户的数字素养。数字信息和技能教育现在已纳入大多数公共图书馆服务。

（三）数字素养教育主题与内容

公共图书馆在为缺乏数字技能或难以使用和创建数字内容的人提供培训和帮助方面发挥着重要作用，与政府机构、组织合作，提供各类课程。

课程形式丰富，以讲座、研讨会、线上或线下课程、会议等形式来教授。主题通常涉及计算机基础技能、社交媒体使用、就业技能和创新和批判性思维培养等内容。公共图书馆作为国家数字素养教育体系的主体之一，在为公众提供计算机技能培训、数字化信息、就业培训方面扮演着重要角色。

1. 计算机基础技能

计算机基础知识通常面向所有初学者，帮助其理解计算机和互联网术语，熟悉计算机系统，掌握基本使用方法。几乎每个公共图书馆都会涉及该项内容。例如位于密苏里州堪萨斯城的堪萨斯城公共图书馆（Kansas City Public Library）于2017年开设计算机课程，教授计算机基本知识和技能。图书馆还会根据学生年龄分类，设置难度不同的课程。里士满公共图书馆（Richmond public library）为老年群体教授使用电脑、平板电脑和智能手机的基本技能和计算机基础知识。最近，编程学习逐渐成为培养数字素养内涵的一部分，编程能力作为数字时代一种新的素养，也被纳入公共图书馆的课程内容。

2. 数字化学习教育

对生活在数字化时代的个体而言，数字素养意味着如何更好地面对生存方式和生活方式的数字化。图书馆作为提供数字学习教育的主体，要保证良好的信息技术学习环境，除了提供平台、设施、工具等，还要提供数字化资源，即经数字化处理的、可在网络环境下运行的多媒体资源，如数字视频音频、多媒体软件、数据库、在线学习系统等。

具备基本数字素养技能的用户可以使用在线教程，图书馆工作人员利用他们作为选择者和策展人的技能来评估和识别不同的数字素养资源，为用户提供数字素养指导。公共图书馆协会的在线网站DigitalLearn.org提供了一系列关于数字素养主题的自学教程，主题包括最基本的技能，例如使用计算机、浏览网站和搜索。公共图书馆可以将这些教程整合到自己的数字素养培训工作中，并建立自己数字学习网站。目前纳什维尔公共图书馆（Nashville Public Library）和卡拉马祖公共图书馆（Kalamazoo Public Library）定制了专属的DigitalLearn网站。DigitalLearn.org还提供资源和工具，供图书馆工作人员在提供实时培训时使用。

3. 就业技能培训

新冠疫情加速了数字化转型，数字技能在职场中越来越必要。公共图书馆协会和领英、微软这类型的互联公司合作提供学习课程，帮助公众获得适合未来发展的工作技能。克利夫兰公共图书馆帮助学生完成一系列软技能课程或与工作技能相关的课程。

就业技能培训还包括办公软件学习。办公软件的学习可以满足公众多元化的需求，通过学习可以进行文字处理、表格制作、幻灯片制作、简单数据库的处理，提高用户的学习和工作效率。另外，办公软件应用范围广泛，会议记录、数字化的办公甚至是社会统计等，都需要办公软件的协助，为求职的公众创造更多优势条件。基础办公技能主要服务于在线求职和有数字化办公转型需求的群体，内容包括电子邮件账户设置及其安全问题，以及常用办公软件的操作技巧、在线简历的制作和在线查找和申请工作。

二、美国纽约公共图书馆数字素养实践

纽约公共图书馆（New York Public Library，NYPL）成立于1895年，作为美国第二大图书馆，是美国最重要的图书馆之一，在布朗克斯、曼哈顿和史泰登岛设有92个社区图书馆，不仅仅提供免费书籍和材料，更是教育创新和服务的中心，是重要的社区中心，在缩小数字鸿沟方面发挥着关键作用（尤其是对数百万在家无法上网的纽约人而言）。本文将其作为参考案例，对该图书馆数字素养实践案例进行研究，为我国公共图书馆开展数字素养实践提供一定的参考价值。

（一）热点借阅计划

2015年，纽约市有超过730000户家庭没有互联网或宽带接入，纽约公共图书馆和骑士基金会合作，推出热点借阅计划。公共图书馆的可访问性把不能承担互联网连接费用的家庭带出了"数字黑暗"，助力实现数字公平。

（二）提供技术教育

纽约公共图书馆技术连接（Tech Connect）计划通过与学校和组织合作提供100多门在线和线下免费技术培训课程，帮助成年人培养计算机技能，内容包括学习使用计算机的基础知识、编码、数字媒体制作。

在办公软件课程系列，作为公共图书馆协会和微软资助项目的一部分，该系列的参与者如果参加了微软和领英的额外课程和认证，将有资格获得免费的平板电脑。

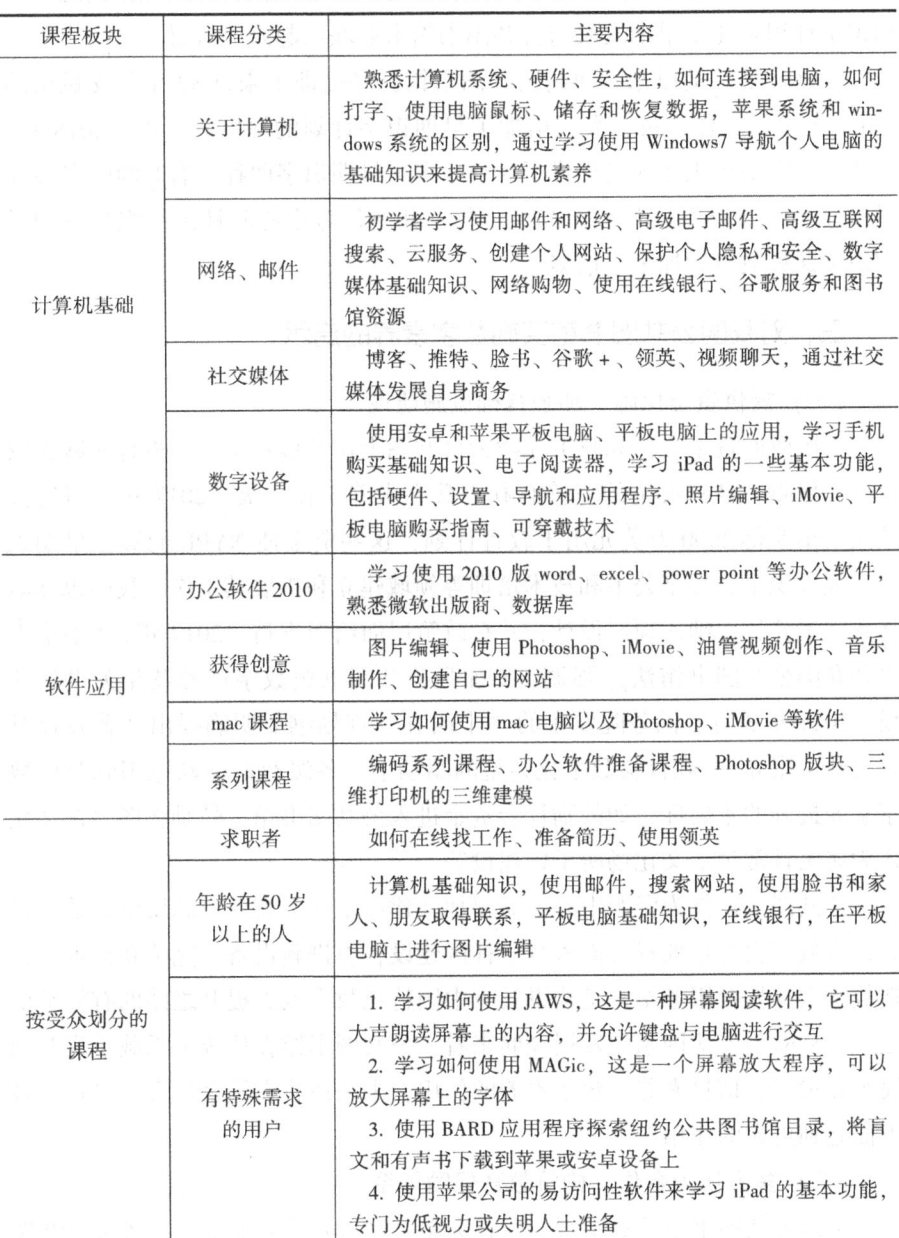

表1 纽约公共图书馆技术培训课程主题和内容概括

课程板块	课程分类	主要内容
计算机基础	关于计算机	熟悉计算机系统、硬件、安全性，如何连接到电脑，如何打字、使用电脑鼠标、储存和恢复数据，苹果系统和windows系统的区别，通过学习使用Windows7导航个人电脑的基础知识来提高计算机素养
	网络、邮件	初学者学习使用邮件和网络、高级电子邮件、高级互联网搜索、云服务、创建个人网站、保护个人隐私和安全、数字媒体基础知识、网络购物、使用在线银行、谷歌服务和图书馆资源
	社交媒体	博客、推特、脸书、谷歌+、领英、视频聊天，通过社交媒体发展自身商务
	数字设备	使用安卓和苹果平板电脑、平板电脑上的应用，学习手机购买基础知识、电子阅读器，学习iPad的一些基本功能，包括硬件、设置、导航和应用程序、照片编辑、iMovie、平板电脑购买指南、可穿戴技术
软件应用	办公软件2010	学习使用2010版word、excel、power point等办公软件，熟悉微软出版商、数据库
	获得创意	图片编辑、使用Photoshop、iMovie、油管视频创作、音乐制作、创建自己的网站
	mac课程	学习如何使用mac电脑以及Photoshop、iMovie等软件
	系列课程	编码系列课程、办公软件准备课程、Photoshop版块、三维打印机的三维建模
按受众划分的课程	求职者	如何在线找工作、准备简历、使用领英
	年龄在50岁以上的人	计算机基础知识，使用邮件，搜索网站，使用脸书和家人、朋友取得联系，平板电脑基础知识，在线银行，在平板电脑上进行图片编辑
	有特殊需求的用户	1. 学习如何使用JAWS，这是一种屏幕阅读软件，它可以大声朗读屏幕上的内容，并允许键盘与电脑进行交互 2. 学习如何使用MAGic，这是一个屏幕放大程序，可以放大屏幕上的字体 3. 使用BARD应用程序探索纽约公共图书馆目录，将盲文和有声书下载到苹果或安卓设备上 4. 使用苹果公司的易访问性软件来学习iPad的基本功能，专门为低视力或失明人士准备

（三）早期识字计划

早期识字计划是一项课程开发和培训计划，由博物馆和图书馆服务协会（Institute of Museum and Library Services，IMLS）资助，旨在为纽约市和全国的图书馆员提供基于研究的最佳实践，为他们的早期扫盲计划提供信息。早期识字计划是儿童早期发展与公共图书馆事业联系起来的桥梁。

自该计划启动以来，纽约公共图书馆已经培训了来自 87 个分支机构的 150 名图书馆工作人员，大大增加了早期识字计划的深度和广度。2018 年，纽约公共图书馆工作人员提供了 31000 多个早期识字课程，有 88000 名参与者参加，比 2015 年为家庭、当地学校、儿童保育中心和社区组织提供的早期识字课程数量增加了一倍多。

三、对我国公共图书馆实施数字素养的启示

（一）提供资金保障，加强基础设施建设

美国政府资金支持和政策保障为公共图书馆开展数字素养教育实践提供了有力保障，基础设施的完善有利于数字素养工作开展。2017 年，纽约公共图书馆获得 2000 万美元用于教育计划，这些资金使 NYPL 能够在早期识字、成人识字、数字公平和技术培训等领域建立和扩展其工作。我国也逐渐将数字素养教育纳入顶层设计，并在政策层面给予支持。2017 年，《中华人民共和国公共图书馆法》强调，要加强公共图书馆数字资源及相关设施建设。2021 年 3 月，国务院发布的"十四五"规划纲要明确提出"普及提升公民数字素养"。在社会数字化转型的驱动下，各级政府逐渐意识到公民数字素养提升的重要性，如鼓励社会资金进入公共图书馆，鼓励将图书馆文化作为居民日常生活文化场所予以建设等。

公共图书馆作为资源中心，需要加强建设全面、有效、高质量的数字资源，将数字教育培训资源嵌入智慧社区建设，引进新设备、完善新技术，打造数字素养教育服务站，是建设具有中国特色数字素养提升之路的有效举措之一。从欧美发达国家的发展经验来看，公共图书馆在传统上承载了提升国民媒介素养、信息素养、数字素养的作用，未来还将在综合提升居民素质各方面起到更大的作用。

（二）多方协力合作，构筑教育保障体系

美国公共图书馆的数字素养教育大多是联合官方政府部门、各级公共图书馆、教育管理机构、企业、学校等多个主体开展的，为公众提供教育、就业、健康等多方面服务。以华盛顿州图书馆为例，在数字学习教育方面，与微软公司合作开展微软 IT 学院项目，通过提供在线课程学习帮助华盛顿居民获得行业认可的 Microsoft Office 和 IT 技能和认证。

总之，我国公共图书馆应积极探索与政府、企业、非营利机构、社区和志愿者的资源共享、风险共担、互利共赢的合作机制，通合作推动数字素养教育实践，拓展其服务的深度和广度，构筑坚实的数字素养教育保障体系。

(三) 调整馆员角色，建设智慧图书馆

公共图书馆馆员是数字素养的重要领导者，在数字素养培训中扮演着重要的角色，为用户提供数字素养培训的方式通常是线下面对面，直接和用户接触，在课程教授、知识导航（帮助公众可以在图书馆网络、社区和其他地方找到有用信息）、服务引导、资源介绍、信息检索技能等方面给公众直接帮助。在图书馆之外，图书馆员进入社区帮助公众利用数字信息的变革力量，从而支持其教育就业、创业、赋权和参与数字社会。

在当前的数字时代，公民数字素养提升项目的开展需要图书馆员具备一定的计算机能力及较高的综合素养，并根据用户需求，及时调整服务内容。我国公共图书馆应该及时调整人才结构，为数字素养服务提供人员保障。对现有馆员，应该进行培训。美国公共图书馆馆员不仅需要以讲座、课堂的形式去教授数字知识，甚至还要担任数字导航员的角色进入社区进行一对一教学。相比国外，我国公共图书馆员的功能比较单一，因此需要提升整体的馆员的综合素质，提高图书馆的数字服务能力。

参考文献：

[1] Yoram Eshet – Alkalai. Digital Literacy：A Conceptual Framework for Survival Skills in the Digita Era [J]. Journal of Educational Multimedia and Hypermedia, 2004, 13 (1)：93—106.

[2] American Library Assocaition. digital – literacy [EB/OL]. (2022 – 04 – 28). https：//literacy. ala. org/digital – literacy/.

[3] 丁敬达，黄彩怡，鲁莹. 芝加哥公共图书馆数字包容实践及启示 [J]. 文献与数据学报, 2020, 2 (2).

[4] 杜希林，孙鹏. 我国公共图书馆数字素养教育研究——基于数字时代全民数字素养教育的视角 [J]. 图书馆工作与研究, 2022 (7).

[5] The office for information technology policy digital literacy task force. Digital literacy, libraries and public policy [R]. Chicago：American Library Association, 2013：3.

[6] Public Libraries Association. Digital Literacy Committee [EB/OL]. [2022 – 06 – 05]. https：//www. ala. org/pla/about/people/committees/pla – digilit.

[7] America Library Association. New research highlights libraries'expanded roles [EB/OL]. [2015-10-14]. https：//www. ala. org/news/press-releases/2015/10/new-research-highlights-libraries-expanded-roles.

[8] National Telecommunications and Information Administration. Exploring the Digital Nation：America's Emerging Online Experience [R]. Washington：U. S. Department of Commerce, 2013：vii.

[9] Clark L. After Access：Libraries & Digital Empowerment [R]. Chicago：the American Library Association2015：16.

[10] Public Library Association. PLA and Microsoft Public WiFi Access Micro Grant Program [EB/OL]. [2022-06-04]. https：//www. ala. org/pla/initiatives/public-wifi.

[11] National Telecommunications and Information Administration. Exploring the Digital Nation：America's Emerging Online Experience [R]. Washington：U. S. Department of Commerce, 2013：vii.

[12] Pew Research Center. Libraries at the Crossroads [EB/OL]. [2015-09-15]. http：//www. pewinternet. org/2015/09/15/libraries-at-the-crossroads/.

[13] Alexander B. , Adams Becker, S. , and Cummins M. Digital Literacy：NMC Horizon Project Strategy Brief [R]. Austin, Texas：new media consortium, 2016：7—8.

[14] Digital Inclusion Survey. Digital Literacy [EB/OL]. [2018-01-27]. http：//digitalinclusion. umd. edu/content/digital-literacy-0.

[15] Duke, Lynda M. and Asher, Andrew D. College Libraries and Student Culture：What We Now Know [M]. ALA Editions. Chicago：American Library Association, 2012：12.

[16] 严贝妮, 汪东芳. 信息扶贫视角下美国公共图书馆数字素养教育策略及启示 [J]. 新世纪图书馆, 2019 (4).

[17] Pyatetsky j. Narrowing the Digital Divide：New York Public Library Loans Out Hotspots [EB/OL]. [2015-06-11]. https：//publiclibrariesonline. org/2015/06/narrowing-the-digital-divide-new-york-public-library-loans-out-hotspots/.

[18] PLA. Skilling for Employment Post COVID-19 [EB/OL]. [2018-01-27]. https：//www. ala. org/pla/initiatives/digitalskilling.

[19] NYPL. About the initiative [EB/OL]. [2022-07-18]. https：//nypl. teachable. com/p/about_ the_ initiative.

[20] Philanthropy News Digest. Carnegie Corporation Awards $39. 5 Million in Grants

[EB/OL]. [2017-03-13]. https://philanthropynewsdigest.org/news/ny-public-library-receives-20-million-for-educational-programming.

作者均系浙江传媒学院新闻与传播专业硕士研究生。

反媒介依赖下个体的主体性回归研究
——以豆瓣反技术依赖小组为例

刘梦薇　陈丛玥　王满荣

摘要：在媒介技术愈加更迭的社会，大众对其依赖程度的增加愈加明显。而这种媒介依赖却又让人产生迷茫感和倦怠感，似乎媒介技术已掌控了人们的生活。于是部分人开始衡量媒介技术与人的主体性之间的平衡，试图通过实践去实现主体性的回归。本文以反技术依赖豆瓣小组为研究对象，呈现这一群体的实践模式，为当下媒介技术与人的关系处理提供新的思考；并从媒介素养的角度出发，延展性探讨当下媒介素养应具备的新内涵。

关键词：反媒介依赖；媒介素养；主体性

一、研究背景

从19世纪30年代，大众媒介开始出现，社会在媒介的运用与迭代中逐步展现媒介化状态，媒介影响全面渗透个体的社会生活中，媒介营造出的虚拟世界，影响并指导着个体的社会认知。据CNNIC（第49次《中国互联网络发展状况统计报告》）的调查显示，截至2021年12月我国网民规模达10.32亿，互联网普及率达73%，人均每周上网时长达到28.5小时，互联网已深度融入个体的日常生活中。伴随着媒介化进程的加快，媒介对个体的影响愈发明显与强化，从某种程度上，媒介早已不再是用户个体与社会交流的中介力量，它开始运用特有的呈现与接收逻辑，在信息爆炸的时代下，侵占着个体的社会生活。

1975年，德弗勒与鲍尔-基洛奇在《大众传播学诸论》一书中提出媒介依赖理论，关注媒介、社会、受众三者之间的关系，并提出媒介在其互动期间所起的联动作用。在此时个体对媒介的依赖仍处于常态化，并未呈现出病态化效果，媒介依赖的概念也仅停留于媒介对受众与社会具有重要效用。但伴随着媒介化社会进程的逐步加快，媒介依赖中所蕴含的概念也逐步发展转变。

新媒介依赖，用以指代媒介依赖在移动互联时代的深化与拓展，其间的嬗变轨迹并不局限于媒介的物质形态变化，更为重要的是审视其背后的象征意涵是如何被它们所要诠释的物质形态所形塑的。新媒介依赖症则是基于新媒体而产生的社会病理现象，随着媒介化社会的形成与扩散，人们沉浸在算法不断精确的推送中，沉溺于技术带来的深度便捷与快感中，"低头族""手机焦虑症"等媒介依赖现象，已演变成社会生活中的"常态病症"。新媒介依赖仍旧保留着媒介依赖最初视域中对媒介重要性的肯定，但其对个体乃至社会在媒介使用中的病态行为的强调，也更为突出。

1992年美国媒介素养研究中心将媒介素养定义为：人们在面对不同媒体中各种信息时所表现出的选择能力、质疑能力、理解能力、评估能力、创造和生产能力以及思辨的反应能力，对批判思维的强调被看作是关键能力。然而在媒介化社会中，伴随着新媒介依赖的盛行，批判性的媒介素养要求对成瘾的技术依赖者而言显得较为片面，个体如何挣脱媒介的影响与控制，重新关注自我，寻找自我的主体回归，成为媒介素养视域下急需探讨的新议题。

值得庆幸的是，反思正在进行。豆瓣社群发掘并呈现这一群体性的思考，在"反技术依赖"小组中，以反过度的技术依赖为目标进行群体性的行为实验。由于该小组语境中的"技术"大都用以指代电子设备中的软件或程序，与本研究中所提及的"媒介"有共同语境。由此，本文将以这一豆瓣小组为案例，探讨在媒介化社会中如何通过反媒介依赖实现人的主体性的回归。

二、研究设计

（一）研究对象

豆瓣小组作为豆瓣社群下的群体模式，小组内汇集着持有相同理念与兴趣的成员，成员们通过在小组内部发帖与回帖实现群体内共通意义空间的建构与维护。

2020年，豆瓣用户成立"远离屏幕计划小组"；2021年，成立"反技术依赖小组"。对媒介与技术的使用与思考，早已在各类相关小组内开展并实施。在反技术依赖小组中，成员们宣称小组成立的理念并非是反对所有的技术，而是反对由于过度依赖技术而致使自身能力退化的行为与状态，以及对技术公司的极度依赖而致使自身生活方式或状态的改变等现象。

在反技术依赖小组内部，共设立了三个归类版块——理论探讨，从学术的视角思考技术与人之间的关系；日常观察，从个体的生活出发对反技术依赖展开实践的反思；实践打卡，关注于个体的反技术依赖的实践记录。

（二）研究方法

本研究采用参与式观察、问卷调查与访谈三种研究方法展开，从旁观者与参与者这两种不同的角度介入调查并展开分析。

在参与式观察中，研究小组通过对豆瓣反媒介依赖小组展开了三个月的参与式观察，通过研究小组成员自身的反技术依赖实践，并结合对反技术依赖小组的观察与思考，试图了解并找寻到这一群体行为的动机与实践方式等相关信息。

在问卷调查中，研究小组希望从宏观数据上了解反技术媒介依赖人群的人群分布特征，并浅显地涉及该研究所回答的反媒介依赖原因、反媒介依赖过程中出现的障碍、反媒介依赖的初步成果等，为下一步的访谈做充分准备，挖掘深层次的答案。本次问卷调查收集到有效问卷110份，参与者中00后及90后人群占75%，作为互联网原住民的他们，深感媒介依赖的苦恼；值得注意的是超过60%的人将反媒介依赖的原因归结于外在推动（即生活、工作或学习的迫切需要）；另外通过设计媒介依赖度量表的填写，发现小组内部人群对媒介有深度依赖症状。

在访谈中，研究通过随机抽样，在豆瓣反技术依赖小组共选取6名访谈对象，围绕访谈对象个体的媒介使用情况、反技术依赖情况以及其对小组内部反技术依赖实践的观点三个部分展开。"个体的媒介使用情况"这一部分，主要用以分析访谈对象的媒介信息使用与判断能力，以及其对媒介的依赖程度；"反技术依赖情况"这一部分，主要用以探察访谈对象的反技术依赖实践行为及其在这一过程中对媒介信息的使用、判断、依赖等多方面状态，分析访谈对象的实践行为对其主体性的建构与维护的影响；"对小组内部反技术依赖实践观点"这一部分，主要探察访谈对象对反技术依赖小组的运作机制在成员实行反技术依赖实践过程中作用的认知与判断，探讨群体性的实践活动对人的主体性的影响。

表1 受访者相关信息

豆瓣昵称	性别	年龄	职业	学历	反媒介依赖持续时间
Marks *	女	24岁	待业	本科	一个月
虫*素	女	22岁	设计师	本科	一年
鸣*王	女	24岁	学生	本科	几个星期
勇*子	女	21岁	学生	本科	3个月
滚*	女	23岁	学生	本科	3个月
卡*	男	26岁	学生	硕士	一年

注：本次研究对该豆瓣小组采取随机抽样，又因反技术依赖人群的特性使得样本具有相似性。

（三）研究问题

研究寄希望于通过对反技术依赖小组的分析，了解这一群体的实践动机；探析这类群体如何在日常生活中进行实践，以及实施后所取得的效果；以群体为单位的实践模式，如何展开并促进反技术依赖这一共同目标完成；在群体性的大规模实践模式下，个体如何通过反技术依赖行为获得主体性回归。

（四）研究发现

1. 媒介连接：从上瘾到倦怠

网络赛博空间使得神话成为现实，身处其中的大众分身于线上和线下之间，用"即时在线"的状态去完成社会生活的方方面面。新冠疫情时期，远程办公、网络课程等一系列现象的涌现，无不在预示着线上连接已成为当下的常态。当个体与群体的工作和生活都逐一被放置在逐步完善的线上媒介系统中，依赖媒介的必要性愈发明显且突出。然而这种"超级连接"仿若达摩克利斯之剑，正在给大众清醒自我的警示。

用户感知的媒介时间总是在飞快流逝，却又让人毫无察觉。有学者将媒介戏称为"时间盗贼"，它偷走了用户的时间。更多时候它令人"上瘾"，正处于这一状态下的用户，被媒介与技术所束缚，无法控制自己对手机的"上瘾"行为，而且用户的信息选择能力随着算法推荐的盛行，已被逐渐"被动边缘化"，媒介的连接在"瘾"的加持下，变得频繁且无理性。

浏览豆瓣小组内部常设的日常观察版块可以发现，成员发布的帖子中频繁提到"戒断"这个词。在小组成员口中，媒介频繁且无理性地接入成为一种烦恼，"戒断"成为摆脱烦恼的一种可尝试途径。

"我感觉它有点像虚拟毒品，消耗了我大量时间精力，但是关掉短视频

的那一刻，会发现自己什么也没得到。"——被访者 mark

"最长的时间好像是 13 个小时，我现在感觉一个人沉迷在手机短视频和游戏或者某些 APP 中，就像吸食鸦片一样。"——被访者虫虫

"上瘾"带来的即时性快乐让大众停留媒介时间中，停留越久倦怠感就越强。关于倦怠感的研究，有学者从社交媒体入手，将过载的"量"和感知价值的"质"都作为产生倦怠感的原因。这里暂且将其扩大至媒介的概念，媒介倦怠感也是同样。问卷调查中有 60% 的人将生理及心理倦怠放置在了反媒介依赖归因的第二位，可见倦怠感一词不是毫无依据的。当用户利用媒介时，他们接收到的信息远远超过了自身所需，蜂拥而至的信息、嘈杂发声的评论、同质的算法推荐等让受众对自身管理失控，与此同时他们的关系联结早已超过了邓巴定律，社交亦成为负担。"上瘾"带来的倦怠感表现在生理和心理上，现代人正在拥有众多媒介化病症。

"通过这个媒介，感觉我的工作和生活黏糊在一起，以前是睡前刷短视频放松助眠，后来变成了睡前还在审核工作和观察市场。"——被访者 mark

"因为自己的性格原因想在线上交到朋友，但后来发现线上根本交不到朋友。"——被访者小王

倦怠感的持续出现让部分人开始思考媒介的真正效用，开始了反媒介依赖的实践。反连接的概念跳脱出了反对技术本身的禁锢观念，而是反对作为技术连通性的综合。这里的反连接与该豆瓣小组的反依赖连接有共通之处，即这种反依赖并不是对技术或媒介本身的抵抗，而是对由于技术和媒介的过度依赖而产生的依赖"病症"及引发的倦怠心理的反抗，这点在小组成员的实践过程中便可发现。

3. 身体力行：从个人到群体

反媒介依赖最开始是一个人的实践，慢慢形成了一个群体的行动。个人通过直接卸载软件或物理隔离手机媒介强制自己与依赖感对抗，或者减少碎片化使用时间、寻找替代媒介等方式来向媒介依赖说不。成员们将这种实践叫作"抽离"，从"病态化"的媒介依赖中脱身出来。在面对媒介与技术的前进趋势时，他们的这种反媒介依赖的实践行为是新颖的、小众的，甚至是难以理解的，而组织被寄希望为连接"独行"个体的枢纽，群体内部共通的想法与行为也成为相互扶持与鼓励的动力。

"我的朋友中有些人嘲讽我说，你还活在 20 世纪吗？你连这个都不知道吗？你不看抖音吗？你不上网冲浪吗？不看微博吗？"——被访者虫虫

或许小组成员们加入的动机不同,但他们有共同的目标。问卷调查中有关加入该社群的原因,74%的人群将获取帮助列为第一选择。在该社群中,成员们积极分享自己的反媒介实践行为。现实生活中不被关注的"逆行者",在反媒介依赖小组寻找同类,归属感能够鼓舞人心,也能获得安全感,得到实际帮助。围绕一个关注焦点的社群,使得成员们之间的情感和认知体验更容易产生情感共鸣,这样的共鸣感在小众群体中显得格外珍贵,得以激发小组内部的连锁效应。由此也形成了"浏览别人的帖子——激发自己的认同感——强化反技术依赖观念——指导实践行为"这一系列连锁反应,这样的连锁反应使得整个社群持续强化群体目标。

"我在使用豆瓣之后,开始记录,也得到了一些反馈,比如点赞评论,我就觉得有一群志同道合的人。"——被访者杏子

另外,该社群内部的模块设置也值得探讨。该社群共设置三个版块:一为理论探讨,实践行动需要方法论的指导。理论探讨版块提供了成员间的公共讨论场所,侧重深层思考的内容,或者是与反技术依赖相关的学者访谈,或者是学术论文,又或是成员间的深度交流。可以看到该社群试图从科学理性的角度进行这一实践指导。二为日常观察,这里的对话相对于理论探讨更为随性一些,大多是个人在日常中的一些疑惑和反思,放在这里互相寻找解答者和共鸣者。三为实践打卡,提供一个记录的平台,记录下自己的实践行动。流水式的记录让帖子本身成为载体,透过这个载体,个人本人获得了完成目标成就感同时又能够激励组内成员的打卡。三种不同模式版块的设立,回应了群体内部中、个体间差异化的情感与实践需求,隐晦地划分出群体内部的微型群体,细致却又强化了群体联结,并最终服务于群体目标。

"我觉得实践打卡是一种有效的方法,让我感觉有更多的人监督我。如果不去继续完成,就会让我有一种失败感或者是失落感。"——被访者小王

"我比较喜欢看日常观察,因为是日常生活化的东西,我觉得这些版块设置得很好。"——被访者虫虫

对这种群体交流的模式,也有成员持有不同意见。群体是陪伴式的能量来源,但实践行为本身与个人捆绑,个人的实践行动更为重要。除去群体之外的身份支持外,个人的主体差异性同样是反媒介依赖的重要考虑因素。

"小组内的帖子,我只是偶尔刷一下,我觉得有些是个人性经验,对我们来说不一定适用,而且适用成本高,还是自己的实践最重要。"——被访者杏子

社群内部的版块划分与建立，建构起个体与个体、个体与群体间的联结枢纽，即使联结过程中个体对事物的认知及喜好会在一定程度上影响联结的强弱，但不论强弱与否，联结依旧得以建构，群体性行为与思考也得以产生并运行。

4. 主体回归：从批判到思考

媒介素养在不同层次的时代更迭中，都会有新含义和新视角的融入。有学者以媒介载体为时代区分，总结了媒介素养三个阶段的发展流变，从以批判大众文化为主的"文化素养"到以批判意识形态为主的"视觉素养"，再到以强调培养受众为主的"数字素养"。而当下处于万物皆媒与技术共生的时代，受众的媒介素养也应该顺应时代主题。学者吴飞在谈到有关人的主体性与技术的自主性问题，强调了人的主体性在其中的重要地位。本文认为，在媒介化社会中，伴随着算法、智能推荐等技术的运用，在媒介与技术的接入使用中，如何实现与完善人的主体性的回归，如何通过媒介的使用完成个体主观世界的改造与能力的提升，应当被纳入当下媒介素养的探讨中。

媒介素养视域下的人的主体性回归，不仅需要对媒介技术祛魅，更要在主体性逐渐异化的技术时代提高个体的内在思考。在这里需要提到"奶头乐"理论，即竞争加剧下80%的人群被边缘化，为了避免阶层冲突开始大批量生产"奶头"——让人沉迷的消遣娱乐和充满感官刺激的产品填满人们的生活，令其沉浸在快乐中不知不觉地丧失对现实问题的思考能力。而这种思考能力与批判性思维是有内在联系的，因为有批判性思维，才会产生衡量媒介技术与人之间的度的观念。媒介在控制受众，受众可能在失去他们的物质身体乃至主体意识。媒介让身体失去了存在感，陷入虚幻的世界中。这种"虚幻"继续蔓延至用户的意识世界，先于主体的意识存在于算法推荐和大数据的精准抓取中。这个时候，我们说用户被技术驯化了。也有学者提出在渗透媒介技术的社会中，媒介素养已然上升到了生理需求的维度，即媒介素养成为一项生存的基本系统。生理需求的视角让媒介素养培育中的人本身奠定主导作用，关心媒介使用中的自我观念和需求。

"我觉得算法有它的优点，但是我觉得弊大于利。我想要什么，我就会自己在搜索框搜索什么，然后给我推荐的，我也会看，但是经常看着看着，感觉自己就处于一种无意识的状态。"——被访者虫虫

思考本身被赋予了找寻自我的意义，深陷在媒介技术依赖下的受众通过重新掌握控制权逐步觉醒了。本文在问卷中了解到这类人群通过外在推动开

始反媒介依赖，控制权的掌控大多是从与技术隔离开始的。超过一半的人严格控制使用时间并培养其他兴趣爱好，远离不必要的媒介行为。随后他们自己发现离开技术依赖后自身的更多可能性。一些人说自己变得更有耐心了，一些人说自己开始能深度思考问题了，还有一些人说自己更清醒、更快乐了。能看到的是，在反媒介依赖实践中，参与者更多注重自身，他们寄希望于通过实践，恢复早已依托于媒介输出的意识和能力。

"我发现我现在会把接收到的信息通过大脑加工完成从凌乱到更系统的状态，而且规划自己的时间，能够沉下来深入思考。"——被访者杏子

福柯在《主体解释学》中曾提出生存美学的概念，他提倡"自我技术"，自我技术本来就存在于我们的内心与身体。大众应当发挥自身的力量去谋求生存的完美状态。运用自我的力量把握生活节奏，主动权回归后所带来的成就感让幸福感随之而来。而在观察组内成员帖子和与访谈对象的交谈中，大家也都表示反媒介依赖是长期持续性的，要用实际行动来保持自己在媒介化社会的清醒。

三、研究小结

在人的主体性回归探讨中，本文一直试图从其内向度，即内在的指向自身，探讨在媒介依赖问题凸显的当下，该如何通过反技术依赖实践活动实现人的主体性回归。从这一角度出发，本文似乎将媒介化社会放置于人的主体性发展的对立面。但并不可否认，网络的出现、发展与运用对人的主体性仍具有积极作用。然而伴随着技术的迅猛发展与应用，科技本身所具有的非人性化因素，在不合理的运用下，所产生出的异化致使技术成为压迫主体的异己力量，剥夺了主体的自由，迫使主体丧失主动性。对这一负面作用的认知，也促使了包括本文所选取的研究对象在内的一系列类似群体或个体的反技术实践的开展。

然而伴随着媒介化进程的加快，网络、技术在个体的社会生活中占据重要的位置，已经成为联结个体与社会的重要关系纽带。绝对化的反媒介依赖对于大多数社会参与者而言，不仅是一道难以实现的伪命题，也并不符合媒介素养议题探讨的初心，而在已经展开的反媒介依赖实践中，也依旧存在着诸多难以解决的现实问题。

首先，主动性戒断与被动性使用的关系问题。在反媒介依赖实践中，参与者的实践行为大多具有主动性，然而由于媒介与技术对参与者个体的社会

活动与人际交往具有重要作用，由此参与者的实践活动多会出现媒介被动使用。

其次，长期性持续与间歇性失控的关系问题。受访者及问卷调查者中的多数人表示自己有过"失控"行为。对于反媒介依赖的参与者而言，保持长期且可持续的反依赖实践活动是这类人群共通的目标，但基于各类现实困境与个体的意志因素，媒介依赖依旧间歇性呈现。

不论是主动性戒断与被动性使用，又或是长期性持续与间歇性失控，反媒介依赖在实践行为中浮现出的个体与个体、个体与社会间的意志与选择关系，并由此使得参与者个体的主体性在内外因素的桎梏中削弱。但诚如上文所言，绝对化的反媒介依赖并不适用于当下。由此，如何在相对化的反依赖下重新发挥人的主体性、实现主体性的回归，如何在实现人的主体性回归时完善与提升个体的媒介素养，这些都仍是需要进一步思考的问题。而诸如此类的反媒介依赖实践，也不失为在媒介化社会下被技术裹挟着的人群的一种新尝试。

参考文献：

[1] 孟建，赵元珂. 媒介融合：黏聚并造就新型的媒介化社会 [J]. 国际新闻界，2006（7）.

[2] 中国互联网信息中心. 第49次《中国互联网络发展状况统计报告》[EB/OL].（2022 – 02 – 25）. http：//www. cnnic. net. cn/hlwfzyj/hlwxzbg/hlwtjbg/202202/t20220225_ 71727. html.

[3] 梅尔文·德弗勒，桑德拉·鲍尔. 大众传播学诸论 [M]. 北京：新华出版社，1990.

[4] 李慧，周雨，李谨如. 用户正在逃离社交媒体？——基于感知价值的社交媒体倦怠影响因素研究 [J]. 国际新闻界，2021，43（12）.

[5] Hesselberth, P. Discourses on disconnectivity and the right to disconnect [J]. New Media & Society. 2018, 20（5）：1994 – 2010.

[6] 钱姣姣，郝永华. 互动仪式链视角下虚拟社群的情感能量研究——以三个豆瓣购物组为例 [J]. 新媒体研究，2021，7（14）.

[7] 汤书昆，孙文彬. "媒介素养"演变的历史与文化探析 [J]. 东南传播，2009（1）.

[8] 吴飞. 新闻传播研究的未来面向：人的主体性与技术的自主性 [J]. 社会科学战线，2017（1）.

[9] 鲍德里亚. 生产之镜 [M]. 仰海峰, 译. 北京: 中央编译出版社, 2005.

[10] 李岭涛, 张祎. 数字时代媒介素养的演进与升维 [J]. 当代传播, 2022 (2).

[11] 米歇尔·福柯. 自我技术: 福柯文选Ⅲ [M]. 汪民安, 译. 北京: 北京大学出版社, 2015.

[12] 饶文靖. 谈网络传播的主体性问题 [J]. 当代传播, 2001, (6).

作者刘梦薇、陈丛玥系浙江传媒学院新闻与传播专业硕士研究生；王满荣系浙江传媒学院马克思主义学院副教授、硕士生导师。

数字美颜：数字素养背景下自我形象的建构与管理

刘秀彬　杜正文　陈婉婷　张艾末

摘要： 伴随着"云端交往"和"图像景观"日益流行的趋势，图片、视频等日益成为人们网络社交的重要互动介质，数字美颜涌入人们的日常生活，并影响和重塑人们的社会交往方式和生活方式。本文从印象管理理论视角出发，尝试剖析数字美颜在图像修辞时代个体对自我形象建构管理的心理机制以及审美霸权钳制背后隐藏的数字素养问题，以期寻找引领社会大众走出自我勾勒的容貌乌托邦幻想和探索数字美颜在数字素养背景下的积极价值。

关键词： 数字美颜；印象管理；形象建构；数字素养

一、引言

伴随数字时代的到来和社交媒体的崛起，"交往在云端"成为数字时代人际社交的主要形式之一，以图文结合的文本叙事形式将自己的照片发布于朋友圈、微博等社交媒体平台已然成为人们网络交往的主要方式。美颜社交催生了数字美颜技术的进步和发展，并逐渐渗透社会活动的不同层面。数字美颜"成果"的云端呈现成为社会交往的重要介质之一，影响和重塑人们的社会交往方式和生活方式。另外，数字时代的发展亟须人们具备良好的数字能力，数字美颜作为人们在数字时代进行图像交流的技术辅助工具，数字素养水平在一定程度上影响着个体卷入数字美颜改造的深度和承受审美霸权钳制的程度。"爱美之心，人皆有之。"尤其随着小脸蛋、大眼睛、高鼻梁等大众审美认知的泛化，"美丽"变得模板化，数字美颜成为图像修辞时代下人们缓解容貌焦虑和"美丽"呈现的有力武器，在满足受众自我修饰、自我满足的同时，伴随而来的是美颜依赖和美颜"欺骗"等问题的出现，如乔碧萝事件、美女主播"见光死"等。令人诧异的是，人们并未因此产生对数字美颜技术的规避，反而越发受制于审美霸权的钳制，在美颜社交空间中乐此不疲地进行着自我形象的理想建构。数字美颜造就了完美的形象景观，人们运用数字美颜技术建构完美自我，以数字形象在网络世界中进行社会交往，但在广泛使用的背后，个体行为动机的心理机制和审美霸权钳制背后的数字素养问题也越发值得人们深讨。

基于以上思考，本文将尝试剖析人们使用数字美颜技术背后的行为动机，探讨个体在图像修辞时代下对自我形象建构管理的心理机制和审美霸权钳制背后隐藏的数字素养问题。

二、理论概述

（一）数字赋权下自我形象的技术建构

尼古拉斯·米尔佐夫（Nicholas Mirzoeff）说："你的身体不是它自己。而且我的也不是。它正处在医药、运动、营养、减脂、卡路里计算这些后现代控制论力量的围攻之下。"事实上，在一个数字技术重构视觉对象、视觉经验和视觉感知的时代，这个观点完全可以作进一步延伸："你的形象不是它自己，而且，我的也不是。它正处在智能识别、像素计算、数字修辞、电子场景再造等新媒体技术控制力量的围攻之下。"数字时代下，人们对自我形象的呈现变得更加重视，尤其数字美颜技术的出现和发展满足了人们通过技术自我勾勒容貌乌托邦的幻想。通过数字美颜技术下自我形象的创作，可以对自我容貌符号（例如五官特征的美图修饰等）、身体符号（例如身材比例的调整美化等）等进行自我形象的建构，甚至重构。从掏出手机构思取景、摆好姿势开始拍照，到保存照片通过数字美颜技术对自我形象进行后期建构或重构，直至配上主题文案分享到朋友圈、微博等社交媒体平台，整个过程一气呵成，也构成了美图式社交自我展演的标准流程。对此，笔者构建了当下人们从"拍摄——数字美颜——社交分享"整个美图式社交自我展演的标准流程（见图1）。在整个标准流程的生产和行进过程中，个体完成了对自我形象的建构和管理，美颜软件的出现使得所有形态要素只要动动手指就能轻而易举地被改变，让照片中的样子不断接近使用者心中完美的状态，这项技术成为了人人手中的魔杖，为每个镜头记录下的时刻点亮属于他们的"美丽魔法"。

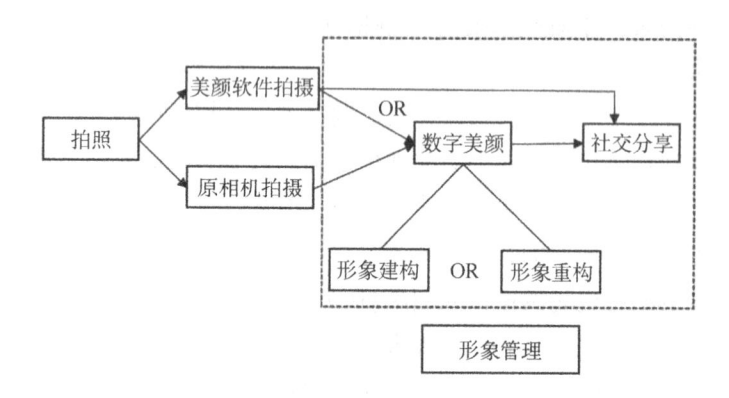

图1 美图式社交自我展演的标准流程

人们仿佛拥有了主宰自我形象的绝对权利，但从本质上来看，其实质是人们的真实形象逐渐让位于数字建构的形象，是在数字技术操纵下的"视觉幻象"。伴随着这种对形象技术建构的现象逐渐泛化所带来的，是越发受制于审美霸权的钳制，越来越认同由数字改造而呈现的视觉幻象，甚至逐渐演化成为大众对形象审美的评价标准。

（二）"云端社交"下自我呈现的印象管理

"印象管理"又称为印象整饰，是由美国社会学家欧文·戈夫曼提出的。欧文·戈夫曼在他的著作《日常生活中的自我表演》中提出："人们日常的社会交往就像戏剧舞台上的表演，在社会交往中每个人都在尽力保持与当前社会情境相吻合的形象，确保他人对其做出愉快的评价。"印象管理的过程通常包括两个阶段：一是形成印象管理的动机，二是进行印象建构。印象管理的动机是指人们想操纵和控制自己在他人心目中印象的意愿程度；印象建构是指个体有意识地选择要传达的印象类型以及决定如何去做的过程。

社交媒体崛起成为受众自我呈现的舞台，也是受众数字美颜"成果"展现的主要舞台。数字技术的发展建构了人们人际交往的新模式，"交往在云端"成为数字时代人际社交的主要形式之一，数字美颜"成果"的云端呈现成为人与人之间社交交往的介质之一。在"云端社交"的数字时代下，人们在使用数字美颜技术背后的行为动机与人们的自我形象建构和管理的心态之间存在相互影响。同时，数字美颜作为人们在数字时代进行图像交流的技术辅助工具，数字素养水平在一定程度上影响着个体卷入数字美颜改造的深度和承受审美霸权钳制的程度。剖析个体自我形象数字建构管理的行为动机以及个体的美图素养在行为运作中起到的作用是解决本文问题探讨的关键。

综上所述，笔者认为社会学家欧文·戈夫曼提出的印象管理理论可以用于本次研究，本文将通过半结构式访谈的研究方法，探讨个体在图像修辞时代下对自我形象建构和管理的心理机制以及个体数字素养在其中起到的作用。

三、研究对象和研究方法

（一）研究对象

据艾瑞咨询《2020年中国美颜拍摄类APP用户营销价值洞察报告》，截至2019年12月，美颜拍摄类APP月活跃用户数达到近3亿，APP渗透率为20.3%，用户规模不断扩大。其中，在用户画像分析中女性占比88.8%，年龄16—30岁的群体为最主要活跃用户，占比为53.2%。因此，本研究将以青年（参考中国共青团的界定为14—28周岁）群体作为研究对象。由于该群体既是美颜软件的高频使用群体，又覆盖了中学、大学、步入社会的新生群体等，在年龄上处于思维活跃发展时期，对新鲜事物、新生技术的接受能力强，价值观多元化，同时该年龄群体属于分享欲旺盛人群，对社交媒体的使用、更新、分享能力强。因此，选取青年群体作为研究对象具有一定的代表性。

（二）研究方法

此次研究将采取深度访谈的研究方法进行，针对不同的访谈对象来具体设置访谈问题，进行选择性提问。访谈问题主要涉及以下部分：首先是受访者的基本信息，包括年龄、职业、受教育程度等；其次是受访者的美图软件使用情况，具体问题包括使用"美图软件的使用时长""使用频率""对软件的功能了解"等；再者是受访者在社交媒体中的印象管理行为，主要问题包括"所呈现图文内容的修图程度""所发布内容的分组差异化""图文内容的点赞评论数"以及"观察研究对象的朋友圈呈现情况"等；最后是受访者数字素养对美颜创作的影响，具体问题包括"对美颜依赖和欺骗的看法""数字创作的尺度""数字形象的识别"等。

通过前期招募，筛选掉不使用美图软件或使用美图软件较不频繁、年龄不在青年群体范围内的对象，本次研究共募集了10位研究对象。在10位受访者中，其中有2位男性，8位女性。具体情况见表2。

表2 受访者信息一览表

编码	性别	年龄	受教育程度	职业	美颜类软件使用频率	常用的美颜软件
M	女	26	本科	行政专员	频繁	美图秀秀、轻颜
S	女	27	本科	电商运营专员	较频繁	轻颜、无他
H	女	23	在读硕士研究生	学生	频繁	美颜相机、facetune
L	女	24	大专	幼师	较频繁	美图秀秀、醒图
X	女	23	在读硕士研究生	学生	一般	醒图和天天P图
E	女	17	高中	学生	一般	美图秀秀、facetune
I	女	25	大专	游戏运营专员	较频繁	醒图、美图秀秀
B	女	21	本科	在读本科生	频繁	美图秀秀、无他
Z	男	25	本科	自由职业	一般	美图秀秀、lightroom
C	男	20	本科	学生	一般	醒图

四、读图时代"理想自我"的建构与管理

在本研究中，对"数字美颜"的定义是指人们能够通过图像编辑类的电脑软件或智能手机APP对电子照片或视频中的人物形象进行主观意义上美化处理的行为。在访谈中，访谈对象多数认为目前市面上的美颜类软件都能满足自己基本的"美图"需求，使用数字美颜的心理动机主要是出于对自我形象的建构或重构，希望通过技术弥补自己容貌上的不完美或缺陷。"云端交往"决定了人与人之间的交流沟通在一定程度上需依赖图片、声音、视频等介质进行互动，不同于现实社交的"面对面"式，隔着虚拟网络"屏障"的"云端社交"使人们具备了修饰自我的优越条件，在自我"优化"的心理作祟下更加强化了人们自我美化的心理诉求。但同时人们也面临着需要把这层"美化滤镜"管理好的问题，以防"云端自我"呈现中的差异化。因此，对自我形象"云端管理"出现了理想自我的建构和社交印象规范化和区间化管理的样态。

（一）趋同化审美下催生的"逐美"动机

当今社会对美的定义和判断逐渐趋同化，瓜子脸、高鼻梁、大眼睛逐渐成为"颜值高"的代名词，如此获得"一致认可"的美丽标准正是让美图

技术能够简单地满足受众对美的追求的原因之一。通过对各类美图软件的分析可见，基本的美图功能都包括滤镜添加、美图美妆（添加妆容，如眼妆、口红等）、五官调整（放大眼睛、缩额头等五官调整工具）、细节处理（磨皮、祛斑、遮瑕等工具）等。在美颜技术的作用下，标准化、模板化的"趋同形象"得到轻易复刻，轻松地满足了人们的"美丽追求"。"操作简单，满足了自己的P图需求。（L）""功能很全，一般用来用去就那几个功能，P自己P得多，一打开就知道要P哪里。（B）"另外，随着整容整形技术的发展，给予了许多五官外貌先天条件不优越的群体机会去改变，但相对于这种高风险高成本的方式而言，数字美颜是一条成本和技术门槛最低的途径，大部分受访者均表示美颜在一定程度上弥补了自身形象上的不完美，成就了自我形象的"理想追求"。"我额头上有个小时候留下来的疤痕，寻求了很多方法都弄不掉，所以P图我是一定会把这里弄掉的，也算是换一种方式满足了自己心理需求吧。（T）""我发际线特别高但暂时没有经济条件植发，P图会习惯性地弄发际线。（M）""我脸比较大，又没胆子去削骨，美图瘦脸功能轻轻松松就能搞定了。（L）"

由此可见，现代社会趋同化的审美潮流在一定程度上引起了人们的"容貌焦虑"，数字美颜技术使人们拥有了自我掌控的权利扩张，但也在一定程度上加剧了人们的焦虑心态，它以渗透的方式潜入人们的生活，逐渐钳制人们对"美丽"的定义。数字美颜的简单操作赋予了人们更多自我建构的机会，也在一定程度上满足了人们追求美丽的趋同动机。

（二）规范化管理自我勾勒的容貌乌托邦

人们在沉浸于数字美颜的技术建构时，"现实我"的形象瑕疵被技术直接掩盖，个体认知的理想化感官得以在数字技术中完美呈现，高颜值包装后的"理想我"成为数字美颜下的身体符号实践。同时在这个过程中，人们也逐渐形成自我建构的个人标准，由此个体能够清晰认知到自我期望呈现的图像景观以及需要数字美颜技术所弥补的形象符号，在对自我形象建构过程中能够精准地把握自我形象符号的建构逻辑，人们仿佛自动生成了一套为自己量身定制的"美颜准则"，然后条件反射性地遵循着这一套准则对自我形象进行技术化建构。"功能很全，一般用来用去就那几个功能，P自己P得多，一打开就知道要P哪里。（B）""P图第一时间P额头，都成条件反射了。（M）""每次都是那一套操作，我觉得这都流程化了。（S）""修图有时候就像流水线作业的感觉。（H）"另外，在社交平台这个自我呈现的舞台上，人们为了保持经过符号修饰自我的形象在"云端呈现"中的一致性和稳定性，会有意识地进行自我呈现的规范化。"要保持每条朋友圈呈现的风格和感觉是一样的，不然自己感觉也不自在。（T）""有时候一条朋友圈发很多张图，会怕每张图P出来不一样。（L）""我公开在社交平台上的照片风格和感觉都是很统一的，自己会下意识地这样做。（M）"由此可见，人们在对自我勾勒容貌乌托邦的过程中会遵循自我制定的呈现准则进行规范化、统一性的形象管理和"运营"，以维持个人在自我搭建的"表演舞台"中的稳定人设。

（三）区间化管理自我搭建的理想桃花源

社交媒体的广泛使用给用户提供了丰富而灵活的自我呈现机会，同时社交媒体平台也为用户打开一扇"选择性自我展示"的窗口。受众在社交媒体平台中的印象管理行为同时存在着区间壁垒，针对朋友圈不同的分组呈现出不同的印象管理，受众往往会根据分组好友的强弱关系性质、类型进行分组印象管理，有选择性地向不同"观众"呈现自我，"何人能看"成为社交平台尤其是微信朋友圈中的鲜明特质。"我朋友圈是有分组的，比如和同学偷偷去玩的一些动态会屏蔽我爸爸妈妈和姐姐。（E）""我大部分的朋友圈都只仅分组好友可见，会习惯性屏蔽同事和家人。（M）""工作相关会设置同事可见；生活照的话全部可见。（T）"可见，呈现对象与个体的社会关系、关系性质等会极大地影响人们自我呈现的区间化管理动机和行为，"有选择性的自我呈现"在一定程度上满足了受众对自我与他人社会交往和关系维系的需求。另外，数字时代的"社交关系的数字化连接"让社交"场景化"的重要性提升，社交媒体中依托于不同语境的自我呈现愈发频繁的同时，也使得"语境崩溃"的风险大大提升。"语境崩溃"这一概念最早由传播学者博伊德借鉴戈夫曼与梅罗维茨的相关理论提出，博伊德将其阐释为"社交媒体技术将原本异质化的不同受众混到了同一个语境中，导致人们无法再用线下对话中管理多重身份的技巧来处理线上的交往的现象"。区间化成为有效的管理举措。"屏蔽同事，我上班都是不化妆的，跟朋友圈里的形象多少有点出入，朋友圈是精致女孩，上班时就是比较朴素的形象。（M）""会把公司领导、同事全部分组屏蔽，因为想保持自己在工作上比较稳重的感觉。（S）"此外，人们还可能会根据对社交对象对呈现内容可能做出的反应和评价，向不同的对象传递不同的信息，展示不同的自我形象。"有一些敏感内容不合适给长辈或老师可见，觉得可能产生不好的评价，会直接屏蔽掉他们。（X）""有些人比较毒舌就不想被他们看到我的动态。（D）"由此可见，人们在社交平台中的个人ID下，会遵循自我制定的呈现准则对自我搭建的理想"桃花源"进行区间化的管理，以达成自我形象的理想呈现以及避免"云端交往"过程中语境崩溃、负面评价等现象的出现。

五、审美钳制背后数字素养的作用

数字素养诞生于数字时代，数字美颜作为人们在数字时代进行图像交流的技术辅助工具，数字素养水平在一定程度上影响着个体卷入数字美颜改造的深度和承受审美霸权钳制的程度。数字美颜技术的运用在一定程度上体现了个体对媒介技术的使用能力和数字信息的创造能力，在审美趋同化的笼罩下，人们为获得价值认同开始"数字改造"。但在访谈中，多数访谈对象表示因为对数字美颜的熟练使用提高了自己的图像识别能力，因此自我创作美颜成果间接形成一定程度上的自我约束性。

（一）"价值认同"驱动下的创造与"改造"

创造与分享是评估个体数字素养能力水平的重要维度之一，人们利用数字美颜技术进行图像修辞并在网络中发布也是数字创造与分享的一种表现，但在审美单一化和容貌焦虑泛化的影响下，标准化、模板化的"价值认同"使数字创造在一定程度上变成了数字"改造"，颠覆了数字素养原有的内涵。"美图"是人们"交往在云端"的互动介质之一，社交平台是自我仪式化展示的平台，人们开始有意识地在个人ID下打造自我定制化的内容，力求打造自己所期望的人设形象。"有时候会P图过度，自己也觉得不像自己。（M）""如果分享的平台没什么认识的朋友，修图就会比较过度。（T）"同时，受众在社交媒体分享自己数字美颜后的图像后得到了他人的认可和赞美的同时，往往也获得了心理的满足感和认同感，从而期待下一次"改造"。"会非常开心，如果没人点赞还会觉得怎么那么少赞。（T）""会很满足，然后会很有动力下一次继续分享。（X）""不但开心，我还会把这条朋友圈反复看很多遍。（S）""点赞和正面的评论会增强我的分享欲望。（E）"相反，如果人们没有在网络呈现中获得预期的"价值认同"或被第三者进行否定（如指出过度P图、不像本人等）时，还会产生失落、挫败等消极情绪和消极行为。"会很不开心，我还会删掉那个人。（H）""我有时候遇到这种情况会删掉重新P好，然后再重新发一条。（M）"这种趋"好"避"坏"的心理驱使人们期望在社交平台中获得赞美和认可，实现了自我的"价值认同"。在这种心理机制的驱动下，人们逐渐在数字美颜技术的钳制下开始乐此不疲地进行自我形象的"改造",勾画理想状态的自我,在社交平台中"经营"理想状态的自我,以期在虚拟世界中获得自己心理预期中的"价值认同",而这种"价值认同"也在潜移默化中加重了个体的"数字改造"程度。

(二) 图像修辞影响下养成的数字识别能力

在数字时代"云端交往"和"图像景观"日益流行的趋势下,图片、视频是人们网络社交的重要互动介质,而数字美颜技术作为人们进行图像修辞的技术辅助工具具备了简单移动、操作轻便等特点,使用户能够轻松熟练地掌握运用这项图像"改造"工具,但也因此,熟悉掌握数字美颜技巧的用户能够精准地识别图像信息的创作痕迹,从而分辨及判断图像信息的真伪性。"P得多了就摸清了美图的一些常规套路,一般图片修了哪些地方大部分都能看出来。(T)""网络上很多恶搞图片一眼就能看出来假的,因为自己熟悉修图工具,所以比较了解图片是不是合成的或者怎么修的。(X)"另外,数字美颜用户能够清晰识别图像修辞背后的创作逻辑,对他者在社交舞台中呈现的数字美颜成果拥有基本的自我判断能力,甚至在创作和分享图像信息的过程中通过识别和学习不同的图像修辞手法,然后作用于自己的数字美颜创作中。"看到好看的滤镜会跟朋友互相分享。(N)""在修图或者看别人的图像作品中会学习或者借鉴好看的拍摄构图和修图手法。(C)""看到朋友分享好看的风格照会借鉴,然后会学习模仿类似的滤镜风格。(M)"可见,人们在熟悉运用数字美颜技术的同时潜移默化地习得了图像修辞背后的常规创作逻辑,在一定程度上提高了个体的数字识别能力和学习能力。

(三) 数字素养心理下驱使的自我约束心理

数字时代的到来要求人们亟须具备良好的数字素养水平,良好的数字素养水平能够在一定程度上对个体在数字空间中的言行举止起到约束和指导作用,在高数字素养水平的支配下,能有效控制和避免个体网络偏差行为的发生。数字美颜技术在满足受众自我形象理想建构的同时,也使得其越发受制于审美霸权的钳制,伴随而来的是美颜依赖和美颜"欺骗"等问题的出现。受众虽并未因此而产生对数字美颜技术的规避,但已有许多受众认识到数字美颜造就的完美形象景观的易崩塌性,在个体素养和自我认知的支配下,形成了自我约束的心理,有意识地把握数字形象创作和呈现的尺度。"不会过度P图,还是要像自己才行。(H)""我看到网上很多'换头式'的修图,那样太夸张太假了。(T)""完全不像自己那就是网络诈骗了。(M)"另外,朋友圈作为"强关系社交联结"的数字形象呈现舞台,语境崩溃的风险也大大提升，个体即使已经为了避免发生语境崩塌的影响对数字形象的呈现进行区间化管理，但同时也会因此而约束自我的数字形象创作行为，"分享在朋友圈的图片会格外的注意修图尺度。(S)"可见，数字素养水平的高低在一定程度上会影响个体卷入数字美颜的深度，调节个体数字形象创作的尺度。

六、关于数字美颜形象建构和管理的思考

（一）提高自我认知，厘清非虚非实间的自我界限

数字美颜技术为人们提供了一种构成既非完全现实，但也并非完全虚拟的形象状态的机会。经过数字美颜技术进行修饰并在社交媒体上展现出来的面孔，被认为是既非真实的脸，亦非对真实脸的摹写，而是一种仅为满足自身的快感而存在的、纯粹的符号拼贴。这不仅可能提升人们的存在感，也在一定意义上帮助人们描绘出心中"理想自我"和"理想生活"的幻象。对于跟随互联网发展而成长起来的青年群体，在其自我认知与自我呈现容易被环境和行为影响的阶段，要明确认识到数字美颜技术的双面性，这既是一种建构，也是一种摧毁，适当的形象技术建构可以满足对"理想我"的追逐，但过度的数字美颜使用和依赖行为可能导致人们对自我形象认知的错位，造成"现实自我"与"理想自我"的混淆。在使用数字美颜过程中，应该明确自我，对自我有一个清醒的认识，杜绝沉溺于在虚拟社会中打造一个完美的自我和过度关注自我理想形象的建构和管理，提高自我自信心，厘清"现实自我"与"理想自我"、非虚非实间的自我界限，防止迷失在自我勾勒的容貌乌托邦幻想中。

（二）有度管理，平衡线下线上自我呈现的尺度

在数字化交往的当下，社交媒体平台成为自我展示的重要窗口，人们在其中肆意浏览和传播着彼此感兴趣的内容，也在其中不断创建着新的交往关系，社交媒体中的印象管理行为是数字交往时代的特征之一，人们往往希望向他人呈现自我最好、最让人喜欢的一面。网络社会虽赋予了人们选择呈现的权利，但是在以微信为代表的强社交关系网络中，个人的线下行为也能在很大程度影响个人线上的印象管理。新媒体带来的情景消解，使得过去的那种"在不同场合扮演不同角色"的情况不复存在。因此，我们需要在新的社会环境下重新评估自身行为的可接受程度，寻找"前台"与"后台"的平衡点，注意把握和平衡线上自我呈现与线下自我呈现的尺度。不过度P图、不过度呈现，规范自己的呈现方式，明确社交平台中呈现的情境规则和

自身角色，要学会察觉、沟通他人的角色和计划，并且及时为自身的呈现创造可验证的有利情境和线索，同时也要也要尊重他人自我呈现动机和方式，接纳对方建构的身份和角色，形成良好的互动。这样，在进行社交网络的自我呈现时，就能更好地实现自我印象管理的目标。

（三）提升"美图素养"，合理使用自我呈现技术

凯文·凯利（Kevin Kelly）在《必然》中提出"屏读"的概念，即今天的人们已经成为"屏幕之民"，创造他们的内容，建构自己的真相。青年群体作为"屏幕之民"和数字美颜工具的活跃群体，合理、规范使用美颜类软件，形成良好的"美图素养"越发重要。在心理层面，提高自信心，杜绝容貌焦虑，形成良好的认知心态，与其通过依赖美图技术改变自我形象在虚拟社交中获得关注和成就感，更应回归现实注重内在的提升；在媒介技术使用层面，要不断提高数字素养，尤其要注重数字素养中创造与分享维度能力和素养的提升，树立正确的媒介使用观，合理地使用美颜类软件和社交媒体，形成恰当的自我呈现方式。另外，在数字美颜类软件规范方面，美颜类 APP 在推出各种美颜教程的同时，可以相应推出与之相呼应的"美图素养"科普教程，引导用户合理、合适地使用数字美颜技术，适当、适宜地进行自我形象的"美丽创作"。

七、结语

具有一定赋权能力的数字美颜作为"云端交往"和"图像景观"日益流行趋势下人们改变图片、视频等互动介质的技术工具，在一定程度上满足了受众在图像修辞时代下对自我形象建构和管理的动机。在摆脱审美霸权钳制和理想自我呈现的心理动机下，人们沉迷于"云端社交"中自我勾勒的乌托邦幻想，看似拥有了主宰自我形象的绝对权利，但实质是人们的真实形象逐渐让位于数字建构的形象，是在数字技术操纵下的"视觉幻象"。数字美颜下人们的自我认知和自我呈现发生了变化，就个体而言，提高自我认知、把握好自我呈现尺度、提升"美图素养"，合理使用自我呈现技术变得越发重要。另外还需要平台共同努力，共同探寻数字美颜在图像修辞时代的积极价值。

参考文献：

[1] 尼古拉斯·米尔佐夫. 身体图景：艺术、现代性与理想形体 [M]. 萧易，译. 重庆：重庆大学出版社，2018.

[2] 刘丹凌. 形象的焦虑：数字美颜、自我物化与后人类剧目 [J]. 西北师大学报（社会科学版），2019，56（4）.

[3] 姜晗晗. 基于三重自我建构理论的大学生自我认同研究 [D]. 广州：暨南大学，2020.

[4] 朱艳艳，孙安琪，叶一霏，昌天一. 分析大学生自拍使用美颜滤镜的社会行为——基于印象管理理论 [J]. 传媒论坛，2021，4（2）.

[5] 中国美颜拍摄类 APP 用户营销价值洞察报告，2020 年 [C] // 艾瑞咨询系列研究报告（2020 年第 4 期），2020.

[6] 吕行，金忻淳. "何人可见"与"何时可见"：双重语境崩溃下社交媒体用户的自我呈现管理——一项对于微信朋友圈可见性控制的考察 [J]. 新媒体研究，2021，7（18）.

[7] 战迪. 如何塑造我们的面孔——"脸性社会"的媒介文化批判 [J]. 文艺研究，2019（12）.

[8] 彭兰. 美图中的幻象与自我 [J]. 现代传播（中国传媒大学学报），2018，40（12）.

[9] 吴晨露. 新媒体时代下社交网络中的自我印象管理——基于微信朋友圈"运动打卡"现象的研究 [J]. 传播力研究，2019，3（23）.

[10] 高溢钒，韩宇新，蔺芳苑. 美颜功能下青年群体的自我认知和自我呈现 [J]. 数字通信世界，2020（11）.

作者系浙江传媒学院新闻与传播专业硕士研究生。杜正文、陈婉婷、张艾末系浙江传媒学院新闻与传播学院数字媒体与智能传播方向硕士研究生。

"真"情假意：短视频平台"网瘾老年"的情感依恋分析
——以抖音平台为例

瞿叶清　李知博　舒　眉

摘要： 随着数字化生存的常态化，"银发群体"在逐渐适应新的媒介与媒介环境的同时，也不可避免地陷入一些现实困境。部分银发群体将情感过多投射至以短视频为代表的虚拟幻境之中，在过度的网络使用下成为"网瘾老年"。"网瘾老年"沉溺于短视频带来的满足的同时也进一步疏远了其在现实生活中的正常人际交往。文章选择具有代表性的短视频平台抖音为研究对象，结合资料进行问题分析，并进一步思考相关治理措施。

关键词：短视频；银发群体；网瘾老年；情感依恋

一、引言

新冠疫情的余波犹存，经济、文化、政治、教育等各个层面的活动均被这场全球性的公共卫生危机所干扰，公众也普遍处于焦虑、恐慌心理之中。学者卡普兰将"心理危机"的产生归因于个体对于重大问题或变化的失控状态，当自身与环境难以协调时，内心的平衡就会被打破。作为一种能够迅速、生动、高效获取并传播信息兼具社交属性的传播媒介，短视频也一跃成为隔离在家中的人们排解负面情绪的重要渠道。同时，出于防疫知识科普、信息传播等需要，以《人民日报》、新华社为代表的主流媒体也积极布局短视频赛道，进一步推动疫情期间的短视频发展。

一方面，是出于适应社会发展的信息获取需求，社会各阶层对于信息获取的需求更是呈现指数式增加；另一方面，短视频平台内容碎片化、娱乐性、强社交性、高互动性等特征也能够满足老年群体的需求，不少银发群体会通过在抖音、快手等短视频平台上剪辑、发布带有个人形象的短视频来进行娱乐和社交，短视频已经成为银发群体进入网络社会的"重要渠道"。

二、"网瘾老年"及其情感依恋现象

QuestMobile 数据显示，截止到 2021 年 10 月，50 岁以上移动网民月活用户已经达到 2.51 亿，同比增长了 19.3%，月人均使用时长达到 143.9 小时，同比增长 6.3%。根据第 49 次 CNNIC 报告显示，截止到 2021 年 12 月，我国 60 岁以上老年网民规模达 1.19 亿，占整体网民的比例达 11.5%，互联网普惠率达 43.2%。互联网适老化改造行动正在加速推动银发群体融入网络社会。与此同时，银发群体的"网络沉迷"现象也随着数字化生活的普及而逐渐显现。根据《2020 老年人互联网生活报告》显示，部分老人每日上网时间超过 10 小时，这部分重度依赖网络，将除日常生活外的所有时间都耗费在网络上的老人被称为"网瘾老年"。

依恋理论将个体与特定对象缔结情感纽带、构建亲密关系以及产生依恋行为的基本特征进行归纳，认为与某对象情感依恋的状态会影响个体的情绪稳定性与心理健康程度。鲁晓静和郭瞻予认为，可以从情感角度和认知角度将成人的依恋划分为两类，前者强调个体与他人稳定的情感联结。因此，从依恋理论视角出发，银发群体对短视频的沉迷可以视作其对现实生活中人际依恋受阻的替代与补偿，进而从"人—人"的依恋关系发展至"人—物"抑或是"人—虚拟形象"的依恋关系。

三、"网瘾老年"：从"数字鸿沟"到"数字沉迷"

（一）"数字鸿沟"：数字难民的现实困境

数字鸿沟的话题一直经久不衰，不同于以 Z 世代为代表的"数字原住民"，由于知识素养、媒介介入障碍以及其他主客观因素的影响，老年群体逐渐成为在数字洪流中被落下的"数字难民"。尤其是在疫情时期，健康码、行程卡以及封控期间的社区团购、核酸检测、报告查询等事宜均需要使用者具备一定的媒介素养，而银发群体对新媒介的适应及学习速度较慢，部分老人还伴有对新媒介使用的"畏惧"心理，加剧了"数字难民"现实生活的困难。媒介技术的迭代以及数字生存环境的加速建构加剧着整个社会的信息快速流通，媒介满足的便利无法普惠所有群体，反而成为导致"数字难民"不平等媒介地位的诱因，使得这一群体成为媒介化洪流中的"弱势者"。

（二）"数字沉迷"：银发群体的情感转移

根据 QuestMobile2021 银发经济洞察报告统计，50 岁以上移动网民用户规模快速增长，平均每天用网 4 个多小时，网络使用程度稳步加深，并逐渐成为数字化发展中的重要群体。

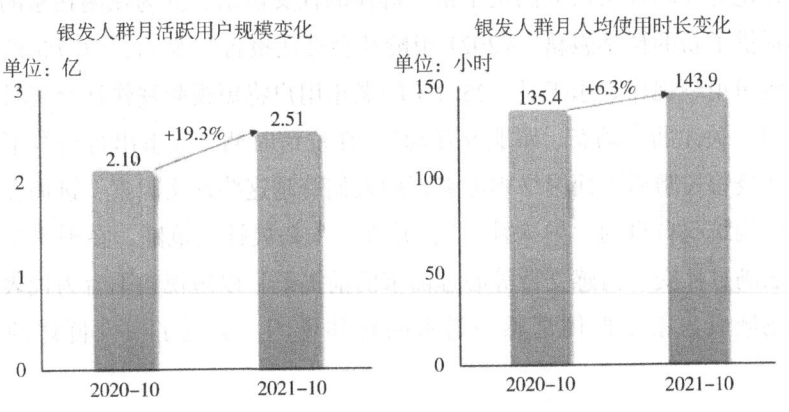

图1 银发人群互联网使用情况，图源 QuestMobile

在艾媒咨询的调研结果中，超过半数的受访老人日均上网时间超过4小时，明显高于全国日均值。据《2020老年人互联网生活报告》数据显示，我国60岁及以上群体的网络普及率为38.6%，日均时长超过10小时的老人数量已超10万。在逐渐适应数字化生存的过程中，银发群体触网沉迷现象逐渐显现。老年群体对自媒体和网络群组的依赖现象日益凸显，沉溺网络、日夜颠倒已经成为不少老年人的生活常态。

中老年群体每日上网时长与全国网民对比
Daily Internet usage time of the middle-aged and elderly people vs netizens in China

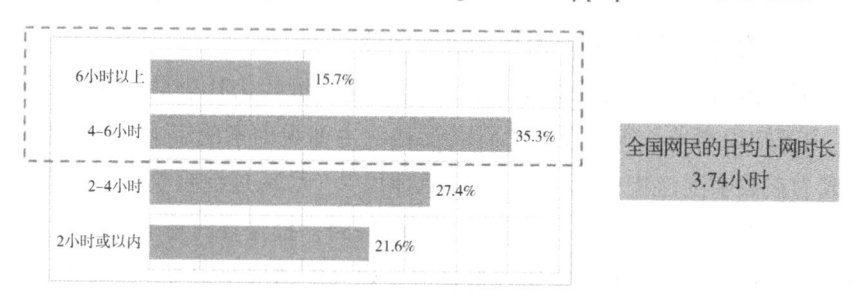

- 6小时以上：15.7%
- 4-6小时：35.3%
- 2-4小时：27.4%
- 2小时或以内：21.6%

全国网民的日均上网时长 3.74小时

数据来源：CNNIC，艾媒数据中心（data.iimedia.cn）
样本来源：草莓派数据调查与计算系统（Strawberry Pie）
样本量：N=1083，调研时间：2021年6月
艾媒报告中心：report.iimedia.cn ©2021 iiMedia Research Inc

图2 中老年群体上网时长对比图，图源"艾媒咨询"

短视频平台已经成为银发群体接触网络的主要活跃领域，从需求角度出发，短视频平台作为多元化、包容开放的平台，人们名列前五的视频、团购、社交、资讯、网购需求均能够实现满足。除此之外，短视频内容的交互性、丰富性、趣味性能够极大程度增强用户黏性，而短视频平台的转发、点赞、评论等互动性又极大满足了银发群体的社交需求，并为赋闲在家的银发群体提供了新的情感慰藉。《2021银龄社会责任报告》显示，63.7%的老年用户将短视频视作娱乐工具，25.2%的老年用户将短视频视作社交工具，便于他们"关注朋友动态、跟朋友互动"。在疫情时期，线下出行与线下社交存在防疫管控阻碍，而网络则能够帮助人们跨越这些现实因素，进而在虚拟场域中构筑起自身的"熟人社会"，并进一步拓展社交范围。在现实生活场域无法满足社交、情感支持等心理需求的前提下，以短视频平台为代表的互联网场域成为银发群体情感与需求的转移场所，实现了银发群体的情感补偿。

2022年3月用户兴趣偏好活跃占比TOP10

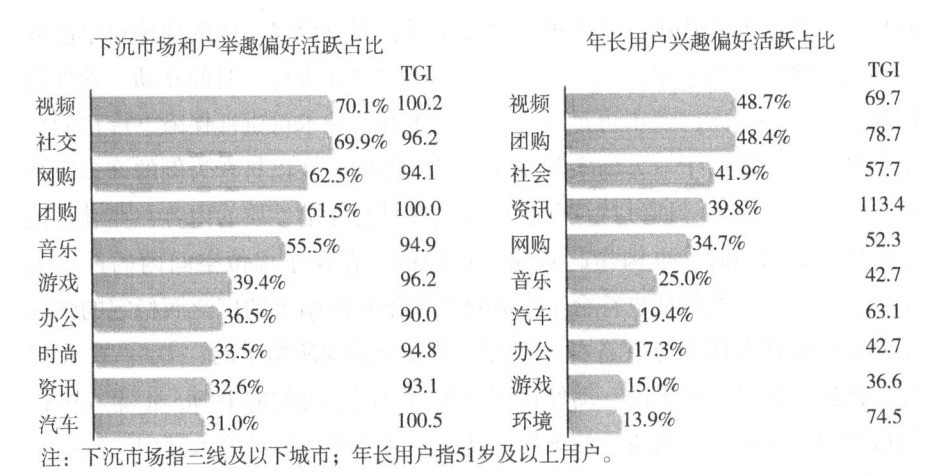

下沉市场用户兴趣偏好活跃占比		TGI	年长用户兴趣偏好活跃占比		TGI
视频	70.1%	100.2	视频	48.7%	69.7
社交	69.9%	96.2	团购	48.4%	78.7
网购	62.5%	94.1	社交	41.9%	57.7
团购	61.5%	100.0	资讯	39.8%	113.4
音乐	55.5%	94.9	网购	34.7%	52.3
游戏	39.4%	96.2	音乐	25.0%	42.7
办公	36.5%	90.0	汽车	19.4%	63.1
时尚	33.5%	94.8	办公	17.3%	42.7
资讯	32.6%	93.1	游戏	15.0%	36.6
汽车	31.0%	100.5	环境	13.9%	74.5

注：下沉市场指三线及以下城市；年长用户指51岁及以上用户。

图 3　用户兴趣占比图，图源 QuestMobile

四、沉迷动因：从情感依恋到情感补偿

（一）去孤独化的陪伴性补偿

学者卡茨的"使用与满足"理论从"受众本位"出发，强调受众基于特定媒介需求而选择接触某一媒介。银发群体在现实生活中不是视野中心，大部分老年人赋闲在家的同时与子女亲朋的联络并不紧密，与此同时，他们也渴望能够赶上网络潮流，并且借助互联网获得新的乐趣。而以抖音为代表的短视频平台恰好成为其现实社交对象缺位的替代品，在极大程度上为银发群体重塑、再建、拓宽社交网络并获得精神愉悦提供可能。

老友们的真实"触网"需求

获得社会理解，别把老人当作"老年人"对待	渴望继续发挥个人价值	想要与时俱进，积极拥抱互联网
希望用丰富的娱乐文化生活消除退休后的孤独感	非常需要网络社交	希望解决"触网"障碍

图 4　图源于《2021 抖音银龄社会责任报告》

媒介在传播过程中营造了一种"梦境"，它与现实世界不同，但界限极其模糊。技术的迭代进一步投射至现实生活，麦克卢汉口中的地球村早已成为现实，哪怕远隔千里，人们也能够借助网络媒介进行实时的互动。地理的区隔、身体的缺席已经不再是人际交往的难题，技术可供性保障下虚拟的数字在场同样能够给予双方与实际交往无异的体验。在以抖音为例的许多短视频平台中，诸多账号通过持续、长期地发布具有互动性质的内容，在满足银发群体需求的同时，也构建起对应主体间的、存在于虚拟空间内的社交关系。其频繁互动的特征也符合了学者格兰诺维特所指出的广泛而稳定的强联系，使得观看者在参与中陷入"完美"的互动体验所给予的"梦境"。短视频传播通过极具仪式感的互动使得用户脱离空间、时间的束缚，汇聚在虚拟场域之中。在或温情或激励的虚拟互动下，老年群体逐渐陷入其中，沉溺于虚拟陪伴所给予的需求满足之中。

（二）内容拼接下的满足性补偿

根据美国心理学家亚伯拉罕·马斯洛的马斯洛需求层级理论，生理需求、安全需求、社交需求、尊重需求和自我实现需求从低到高构成了人类的基本需求。而满足较高层次的尊重需求能让人充满信心，体验到自己的价值。银发群体作为日益边缘化的社会群体，其社会存在感不复从前，但是他们依旧保有对社交、沟通的需求。

阐释性造假、语境置换式造假是如今以短视频平台为代表的互联网场域中最为常见的问题形式。虚假视频在用户或大众 UGC 领域较少出现技术偏向性造假，而多为有意识或无意识地借助对原视频的重新阐释（即语境置换），来将"真实的视频"转变成了"不实的信息"。例如，江西年逾六旬的黄女士因恋上"假靳东"，不仅离家出走，还希望与丈夫离婚，追寻真爱。低门槛的视频造假，除了可以使任何人成为虚假内容的制造者，也可以让任何人成为视频伪造技术的受害者。在基本的生理、安全需求被满足的前提下，"银发群体"渴望获得社交、尊重和自我实现的需求。在此前提下，此类"李逵"变"李鬼"的内容拼接对信息鉴别能力较弱的老年群体而言较难识别，许多老年人往往对其深信不疑，进而陷入虚幻的情感梦境之中。

（三）证实性偏差下的自欺性补偿

随着人口老龄化趋势的增加，我国老年人口预计在 2050 年增长至总人口的三分之一。过低的互联网以及智能设备普及率与庞大的人口总量形成鲜明对比，专家预测按照目前的发展趋势，到2030年中国老年人群体的网络普及率将占整体四分之一。他们中的大多数文化水平较低、识字率低，对智能设备接触不多，或因其使用难度具有一定抗拒心理。由于生长环境中数字化介入的缺失以及学习能力的退化，他们成为"数字孤岛"中的难民。同时，由于独生子女政策、晚婚晚育、人口流动性等因素，"空巢老人"成为常态，这也就使得数字反哺难以有效实现。

一方面，银发群体由于缺乏快速、及时、有效的信息获取与辨识能力，也就间接失去了获取正确的、权威的信息的权利。另一方面，银发群体不同于孩童，具备一定的社会阅历与学识能力，更容易在自信心驱使下陷入对固有认知的强化之中，并在这一证实性偏差的趋势之下步入单一化、片面化的信息茧房。许多"网瘾老年"始终停留在短视频内容所构建的虚假梦境中，因为自身媒介素养的欠缺而无法及时醒悟，甚至于从他人口中获得与自身认知相悖的"揭露"时，陷入无法接受、难以理解的困境。正是在这种证实性偏差的状态下，老年群体才会先入为主地相信自身对短视频的认知，进而对许多年轻人一眼就能识破的骗局、广告、短剧情节信以为真。他们在或悲情或感人或励志的故事中，逐渐陷入以自身需求为导向所构筑的信息茧房之中，不断加深对短视频内容所呈现形象、故事真实性的信赖，进而投入更多的情感甚至金钱。

五、"网瘾老年"现象治理措施分析

(一) 代际间数字反哺，提升媒介素养

作为人们获取知识和信息的主要渠道，媒介素养教育的重要性也随着媒介的更新迭代日益凸显。"要确保发挥出媒介的功能，最好的方法就是提高人们使用媒介的能力，也就是媒介素养。"帮助"网瘾老年"，最根本的解决方法还是要提升老年群体的媒介素养，帮助老年群体区分虚拟与现实，以免在短视频平台上倾注过多的情感、时间与金钱，消除数字沉迷与网络欺诈等现象。

数字排斥是数字鸿沟的直接表现，而消除数字鸿沟的动态过程是数字融合，数字融合应该将受到数字排斥者作为重点人群，通过合作方式进一步达到数字融合。针对老年群体数字鸿沟问题，以周晓虹为代表的学者倡导实行"文化反哺"。在数字化背景下，以家庭层面内具有血缘、亲缘关系的子辈对父辈进行"数字反哺"是最为常见的举措。

一方面，年轻一代的生长环境与网络的普及与发展密切相关，他们属于从小使用智能设备与网络的数字原住民，具备丰富的数字化时代生存经验以及媒介使用经验。另一方面，天然的血缘联结能够减少甚至消除老年群体在接触新技术时的心理抵触，在一定程度上更加有利于老年群体对新技术的学习与适应。

（二）平台内预防管控，设置相应规章

在短视频大行其道的年代，鉴别、核实能力的不足成为不良短视频传播现象的助力，老年人不仅自身轻信虚假信息和谣言，也有可能二次传播并影响到现实生活中其他人。因此，短视频平台也应当肩负起相应责任，从源头行动。

一方面，优化内容，从技术与制度两个方面进行双重保障。例如，抖音针对"假明星""高仿号"问题发布了《抖音打击仿冒名人黑产的处罚公告》，从机器检测到人工审核再到网友举报，三管齐下对内容进行审核与管理。另一方面，平台也应该对"网瘾老年"现象加以重视，针对存在问题制定相应举措。抖音平台在《2021年抖音银龄社会责任报告》中提出，自2021年3月底起发起"老友计划"，通过招募老年代表、召开老年朋友见面会和走进社区等活动，近距离了解银发群体的需求，进而打造更加适合银发群体的短视频平台。除此之外，平台还可以从技术协助、使用者反馈、优化算法等多个方面着手，进一步完善银发群体的短视频平台使用环境，并进一步缓解"网瘾老年"的情感依赖现状。

（三）开发适老化服务，建立防沉迷系统

智能产品及服务的适老化是应对"网瘾老年"问题的必要途径，软硬件开发商应该立足老年群体的特点，基于老年群体个性化特征对数字技术以及数字化场景应用进行优化，进而开发出"适老化产品"以推动银发经济。但在进行适老化服务改造的同时，也必须避免次生问题的出现。一方面，各类APP适老版的名称起得五花八门，很难让人一眼做出判断，大字版、关怀版、长辈版、长辈模式、简明模式等令人眼花缭乱；另一方面，APP中可能存在安插各类广告和弹窗的问题，其中不乏诱导老年人下载其他APP的内容。只有真正将老年群体的需求放在第一位，从"受众本位"角度出发进行服务开发，才能够使其成为适老化改造道路上的助力，而不是新的障碍。

此外，建立并推广更具有针对性的防沉迷系统也应该提上日程。许多平

台针对自我判断能力与控制能力相对较低的青少年群体上线了防沉迷系统或者青少年模式，而对于拥有相对宽裕时间但同时缺乏相应媒介内容识别能力的中老年群体而言，设置防沉迷系统同样重要。一方面，通过防沉迷系统可以有效把控其上网时间以及频率，减少其接触不当媒介内容的概率；另一方面，对虚假形象的迷恋终究只是短暂的美梦，过度沉迷可能导致"媒介依存症"等社会病理现象，导致老年群体在日复一日的媒介依赖中产生对现实生活的倦怠感与疏离感、性格逐渐孤僻等问题，进而对现实生活产生影响，因而通过防沉迷系统进行老年人媒介使用的管控是十分有必要的。

六、结论

2000年联合国提出信息无障碍的概念，旨在使任何一个个体能够以相近的成本在任何情况下便利地获得基本信息或使用通常的信息沟通手段。在数字化、社交化、视频化日益成为趋势的媒介环境下，仅仅保障个体"平等"地获取信息似乎已经无法满足当下的媒介实践需要。以老年人为代表的群体在数字化社会中的诸多问题开始浮现，使得这些以往被大众所忽视的现象得以放大至聚光灯下。只有真正了解银发群体为何将情感寄托于虚幻的网络空间，才能更好地对症下药，以数字反哺、适老化改造等方式，通过提升媒介素养以及心理满足的方式消弭这一数字化时代背景下的"老年困境"。同时，更加合理有效地发挥短视频网站在学习发展、知识传播、社交沟通等方面的正向效用。

参考文献：

[1] 樊富珉."非典"危机反应与危机心理干预[J].清华大学学报（哲学社会科学版），2003（4）.

[2] 鲁晓静，郭瞻予.成人依恋理论及其测量[J].现代生物医学进展，2007（11）.

[3] 严万森.大学生网络成瘾的心理治疗：依恋理论的应用[J].医学与社会，2010，23（4）.

[4] 刘向阳."银发群体"的"数字化生存"——老年群体新媒体接触研究[J].新闻爱好者，2021（7）.

[5] 秦钰玺.后疫情时代"数字难民"的困境与突围[J].新闻知识，2021（4）.

[6] QuestMobile.2021银发经济洞察报告[EB/OL].https：//www.questmobile.com.

cn/research/report – new/183.

[7] 王冰. 流量控制下的"网瘾老年": 城市老年人上网行为塑造与干预的中国方案 [J]. 暨南学报（哲学社会科学版），2021，43 (12).

[8] 柯泽. 斯蒂芬逊传播游戏理论的思想史背景 [J]. 新闻大学，2017 (3).

[9] 薛可，鲁晓天."后疫情时代"短视频对公众心理的调适作用 [J]. 中国电视，2020 (8).

[10] 李锐，赵伟. 从马斯洛需求层级理论角度解读少年派的奇幻漂流 [J]. 文学界（理论版），2012 (11).

[11] 陈昌凤，陈凯宁. 网络视频中的虚假信息偏向及其治理 [J]. 新闻与写作，2018 (12).

[12] 谢光玉. 从"ZAO"事件看人工智能技术对虚假视频新闻的影响及应对策略 [J]. 新闻潮，2019 (12).

[13] 沈紫嫣. 从短视频平台"假靳东"事件看老年人的媒介使用困境 [J]. 视听，2021 (3).

[14] 高兰英，易梦媛. 城市老年群体媒介使用与满足实证研究——以抖音为例 [J]. 传媒论坛，2021，4 (21).

[15] 秦钰玺. 后疫情时代"数字难民"的困境与突围 [J]. 新闻知识，2021 (4).

[16] 斯坦利·巴兰，丹尼斯·戴维斯. 大众传播理论: 基础、争鸣与未来 [M]. 曹书乐，译. 北京: 清华大学出版社，2004.

[17] 丁开杰. 消除数字鸿沟: 社会融合视角 [J]. 当代世界与社会主义，2009 (3).

[18] 周晓虹. 试论当代中国青年文化的反哺意义 [J] 青年研究，1988 (11).

[19] 陈秋苹. 智能社会中的老年人生活: "数字鸿沟"与弥合之径 [J]. 淮阴工学院学报，2021，30 (4).

[20] 刘旭颖. 跨过数字鸿沟，APP 适老化改造从头越 [N]. 国际商报，2021 – 12 – 10 (5).

[21] 张灿灿."假靳东"泛滥: 技术的胜利，审核的失败？[J]. 青年记者，2020 (31).

[22] 洪舒华. 试论农村老年群体的数字化生存 [J]. 济宁学院学报，2021，42 (4).

作者系浙江传媒学院新闻与传播专业硕士研究生。